Beate Schreiber, Hans-Christian Bresgott, Daniel König und Constanze Seifert

VOM VORLESER ZUM MINDESTLOHN

150 Jahre NGG

VSA: Verlag Hamburg

1865 – 2015

150

JAHRE NGG

Inhalt

Historische Filme auf DVD als Beilage im Umschlag

S/W, 26:40 Min. **2. Ordentlicher Gewerkschaftstag** der NGG in Hamburg, Gewerkschaftshaus, 14. bis 18. September 1954.

S/W, 43:16 Min **3. Ordentlicher Gewerkschaftstag** der NGG in Frankfurt/Main, 1. bis 5. September 1958.

Farbe, 53:04 Min **Du und ich**
Ein Film der Gewerkschaft Nahrung Genuss Gaststätten, Regie: Karlheinz Schmidt, 1956.

S/W, 29:10 Min **Hart auf Hart.**
Ein neuer Tarifvertrag entsteht, 1959/1960.

Vorwort

»Wo die Arbeiter einzeln aufgetreten sind, [haben] sie nie etwas erreicht.«
(Friedrich Wilhelm Fritzsche auf dem 1. Cigarrenarbeitertag 1865)

Im Dezember 1865 machten sich Zigarrenarbeiter aus mehreren Ländern des Deutschen Bundes nach Leipzig auf. Im Ausflugslokal »Colosseum« an der Straße nach Dresden, wo zwei Jahre zuvor der Allgemeine Deutsche Arbeiterverein (ADAV) als Vorläuferverband der heutigen SPD gegründet worden war, hoben 17 Delegierte den Allgemeinen Deutschen Cigarrenarbeiter-Verein (ADCAV) aus der Taufe und wählten Friedrich Wilhelm Fritzsche zu dessen ersten Präsidenten. Der 26. Dezember 1865 markiert somit den ersten überregionalen Zusammenschluss der seit 1848 überall regional gegründeten Arbeitervereine – und den Beginn der wechselvollen Geschichte nicht nur der mehr als 60 Vorläuferverbände der Gewerkschaft Nahrung-Genuss-Gaststätten, sondern auch der Geschichte der deutschen Gewerkschaften insgesamt – sechs Jahre vor dem ersten deutschen Nationalstaat.

Das Wirken der NGG und ihrer Vorläufer ist gut dokumentiert, von der schon 1910 veröffentlichten Geschichte des Verbands der Bäcker, Konditoren und Berufsgenossen bis zu Willy Buschaks großartiger Studie »Von Menschen, die wie Menschen leben wollten« von 1985. Buschaks Buch ist immer noch die einzige wissenschaftliche Analyse zur Geschichte der NGG bis in die 1970er-Jahre, aber darüber hinaus gibt es zahlreiche Veröffentlichungen, die in der Literaturliste zusammengefasst sind.

Anlässlich des 150. Jubiläums der NGG haben Beate Schreiber, Hans-Christian Bresgott, Daniel König und Constanze Seifert, allesamt Historikerinnen und Historiker bei Facts & Files, das vorliegende Buch verfasst und stellen Wirken und Entwicklung der NGG und ihrer Vorläufer über anderthalb Jahrhunderte kompakt dar. Die Schwerpunkte liegen auf der Zeit nach 1980, dem Wirken der DDR-Gewerkschaft Handel, Nahrung und Genuß und der Wiedervereinigung 1990. Dabei klammern die Autorinnen und Autoren auch kritische Entwicklungen – beispielsweise das Scheitern der großen gemeinwirtschaftlichen Unternehmen – nicht aus.

Im Vordergrund bleibt aber der Bericht über Initiativen vieler gewerkschaftlich engagierter Menschen, die der Übermacht der Fabrikherren und Unternehmensführungen permanent kleine Fortschritte abgerungen und unsere NGG zu dem gemacht haben, was sie heute ist: ein Symbol für gute Politik und große Erfolge und für den Einfluss einer kleinen gewerkschaftlichen Organisation auf die gesamte Gesellschaft. Die in diesem Buch vorgestellten Persönlichkeiten der NGG-Geschichte haben sich stets mit vielen anderen haupt- und ehrenamtlich Engagierten um das Wohl der NGG und ihrer Mitglieder verdient gemacht. Doch die eigentlichen Heldinnen und Helden der NGG-Geschichte sind alle, die – nicht einzeln, sondern vereint in solidarischem Handeln – in Arbeitskämpfen mutig und unerschrocken für ihre Interessen eingetreten sind und ihre Arbeitsplätze aufs Spiel gesetzt haben. Ihnen sei dieses Buch gewidmet.

Michaela Rosenberger
Vorsitzende der Gewerkschaft NGG

BESSERE
LÖHNE
VERBAND
DER
NAHRUNGSMITTEL u.
GETRÄNKE ARBEITER

Vom Handwerk zur Industriegewerkschaft

© Archiv NGG

Traditionsreiche Fahne mit dem Handschlag und dem Motto der »Arbeiterverbrüderung« »Einigkeit macht stark«.

linke Seite:
Werbeplakat des Verbandes der Nahrungsmittel- und Getränkearbeiter 1929

Ab Mitte des 19. Jahrhunderts modernisierte sich die Wirtschaft in den deutschen Ländern. Die Industrialisierung begann. Nach englischem Vorbild entstanden Fabriken. Angetrieben von technischen Neuerungen wie der Dampfmaschine, wurden neue Produkte entwickelt, die die Arbeitswelt revolutionierten. Die Lage der arbeitenden Bevölkerung war prekär. Doch schon bald fanden sich Fürsprecher für bessere Arbeits- und Lebensbedingungen und auch die Beschäftigten selbst erkannten Möglichkeiten, ihre Lage zu verbessern.

Seit dem Mittelalter spielten in der agrarisch geprägten Wirtschaft Europas Handwerker mit ihren Zünften und Gilden eine besondere Rolle. Zahlreiche Unterstützungseinrichtungen halfen den Gesellen bei ihrer Arbeitssuche, bei Krankheit und während der Wanderjahre. Auch in den deutschen Ländern schlossen sich Gesellen zusammen, um für gerechte Bezahlung und bessere Arbeitsbedingungen zu kämpfen. In Preußen beispielsweise wurde 1794 im Allgemeinen Landrecht geregelt, was die Gesellen durften, und vor allem, was verboten war. Die Liste der Verbote war sehr lang. So waren »Blaue Montage«, also arbeitsfreie Montage, fast überall in den deutschen Ländern nicht gestattet.

Vorreiter bei der Organisation von Arbeiterinnen und Arbeitern war Großbritannien, wo sich im Zuge der industriellen Entwicklung bereits 1829 die ersten Gewerkschaften gründeten.

Mitte des 19. Jahrhunderts befand sich Deutschland – oder vielmehr die deutschen Staaten, konstituiert im Deutschen Bund – in einem rasanten Entwicklungsprozess. Nicht politisch, denn nach der napoleonischen Herrschaft und den zahlreichen Kriegen wurde durch die Beschlüsse des Wiener Kongresses eine neue Ordnung in Europa geschaffen. 1815 entstand der Deutsche Bund. Doch wirtschaftlich machten sich die deutschen Staaten daran, dem großen Vorbild England zu folgen. Dort wurde seit dem frühen 19. Jahrhundert mit Hilfe einer kapitalstarken Unternehmerschaft die Industrialisierung zügig vorangetrieben. Finanzkraft und industrielle Produktionsmethoden ebneten den Weg für eine kapitalistische Wirtschafts- und Gesellschaftsordnung. Der Ausbau von Verkehrswegen begünstigte den Handel und die dominierende Textilproduktion. Moderne Produktionsweisen in immer mehr Fabriken ermöglichten die günstige Herstellung von Gütern in großen Mengen. Englische Handelsprodukte wurden zu Exportschlagern, Industrielle und Finanziers verdienten gut und bildeten eine neue, wohlhabende bürgerliche Oberschicht.

In Deutschland regten der Ausbau der Eisenbahn und politisch ab 1834 der Deutsche Zollverein die frühe Industrialisierung an. Zahlreiche deutsche Staaten schafften unter preußischer Führung Handelsbeschränkungen ab und begünstigten so die wirtschaftliche Prosperität.

Ohne eigenen Besitz und angewiesen auf Lohnarbeit gehörten zu den abhängig Beschäftigten nicht nur Fabrikarbeiter, sondern auch Dienstmädchen, Tagelöhner, Gesellen und Gehilfen. Ihre Arbeits- und Lebensbedingungen waren dramatisch schlecht. Bis auf wenige Feiertage gab es keinen Urlaub, die Arbeitszeit war ungeregelt. Ein großer Teil des geringen Einkommens wurde für die Beschaffung der nötigen Grundnahrungsmittel benötigt. In vielen Familien mussten Frauen und vor allem auch Kinder mitarbeiten, um das notwendige Auskommen zu sichern.

Auch im Deutschen Bund setzten sich, geprägt von den Idealen der französischen Revolution, vor allem Frauen und Männer aus dem liberalen Bürgertum dafür ein, dass die ständig wachsende Zahl von Arbeiterinnen und Arbeitern mehr Rechte erhielten.

linke Seite:
Aufzug des Aufstandes der Handwerksgesellen, darunter auch die »Becker« und Müller, in Hamburg am 23. und 24. August 1791, Kupferstich.

oben:
Die Societäts-Brauerei zum Waldschlösschen bei Dresden, Lithographie von W. Kirchner, um 1850.

unten:
Blick in den Pressenraum der Frankfurter Aktiengesellschaft für Fabrikation komprimierter Gemüse, 1859, Holzstich.

Arbeiter werden aktiv

Die Kinderarbeit war der erste Missstand, der in der Öffentlichkeit diskutiert wurde. Bereits 1828 hatte der preußische Generalleutnant Heinrich Wilhelm von Horn für König Friedrich Wilhelm III. einen Bericht über die gesundheitsschädigende Nachtarbeit von Kindern verfasst. 1839 wurde die Arbeit von Kindern unter neun Jahren in Fabriken und Bergwerken in Preußen verboten. Für die Älteren sollte nun auch die Feiertags- und Sonntagsruhe gelten.

Von dem ungeheuren produktionstechnischen Wandel, der ab der Mitte des 19. Jahrhunderts in anderen Branchen einsetzte, war im Bereich der Nahrungs- und Genussmittelproduktion länger nichts zu bemerken – schwere Handarbeit blieb an der Tagesordnung. Die dort Beschäftigten begannen sich schon früh zu organisieren. So entstand 1831 beispielweise ein Bildungsverein für Brauereiarbeiter in Erlangen. In den folgenden Jahren entwickelten sich auch die ersten Arbeitsschutzbestimmungen und Fabrikordnungen.

Durch die Wanderung der Gesellen außerhalb der deutschen Länder kamen sie mit fortschrittlicheren Vereinen in Kontakt und organisierten sich als deutsche Vereine mit politisch revolutionären Ideen, etwa der »Bund der Geächteten«, der sich 1834 in Paris gründete. Ihm ging es um die Etablierung der Menschenrechte und die Durchsetzung von Bürgerrechten.

Mit der Revolution von 1848 erhielten diese Gruppen einen enormen Schub. Die nun erlaubten Versammlungen und das Recht, Vereine zu bilden, gestatteten es auch den Arbeiterinnen und Arbeitern sowie den Gesellen, Verbrüderungen zu gründen, die auch – dank der neu errungenen Pressefreiheit – eigene Publikationen herausgeben konnten.

Außerdem entwarf das deutsche Parlament in der Frankfurter Paulskirche ein Gesetz zu einer Fabrikordnung. Darin waren Fabrikausschüsse vorgesehen, die aus Fabrikarbeitern, Werkmeistern – also Vorarbeitern – und dem Inhaber der Fabrik bestehen sollten. Über einen Entwurf kam diese Idee jedoch nicht hinaus.

Eine der wichtigsten Vereinigungen war die »Allgemeine Deutsche Arbeiterverbrüderung«, die mehr als 170 Arbeitervereine umfasste. Unter dem Motto »Einigkeit macht stark« verstand sich die »Arbeiterverbrüderung« sowohl als Partei als auch als Gewerkschaft und entwickelte eine sozialdemokratische Programmatik.

oben:
Dr. Struvesche Mineralwasseranstalt, Innenansicht der Arbeitshalle, Dresden, 19. Jahrhundert, Graphik.

rechte Seite:
Der Schneidesaal einer Tabakfabrik, 1857, Holzstich.

Die erste Organisation der Zigarrenarbeiter

Die Herstellung von Zigarren war stark von der Konjunktur abhängig. Wenn das Geld knapp war oder Steuern und Zölle den Preis für Zigarren in die Höhe trieben, wurde zwangsläufig der Genuss von Tabak eingeschränkt. Eine hohe Fluktuation bei den Arbeitskräften war die Folge. Um sich gegen Konkurrenz aus dem Heer der Ungelernten abzusichern und sich untereinander besser unterstützen zu können, erschien den Zigarrenarbeitern im Revolutionsjahr 1848 die Gründung einer eigenen Gewerkschaft ein geeignetes Mittel.

Die Produktion von Zigarren war ein recht junges Gewerbe. Als in Amerika beheimatete Pflanze gelangte Tabak erst ab dem 16. Jahrhundert nach Europa. Früh kamen die europäischen Herrscher auf die Idee, Steuern auf Tabak zu erheben. Daraus entwickelte sich ab 1625 das Tabakmonopol, mit dem sich der Staat das alleinige Recht zum Anbau, zur weiteren Verbreitung sowie zum Verkauf vorbehielt. Die Zigarrenproduktion war nicht in Zünften organisiert, sondern galt als freies Gewerbe. Bei der tabakverarbeitenden Produktion war nur die Tabakspinnerei, bei der die Tabakblätter zu dicken Stangen geflochten (»gesponnen«) wurden, eine Zunft.

Einen deutlichen Aufschwung erlebte die Zigarrenherstellung mit Handelserleichterungen durch die Gründung des Deutschen Zollvereins 1834. In Sachsen, Baden und Westfalen kam es zu einem regelrechten Boom. Auch in Hamburg und Bremen entstanden zahlreiche Fabriken. Der Tabak wurde importiert, für die Weiterverarbeitung war entsprechendes Kapital nötig. Dies verlangte auch nach größeren Betrieben und einer fabrikmäßigen Produktion, in der die Prozesse durch Maschinen arbeitsteiliger organisiert werden konnten.

Die anschwellende Produktion erforderte neue Arbeitskräfte, die meist angelernt wurden. Saisonalen Schwankungen folgten immer wieder Entlassungswellen. Außerdem war die Tabakproduktion von der Höhe der Steuern und Zölle abhängig. Wollte der Zigarrenfabrikant nicht nach einer Zoll- oder Steuererhöhung die Preise anheben, musste er die Löhne senken. Dagegen versuchten die Zigarrenarbeiter vorzugehen, indem sie sich organisierten. Ihr Ziel war es aber auch, den Einsatz von Frauen und Ungelernten in den Fabriken zu verhindern.

Die Fabrikations-Baracke des Königlich Preußischen Etablissements zur Fabrikation von Erbswürsten für die Armee. Holzstich, um 1870/71, spätere Kolorierung.

Franz Wenzel Kohlweck

1822 in Bernkastel geboren, arbeitete Kohlweck bei seinem Bruder Jean in dessen Zigarrenmanufaktur in Berlin. Dort wurde er Vorsitzender des lokalen Zigarrenarbeitervereins. Im Sommer 1848 wählte ihn der erste Kongress der Zigarrenarbeiter zum Präsidenten der Association der Zigarrenarbeiter Deutschlands. Kohlweck galt als Organisationstalent und begnadeter Agitator, zudem war er Redakteur des Zentralorgans der Zigarrenarbeiter »Concordia«. Wegen wachsender Kritik an seiner Amtsführung trat er 1850 als Präsident zurück und lebte später als Tabakfabrikant und -händler in Berlin. Wenzel Kohlweck starb am 30. August 1889 in Berlin.

Inspiriert von der Aufbruchsstimmung während der Revolution 1848 gründeten die Zigarrenarbeiter Vereine für ihre Berufsgruppe. Im September 1848 vereinigten sich diese lokalen Vereine in Berlin zur »Association der Cigarrenarbeiter Deutschlands«. Neben den politischen Veränderungen durch die Revolution 1848 wurde auch das Rauchen in der Öffentlichkeit erlaubt, was der Tabakproduktion weiteren Auftrieb gab.

Die »Association der Cigarrenarbeiter« hatte enge Beziehungen zur »Allgemeinen Arbeiterverbrüderung«, deren Gründungsmitglieder auch Zigarrenarbeiter aus Hamburg waren. Die »Arbeiterverbrüderung« sollte ihre Mitglieder durch die Vermittlung von Arbeit und andere Hilfen unterstützen. Anders als die später gegründete »Association« hatte die »Arbeiterverbrüderung« Frauen ausdrücklich als Mitglieder eingeschlossen. 1849 erschien erstmals die Associations-Zeitschrift »Concordia«, benannt nach der römischen Göttin der Eintracht oder Einigkeit. Als »Multifunktionär« agierte Wenzel Kohlweck (1822–1889).[1] Kohlweck wurde 1850 von Martin Arronge (1807–1887) als Präsident der »Association« abgelöst. Im September 1849 hatte die »Association« an 77 Orten 12 800 Mitglieder.

Mit der im März 1849 verkündeten Verfassung wurden zwar die Stände abgeschafft, aber die meisten Länder lehnten die von der Nationalversammlung verabschiedete Verfassung ab. Es kam zu Aufständen, wie etwa im Mai 1849 in Dresden, als der vergebliche Versuch unternommen wurde, den sächsischen König zu stürzen und eine Republik auszurufen. Die 1848 gewonnenen Freiheiten wurden mit der Niederschlagung der Revolution 1849 und 1850 immer weiter beschnitten: Aktivitäten der Zigarrenarbeiter und Versammlungen der »Association« wurden polizeilich überwacht und zuweilen unterbunden.

Im September 1849 beschlossen die Zigarrenarbeiter, sich zunächst nicht direkt der »Arbeiterverbrüderung« anzuschließen, sondern diese lediglich finanziell zu unterstützen, denn die »Arbeiterverbrüderung« drohte, in Preußen verboten zu werden. Im August 1850 entschieden die Zigarrenarbeiter, die »Assoziation« aufzugeben und lokale Unterstützungen aufrecht zu erhalten. Bereits im Juni 1850 verbot Preußen alle Arbeitervereine, die anderen deutschen Staaten folgten diesem Edikt.

1854 bestand in allen deutschen Staaten das Koalitionsverbot, das hieß, dass weder Arbeiter noch Unternehmer Interessenverbände gründen durften. Dennoch kam es immer wieder zu einzelnen Streiks in Fabriken, deren Initiatoren daraufhin ausgewiesen wurden, wie etwa die 25 »Demokraten«, Mitglieder des örtlichen Zigarrenarbeitervereins, die im März 1852 aus Frankfurt am Main verwiesen wurden, weil sie bei der Zigarrenfabrik Stirn und Greim einen Streik organisiert hatten.[2] Diese Streiks wurden durch die noch bestehenden Unterstützungseinrichtungen mitfinanziert.

links:
Fahne der vereinigten Taback-Cigarren-Arbeiter Verden 1863.

unten:
Sächsische und Preußische Truppen am Dresdner Neumarkt beim Dresdner Maiaufstand 1849.

№ 48. 12. Jahrgang.

Der Botschafter.

Die Arbeiter sind der Fels, auf den die Kirche der Gegenwart gebaut werden soll. F. Lassalle.

Erscheint jeden Sonnabend. Zu beziehen durch alle Post-Anstalten.

Abonnements-Preis: pro Quartal 50 Pf. incl. Postzuschlag.

Organ für die Tabak-Arbeiter Deutschlands.

Berlin, den 1. Dezember 1877.

Adressen für Zuschriften:
Verwaltungsrath: F. W. Fritzsche, Berlin SO., Michaelkirchstraße 19;
Ausschuß: Chr. Frieß, Sekretair, Mannheim, J. 4, Nr. 13;
Preß-Kommission: Karl Traber, Hamburg, St. Pauli, Marienstr.-Platz 15, Haus 16, 2. Etage.

Geldsendungen für die Hauptkasse
sind nur zu senden an A. Fuchs, Berlin SO., Oranienstr. 181, II.
Todesanzeigen, Arbeitsnachweis, Adressen-Gesuche von Mitgliedern werden unentgeltlich aufgenommen, wenn sie durch Vereinsstempel beglaubigt sind; alle anderen Inserate sind pro breigespaltene Petitzeile à 10 Pfennige zu bezahlen

Die Erfurter Staatsanwaltschaft.
Bevor wir den unter dieser Ueberschrift be- … bestätigender Bevollmächtigter des Verwaltungs-rathes. Dieser Bevollmächtigte hat das Recht, … ein Verein erscheinen. — Der Umstand, daß sich der Erfurter Verein als eine Mitgliedschaft des

Die Gründung des Allgemeinen Deutschen Cigarrenarbeiter-Vereins

Inspiriert von der Gründung des Allgemeinen Deutschen Arbeitervereins (ADAV) 1863 beschlossen lokale Unterstützungsvereine der Zigarrenarbeiter, eine überregionale Organisation aufzubauen. Die zentrale Figur dabei war Friedrich Wilhelm Fritzsche, ein begeisterter Anhänger des Sozialdemokraten Ferdinand Lassalle.

Mit der Gewährung der Gewerbefreiheit ab 1860 erledigte sich auch das Koalitionsverbot, eine offizielle gewerkschaftliche Arbeit schien jetzt möglich. Politische Vereine wurden jedoch weiterhin scharf beobachtet und reguliert. Zwei verschiedene Komitees der Zigarrenarbeiter in Frankfurt am Main und in Stuttgart bemühten sich um einen überregionalen Zusammenschluss der Unterstützungskassen der Zigarrenarbeiter. In Sachsen, einem wichtigen Zentrum der Tabakindustrie, warb unter anderem der Zigarrenmacher Friedrich Wilhelm Fritzsche für eine nationale Organisation der Zigarrenarbeiter.

Programmatisch verstand sich Fritzsche als Anhänger des Sozialisten Ferdinand Lassalle (1825–1864). Fritzsche engagierte sich auch im Central-Comitee zur Berufung eines »Allgemeinen Deutschen Arbeiter-Kongresses«. Lassalle unterstützte diesen Congress und verfasste mit seinem berühmt gewordenen »offenen Antwortschreiben« vom 1. März 1863 ein programmatisches Gerüst für eine Arbeiterpartei.

Die Gründung des Allgemeinen Deutschen Arbeitervereins (ADAV), der ersten überregionalen Arbeiterorganisation, fand am 23. Mai 1863 in der Leipziger Gastwirtschaft »Colosseum« statt. Lassalle wurde von den 14 Delegierten von Arbeitervereinen aus ganz Deutschland zum Präsidenten gewählt, Fritzsche wurde Vizepräsident und Bevollmächtigter für Leipzig.

Bereits seit 1858 verfolgte Fritzsche die Idee einer überregionalen Gewerkschaft der Zigarrenarbeiter. Zu Weihnachten 1865 wurde schließlich der Allgemeine Deutsche Cigarrenarbeiterverein (ADCAV), ebenfalls im Leipziger »Colosseum«, gegründet. Sitz des Cigarrenarbeitervereins wurde aber Frankfurt am Main. Damit markiert die Gründung des Allgemeinen Deutschen Cigarrenarbeitervereins den Beginn der überregional

linke Seite:
Kopf der Zeitung des Tabakarbeiter-Verbandes »Der Botschafter«, 1877.

diese Seite:
Die Gründungsmitglieder des ADAV, 1863

operierenden Gewerkschaften in Deutschland und den Status der heutigen Gewerkschaft NGG, die auf die Zuständigkeit für das tabakverarbeitende Gewerbe noch heute durch den Namensteil »Genuss« hinweist. Als Zweck nannte das Statut die »auf Gegenseitigkeit gegründete Unterstützung in Fällen der Arbeitslosigkeit«.[3] Die Mitgliedsbeiträge wurden als »Steuer« bezeichnet und die männlichen Mitglieder – Frauen war die Mitgliedschaft nicht gestattet – erhielten erst nach einer halbjährigen Mitgliedschaft Unterstützungsleistungen. Diese bestanden aus Geldprämien und einem kostenlosen Arbeitsnachweis. Der Arbeitsnachweis – also die Arbeitsvermittlung für Mitglieder – war ein wichtiges Instrument der Interessenvertretung, weil damit der Unterstützungsverein steuern konnte, wer wo zu welchen Bedingungen arbeitete. Auch aus der Schweiz konnten Zigarrenarbeiter und -sortierer Mitglied werden.

Gemeinsam mit dem fünf Monate später im Mai 1866 ebenfalls in Leipzig gegründeten Deutschen Buchdruckerverband galten die Zigarrenarbeiter als die Belesensten innerhalb der Arbeiterbewegung. Bei den Zigarrenarbeitern gab es meist in Norddeutschland Vorleser, die den Zigarrenmachern während der eintönigen Arbeit sowohl politische Schriften als auch Belletristik vorlasen. Einer aus den Reihen der Arbeiter wurde von den anderen dafür entlohnt, dass er keine Zigarren machte, sondern vorlas. Das Vorgelesene wurde dann unter den Zigarrenarbeitern diskutiert. Diese kontinuierliche Bildungsarbeit wurde häufig als Erklärung für die hohe Zahl von Abgeordneten des späteren Reichstags angeführt, die aus dem Tabakarbeitermilieu stammten. Von den Vorlesern finden sich wenige Spuren in der Literatur: Aber beispielsweise gibt es die Erinnerung von Julius Bruhns, in denen er erzählt, wie er als Kind um 1870 in der väterlichen Arbeitsstube vorlas.

Eine Streikunterstützung im Sinne einer von der Gewerkschaft angesammelten Streikkasse aus den »Steuern« gab es noch nicht. Ein Grund hierfür war, dass die meisten Mitglieder Anhänger Lassalles waren, der in seinem ungemein populären »offenen Antwortschreiben« vom 1. März 1863 das »eherne ökonomische Gesetz« formuliert hatte. Darin heißt es, dass der »durchschnittliche Arbeitslohn immer auf nothwendigen Lebensunterhalt reducirt bleibt, der in einem Volke gewohnheitsmäßig zur Fristung der Existenz und zur Fortpflanzung erforderlich ist«.[4] Damit lehnte Lassalle Streiks für Lohnerhöhungen oder gegen Lohnsenkungen ab, weil sie ohnehin zwecklos

© Bildagentur bpk

Friedrich Wilhelm Fritzsche

1825 geboren in Leipzig, arbeitete bereits als Neunjähriger in der Zigarrenproduktion mit. Auf seiner späteren Wanderschaft durch die Schweiz, Frankreich und Italien knüpfte er Kontakte zu sozialistischen Vereinen. Im Juni 1848 kämpfte er als Freischärler gegen die dänische Herrschaft in Schleswig-Holstein und beteiligte sich mit seinen Kollegen aus der Arbeiterverbrüderung an den Barrikadenkämpfen beim Dresdner Maiaufstand 1849. Für seine Beteiligung am Aufstand saß er wegen Hochverrats und Aufruhr ein Jahr in Untersuchungshaft, wurde aber im Mai 1850 begnadigt. Zurück in Leipzig wurde Fritzsche 1861 zuerst Mitglied des liberalen Gewerblichen Bildungsvereins, gründete dann aber den politisch ausgerichteten Verein »Vorwärts«. Fritzsche wurde 1863 Vizepräsident und Bevollmächtigter des Allgemeinen Deutschen Arbeitervereins (ADAV) für Leipzig und galt als führende Persönlichkeit der Sozialdemokratie.

Sein Engagement bei den Zigarrenarbeitern führte 1865 zur Gründung des Allgemeinen Deutschen Cigarrenarbeiter-Verbandes, dessen Geschäftsführer Fritzsche wurde. Gleichzeitig war er als Redakteur der Verbandszeitung »Der Botschafter« tätig. Die fehlende Gleichberechtigung der Einzelgewerkschaften im Arbeiterschaftsverband und die internen Konflikte im ADAV führten zur Absetzung Fritzsches, der erst 1874 zum ADAV zurückkehrte.

Ab 1868 saß Fritzsche im Reichstag des Norddeutschen Bundes und von 1877 bis 1881 im Deutschen Reichstag. Als Abgeordneter des ADAV und der Sozialdemokratischen Arbeiterpartei nahm er am Einigungskongress der Sozialistischen Arbeiterpartei (SAP) 1875 in Gotha teil. Sein Entwurf zu einem Arbeitsschutzgesetz wurde 1877 diskutiert, aber abgelehnt. Neben der Einführung eines Normalarbeitstages sah es ein Verbot der Sonntags- und Kinderarbeit in der Gewerbeordnung vor.

Mit dem Sozialistengesetz 1878 wurden die Gewerkschaften aufgelöst, sozialistische Vereine, Publikationen und Versammlungen verboten und Fritzsche als Sozialist und Gewerkschafter am 29. November 1878 aus Berlin nach Leipzig ausgewiesen. Dort versuchte er die Tabakarbeitergewerkschaft wieder aufzubauen.

Fritzsche wanderte 1881 in die USA aus, was ihn vor einer Zuchthausstrafe wegen angeblicher Unterschlagung des Gewerkschaftsvermögens bewahrte. In Philadelphia betrieb er ein Gasthaus in der Callowhill Street. Dort organisierte er auch die Vereinigten Deutschen Gewerkschaften Philadelphias und einen Bildungsverein. Zudem war er Herausgeber der Zeitung »Der Hammer«.

1880 wurde Fritzsche Vorsitzender der vereinigten vier Sprachsektionen der Sozialistischen Arbeiterpartei Nordamerikas. Er starb 1905 in Philadelphia.

seien, zudem bestritt er auch das Existenzrecht der Konsumvereine und Produktionsgenossenschaften.[5] Im Grunde genommen nahm er die Möglichkeiten der Arbeiterschaft als limitiert an. Niemand konnte nach Lassalles Meinung die Lage der Arbeitenden mit höheren Löhnen so verbessern, dass sie über die bloße Existenzsicherung hinausging. Damit war das Bemühen völlig sinnlos und auch Produktivgenossenschaften konnten nicht helfen, den Hunger zu beenden und gegen Nahrungsmittelvergiftungen infolge von Panscherei Abhilfe zu schaffen.

Das »eherne ökonomische Gesetz« hat sich im Laufe der Geschichte als nicht so ehern herausgestellt. Einerseits hat die Forderung der Sozialdemokratie nach gesellschaftlicher Veränderung zum Sozialismus sicherlich einige Arbeiter radikalisiert, andererseits wollten die Menschen ihre aktuelle Lebenssituation verbessern und nicht unbedingt auf den Sozialismus warten. Die freien Gewerkschaften hatten sich aber zum Ziel gemacht, für bessere Arbeitsbedingungen in der Gegenwart zu kämpfen. Dass man nach Lassalles Theorie quasi immer wieder an eine »gläserne Decke« stoßen sollte, konnte durch die Politik der Gewerkschaften schnell widerlegt werden.

Blick auf das Veranstaltungslokal »Colosseum«, später »Pantheon« in Leipzig, um 1900. Das Gebäude wurde 1978 abgerissen.

Der Allgemeine Deutsche Cigarrenarbeiter-Verein fand schnell viele Mitglieder. 1868 organisierte die junge Gewerkschaft in Berlin ihren ersten großen Streik, als einige Berliner Zigarrenfabrikanten eine neue Fabrikordnung einführen wollten, die keine Kündigungsfrist mehr vorsah und unangekündigte Leibesvisitationen erlauben sollte. Der Streik dauerte vom 15. Februar 1868 bis Anfang Mai und schnell galt es für die Streikenden die materielle Versorgung zu organisieren. Verheiratete galten als besonders bedürftig, da sie für eine Familie zu sorgen hatten, und konnten in der von Fritzsche anlässlich des Streiks gegründeten Genossenschaftsfabrik arbeiten. Die Genossenschaftsfabrik erhielt den Namen »Allgemeine Deutsche Zigarrenarbeiter-Compagnie«. Obwohl bereits dieser erste Streik des Allgemeinen Deutschen Cigarrenarbeitervereins ihn durch die hohen Ausgaben für das Streikgeld finanziell beinahe ruiniert hätte, war er letzten Endes erfolgreich: Die neue Fabrikordnung wurde nicht eingeführt.

Die Zigarrenarbeiter-Compagnie war nicht unumstritten. Lassalle lehnte Selbsthilfe-Produktionsstätten ohne staatliches Engagement ab. Aber Fritzsche unterstützte die Berliner Fabrik und reiste herum, um den Absatz zu organisieren. Da das Berliner Amtsgericht die Eintragung ins Genossenschaftsregister verweigerte, entschlossen sich Fritzsche und drei weitere Vereinsmitglieder, die Fabrik pro forma auf eigene Rechnung unter ihrem Namen zu organisieren. Die Compagnie musste jedoch 1869 geschlossen werden, weil über 900 Arbeiter im Sommer 1869 erneut streikten und damit zu viele Leute mit Arbeit in der Compagnie zu versorgen gewesen wären.

Streit um den Zweck von Gewerkschaften

Am 27. August 1868 beriefen Fritzsche und Johann Baptist von Schweitzer (1833–1875), der amtierende Präsident des Allgemeinen Deutschen Arbeitervereins, einen »Arbeiter-Kongress« nach Berlin ein. In der Ankündigung thematisierten sie Streiks als »ein Mittel, das Klassenbewußtsein, das Bewußtsein der Zusammengehörigkeit der Arbeiter und der Gleichheit ihrer Interessen im Gegensatz zu denen der Besitzenden, in den Arbeitern zu erhöhen; und endlich sind sie ein Mittel, verschiedene soziale Mißstände der furchtbarsten Art, die innerhalb der heutigen Gesellschaft hervortreten, z.B. übermäßig lange Arbeitszeit,

Kinderarbeit, regelmäßige Sonntags- und Nachtarbeit u. dergl. allmählich zu beseitigen und dadurch eine weitere Grundlage für das Entfalten und Weiterschreiten der Arbeiterbewegung zu schaffen«. Sie wollten auf dem Kongress im September 1868 Gewerkschaften gründen und bereits bestehende in einer gewerkschaftlichen Dachorganisation innerhalb des Allgemeinen Deutschen Arbeitervereins vereinigen. Zu dem Kongress in Berlin erschienen über 200 Delegierte und es wurde beschlossen, den »Allgemeinen Deutschen Arbeiterschaftsverband« zu bilden.

Da die Anhänger Ferdinand Lassalles Gewerkschaften ablehnten, führte die Gründung auch zu einer Spaltung des Allgemeinen Deutschen Arbeitervereins. In separaten Sitzungen formierten sich überregionale Gewerkschaften nach Berufssparten, darunter der Allgemeine Deutsche Bäckerverein. Nach den Zigarrenarbeitern hatte sich nur drei Jahre später die zweite Berufsgruppe im Nahrungs- und Genussmittelbereich gewerkschaftlich überregional organisiert.

Die Streitereien unter den Lassalleanern, ob Selbsthilfe genossenschaftlich organisiert oder wie überhaupt für die Rechte der Arbeiter eingetreten werden sollte, reichten auch bis in die Gewerkschaft der Zigarrenarbeiter hinein.

Nachdem der Allgemeine Deutsche Arbeiter-Verein in sein Programm die Ablehnung von Gewerkschaften aufgenommen hatte, weil sich diesem einige abgespaltene dogmatische Lassalleaner wieder anschlossen, verließ Fritzsche den Allgemeinen Deutschen Arbeiter-Verein im Sommer 1869 unter Protest. Fritzsche wiederum war zuvor dem »Allgemeinen Deutschen Arbeiterschaftsverband« im Namen des Allgemeinen Deutschen Cigarrenarbeitervereins beigetreten, was viele Zigarrenarbeiter als Affront empfanden. Nur 900 Mitglieder, die dem Beitritt in den »Arbeiterschaftsverband« zustimmten, blieben im Allgemeinen Deutschen Cigarrenarbeiterverein. Die Zigarrenarbeiter-Organisation spaltete sich und eine gegen Fritzsche gerichtete Opposition wurde gegründet, die Allgemeine Tabak- und Cigarrenarbeitergewerkschaft, die ebenfalls nur 900 Mitglieder hatte.

Tumult im »Universum«

Die politischen Dispute unter den sozialistisch orientierten Gewerkschaften sowie die Differenzen mit den christlichen Gewerkschaften und den nach Hirsch-Dunckerschem Vorbild gegründeten Gewerkvereinen waren symptomatisch für die heterogene Arbeiterschaft in Deutschland.

Die Gewerkvereine entstanden 1868 auf Initiative des jungen Volkswirts Max Hirsch (1832–1905) aus Halberstadt, der auf einer Reise nach England die dortigen »Trade Unions« studierte und von seinen Eindrücken in Artikeln in der linksliberalen »Berliner Volks-Zeitung« berichtete. Gemeinsam mit dessen Verleger und Vorsitzenden des Berliner Handwerkervereins, Franz Duncker (1822–1888), entwickelte Hirsch die Idee einer liberal ausgerichteten Gewerkschaftsbewegung weiter. Sie sollte unabhängig von politischen Parteien agieren. Ergebnisse dieser Ideen waren die Volkshochschulen und viele Genossenschaften, bei denen Hirsch und Duncker mit Hermann Schultze-Delitzsch (1808–1883) zusammenarbeiteten. Eine besonders hilfreiche Idee für die praktische Arbeit waren die Muster-Statuten, die Max Hirsch entwarf. Im Oktober 1868 wurden sie veröffentlicht und zur Gründung von Gewerkvereinen aufgerufen.

Als am 24. Januar 1869 auf einer Versammlung der Berliner Zigarrenarbeiter im Saal des »Universums« neben Fritzsche auch Schulze-Delitzsch, Hirsch und Duncker sprachen, kam es zum Tumult, als Hermann Duncker kritisierte: »›Krieg dem Kapital‹ sei ebenso, als etwa der Ruf ›Krieg der Luft‹. Wenn die Städte verbaut sind, so daß sie die Zirkulation der guten Luft hindern und ungesunde Luft sich ansammelt, so erklärt man nicht der Luft den Krieg, sondern eröffnet der Luft den Zutritt für Alle. Ähnlich ist es mit der angeblichen Kapitalsherrschaft. Das Kapital ist die Lebensluft für die Arbeiter; man muss die Mittel und Wege suchen, um diese Lebensluft den Arbeitern zuzuführen; und den größten Schritt nach vorwärts hat Schultze-Delitzsch gethan, indem er den Arbeitern den Weg der ›sozialen Selbsthülfe‹ nicht nur gezeigt, sondern es durch rastlose Arbeit dahin gebracht hat, daß diese Genossenschaften jetzt auch durch die neue Gesetzgebung als neue ›Rechtssubjekte‹ in die Gesellschaft eingeführt und anerkannt seien.«[6] Es wurden Messer gezückt und es kam zur Prügelei.

Belegschaft einer Zigarrenfabrik in Bilstein, 1889.

© LWL-Medienzentrum für Westfalen

Im Mai 1869 gründeten die Vertreter von acht Gewerkvereinen und sieben Ortsvereinen den Verband der Deutschen Gewerkvereine als zentrale Organisation.

Fritzsche war Geschäftsführer und Redakteur der Zeitung des Allgemeinen Deutschen Cigarrenarbeiter-Vereins »Der Botschafter«, in dem zahlreiche Berichte über Arbeitsniederlegungen veröffentlicht wurden. So bahnte sich beispielsweise im Mai 1869 in Leipzig ein viele Fabriken umfassender Protest gegen die Prinzipale an, die die Löhne senken wollten. Die Leipziger gründeten ein Streikkomitee und baten durch Zuschriften an den »Botschafter« um Unterstützungszahlungen der Kollegen. Diese Unterstützung kam zustande, weil beispielsweise die Tabakarbeiter Sonderschichten arbeiteten und das Geld den Streikenden in Leipzig schickten. Auf einer Versammlung im Juni 1869 mit 1200 Zigarrenarbeitern, wiederum im Leipziger »Colosseum«, berichtete das Streikkomitee, dass nunmehr 27 Fabriken betroffen seien. Fritzsche verbot den Tabakarbeitern aus anderen Städten, während der Leipziger Auseinandersetzungen ebenfalls in den Streik zu treten.

Vielen Streikenden reichte die Unterstützung jedoch nicht für ihren Lebensunterhalt aus, so dass sie Leipzig verließen, um anderswo Arbeit zu finden. Dabei wurden sie vom Allgemeinen Deutschen Cigarrenarbeiterverein mit Wandergeld unterstützt.

Auf dem 1871 in Hanau stattfindenden Kongress der Zigarrenarbeiter wurde beschlossen, einen Streikverein mit einer Streikkasse einzurichten. Fritzsche legitimierte auf dem Kongress das Streikrecht damit, dass das Niveau des allgemeinen Lohnsatzes erreicht werden müsste. Streiks seien aber sinnlos, wenn damit eine dauernde Verbesserung der Lage der Arbeiter verfolgt würde. So schrieb Fritzsche im »Botschafter«: »Mögen andere Arbeiter mit diesem Mittel kämpfen, wir Cigarrenarbeiter haben eine andere Mission im Dienst der sozialen Gleichheit und Freiheit; wir haben das Apostelamt für die Religion der Tat für den Sozialismus zu erfüllen.«[7] Fritzsche versuchte so, einen weiteren Konflikt zu vermeiden.

Während des Deutsch-Französischen Krieges 1870 und 1871 organisierten sich die Zigarrenarbeiter in regionalen Streikvereinen, um bessere Löhne durchzusetzen. Mit der Reichsgründung 1871 erhielt der preußische König als deutscher Kaiser größeren Einfluss, den sein Kanzler Otto von Bismarck auch gegen die zersplitterte Arbeiterbewegung einzusetzen wusste.

1872 wurden die Streitigkeiten zwischen den Tabakarbeitern beigelegt und der Allgemeine Deutsche Cigarrenarbeiterverein in Deutscher Tabakarbeiter-Verein umbenannt. 1878 war der Deutsche Tabakarbeiter-Verein die größte deutsche Gewerkschaft.

Zu den Bäckern und Tabakarbeitern kam im Bereich der Nahrungs- und Genussmittelwirtschaft als dritte überregionale Organisation der Allgemeine Böttcherverein hinzu, der sich 1873 in Berlin gründete. Die später in Bund Deutscher Böttcher umbenannte Gewerkschaft wurde vom Berliner Polizeipräsidenten wegen politischer Tätigkeit 1875 verboten und der Präsident des Böttchervereins verhaftet.

© akg-images

Die Regierung Bismarck gegen Sozialisten

1875 schlossen sich der Allgemeine Deutsche Arbeiterverein und die Sozialdemokratische Arbeiterpartei in Gotha zusammen. Es entstand die Sozialistische Arbeiterpartei Deutschlands (SAP). Die Zersplitterung schien damit überwunden. Die vereinigte Sozialdemokratie wurde zu einer politischen Kraft, die die Regierung unter Otto von Bismarck fürchtete und bekämpfte.

Das 1878 unter Bismarck erlassene Sozialistengesetz richtete sich gegen diese neue politische Kraft und auch gegen die Gewerkschaften. Wie Friedrich Wilhelm Fritzsche wurden zahlreiche Funktionäre aus ihren Heimatstädten ausgewiesen und mussten emigrieren. Unter den 891 ersten Ausgewiesenen waren 123 Zigarrenarbeiter.

Auch Fritzsche war aus Berlin verwiesen worden, kehrte aber regelmäßig dorthin zurück, um als Abgeordneter des Reichstags an den Sitzungen des Parlaments teilnehmen zu können. Daraufhin stellte der Staatsanwalt Strafanzeige gegen Fritzsche. Um Fritzsche ebenfalls verfolgen zu können, musste seine Immunität als Reichstagsabgeordneter aufgehoben werden.

Im Februar 1879 wurde ein entsprechender Antrag im Reichstag gestellt, der nicht nur Fritzsches Immunität, sondern auch die des SAP-Abgeordneten Wilhelm Hasselmann (1844–1916) betraf.[8] Dieser Antrag führte zu einem politischen Skandal, der sogenannten Affäre Fritzsche-Hasselmann. August Bebel (1840–1913), damals ebenfalls Abgeordneter der SAP, berichtete darüber in seinen Erinnerungen: »Der Reichstag lehnte einstimmig [des Staatsanwalts] Tessendorf[s] Antrag ab und gab eine Deklaration des Artikels 28 des Sozialistengesetzes, wonach er nicht anwendbar sei auf aus Berlin ausgewiesene Abgeordnete, die dem Rufe zur Eröffnung des Reichstages folgten. Aber auch bei dem Berliner Stadtgericht blitzte Tessendorf mit einer Anklage gegen die beiden Abgeordneten ab, die er erhoben hatte, weil sie in der Nacht auf den 9. Juli in Lichterfelde gesehen worden seien und damit Bannbruch begangen hätten. Das Gericht sprach die beiden frei, weil sie aus dem Kreise Teltow, über den ebenfalls der kleine Belagerungszustand verhängt worden war, nicht ausgewiesen worden seien.«[9]

linke Seite:
Gemälde von Max Liebermann (1847–1935)
»Die Konservenmacherinnen«, 1879.

Fritzsche ging 1880 – wie Hasselmann – in die USA. Zunächst sprach er auf Versammlungen und reiste mit Vorträgen durch die Staaten, um Geld für verfolgte Gewerkschafter und Sozialdemokraten in Deutschland zu sammeln. Die Zeitung »Chicago Tribune« berichtete am 14. Februar 1881 unter der Überschrift »Deutsche Sozialistenvertreter sammeln Geld in Amerika«:

»Eine Demonstration in der Irving Hall mit 3000 Deutschen, Männern und Frauen, fand am Abend statt. Auf ihr sprachen der Reichstagsabgeordnete J.W. Fritzsche und der Sozialist Louis Viereke, die gerade hier angekommen waren, und John Swinton. Herr Fritzsche wurde mit anhaltendem Applaus begrüßt. Der Redner sprach auf Deutsch zu der großen Menge über die gegenwärtige soziale und politische Situation in Deutschland und die Ablehnung der Regierenden gegenüber der ständig wachsenden sozialistischen Partei.«

Wenige Wochen nach dieser Rede emigrierte auch Fritzsches Familie in die USA. Wie Fritzsche hatten auch andere ehemalige Zigarrenmacher in den USA Zuflucht gesucht: beispielsweise Hermann Molkenbuhr (1881–1927) und Adolph von Elm (1857–1916). Beide wurden später Reichstagsabgeordnete der Sozialdemokraten.

Aufgrund des Sozialistengesetzes unterließen die Gewerkschaften jegliche offizielle politische Arbeit und bemühten sich, als reine Unterstützungseinrichtungen weiter zu fungieren. Nach dem Vorbild des Reiseunterstützungsvereins deutscher Tabakarbeiter entstanden Unterstützungsvereine für die Böttcher und Brauer und 1885 der Verband der Bäcker und Berufsgenossen Deutschlands in Berlin. 1885 erweiterte die 2. Generalversammlung des »Reiseunterstützungsvereins der Tabakarbeiter« in Brandenburg an der Havel ihr Statut. Den bisherigen Aufgaben wurde nun auch die »Erzielung günstiger Arbeitsbedingungen« vorangestellt und zur Reiseunterstützung trat eine Unterstützung von Mitgliedern, die wegen ihres Eintritts für bessere Arbeitsbedingungen arbeitslos würden. Außerdem verpflichtete das neue Statut seine Mitglieder, gegen Lohnstreiks einzutreten, weil diese den Tabakarbeitern eher schaden als nutzen würden. Der Verein benannte sich in »Unterstützungsverein deutscher Tabakarbeiter« um. Vorsitzender war seit 1884 der Bremer Landtagsabgeordnete Hermann Junge (1841–1924).

Bereits im März 1884 waren die lokalen Krankenkassen in eine Zentralkrankenkasse mit Sitz in Hamburg zusammengefasst worden, in der 1887 etwa 14000 Tabakarbeiter organisiert waren.

Bei dem 1885 in Hamburg gegründeten »Unterstützungsverein deutscher Zigarrensortierer« wurde der aus den USA zurückgekehrte Adolf von Elm (1857–1916) Geschäftsführer. Der Sohn eines Zigarrenheimarbeiters gilt als Begründer der »Drei-Säulen-Theorie«. Diese besagt, dass die Arbeiterbewegung von drei Säulen getragen wird: von der sozialdemokratischen Partei, den Gewerkschaften und den Genossenschaften.

Diese Theorie war innerhalb der Sozialdemokratie sehr umstritten. 1885 hatte der Verein die Aufgabe, arbeitslose und reisende Mitglieder zu unterstützen sowie den Arbeitsnachweis zu organisieren. Die Zigarrensortierer hielten sich aufgrund der Tatsache, dass sie einen Lehrberuf ausübten, für die besser ausgebildete Berufsgruppe als beispielsweise die Zigarrendreher.

Vorgängerorganisationen 1879

	GEGR.	ORGANISATION
■ (frei)	1868	Allgemeiner Tabak- und Zigarrenarbeiterverein 1865 als Allgemeiner Deutscher Cigarrenarbeiterverein gegründet.
■ (frei)	1876	Bund der deutschen Böttcher
■ (liberal)	1877	Internationaler Genfer Verband
■ (liberal)	1878	Deutscher Kellnerbund Union Ganymed
■ (christlich)	1879	Verband der Lebküchler

frei · liberal · christlich · Nahrung/Genuss · Hotel/Gaststätten

Die führenden Sozialdemokraten August Bebel und Friedrich Wilhelm Fritzsche während Bismarcks Reichstagsrede zum geplanten Sozialistengesetz, 16.–17. September 1878, Holzstich, nach der Zeichnung von Georg Koch.

Sie mussten sich detailliertes Wissen über die unterschiedlichen Tabakpflanzensorten aneignen und auch entscheiden, welche Stücke für die Zigarrenproduktion überhaupt in Frage kamen.

Der Verband der Böttcher konnte sich bei der Arbeitsvermittlung ebenfalls behaupten und hatte 1889 in 21 Orten den Arbeitsnachweis organisiert.

Dem wachsenden Einfluss der Sozialdemokraten durch Erfolge bei den Reichstagswahlen setzte Bismarck Anfang der 1880er-Jahre sozialpolitische Maßnahmen wie die gesetzliche Kranken-, Unfall-, Alters- und Invalidenversicherung entgegen. Damit sollten der sozialdemokratischen Bewegung Wähler abgewonnen werden.

Trotz des Verbots der Gewerkschaften kam es 1889 zum Streik der Bäcker in Berlin und der Brauer in Hamburg. Der Bäckerstreik begann am 12. Juli 1889 und wurde durch ein Gerichtsurteil gegen einen Bäckermeister namens Schaffe befeuert, der wegen Nahrungsmittelfälschung zu zwei Monaten Gefängnis verurteilt worden war. Er hatte faule Eier in die Backwaren gemischt, um sie nicht wegwerfen zu müssen, was ihm Verlust beschert hätte. Die beiden Bäcker-

© Archiv der sozialen Demokratie der Friedrich-Ebert-Stiftung

Adolph von Elm

1857 in Hamburg als Sohn eines Zigarrenheimarbeiters geboren, gilt Adolph von Elm als Begründer der »Drei-Säulen-Theorie«. Danach gründet die Arbeiterbewegung auf drei Säulen: der sozialdemokratischen Partei, den Gewerkschaften und den Genossenschaften. Elm absolvierte eine Lehre als Zigarrensortierer und trat schon vor 1875 dem Allgemeinen Deutschen Arbeiterverein (ADAV) bei. Weil er infolge des Sozialistengesetzes keine Arbeit fand, wanderte er 1878 in die USA aus – erst nach Detroit, dann nach New York, wo er Vizepräsident des Local 8 der Cigar-Packers-Union (CPU) wurde. Dort freundete er sich mit dem Tabakarbeiter Sam Gompers an, dem späteren Gründer und Präsidenten der AFL, der American Federation of Labor, damals der größte amerikanische Gewerkschaftsbund. 1882 kehrte Elm nach Deutschland zurück und wurde wieder Mitglied im Freundschaftsclub der Zigarrensortierer, aus dem unter seiner Führung der Verband der Zigarrensortierer und Kistenbekleber hervorging. 1890 war Elm Mitbegründer der freigewerkschaftlichen Generalkommission der Deutschen Gewerkschaften, des Vorläufers des Allgemeindeutschen Gewerkschaftsbundes und des DGB.

Vier Jahre später wurde Elm Mitglied des Deutschen Reichstages, wo er bis 1907 ein Mandat innehatte. Nach der großen Hamburger Tabakarbeiteraussperrung von 1890/91 gründete er die Tabakarbeitergenossenschaft (TAG), um Arbeitsplätze für gemaßregelte Arbeiter zu schaffen, und wurde deren Geschäftsführer. Die Genossenschaft mit ihren Fabriken in Hamburg, Hockenheim (Baden) und Frankenberg (Sachsen) sicherte er gegen die oft unfaire Konkurrenz der anderen Zigarrenfabrikanten, indem er für sie die Konsumgenossenschaften als Absatzmarkt erschloss.

Elm schrieb zahlreiche Aufsätze, die in den »Sozialistischen Monatsheften« erschienen, und verfasste die Schrift »Gewerkschaften, Genossenschaften und ›Volksfürsorge‹«. 1899 gründete er den »Konsum-, Bau- und Sparverein Produktion« in Hamburg, dessen Aufsichtsratsvorsitzender er bis zu seinem Tode blieb. 1905 war er an der Gründung der Pensionskasse des Zentralverbandes deutscher Konsumvereine beteiligt, der heutigen »Hamburger Pensionskasse von 1905«, einem der größten Versicherer für betriebliche Altersversorgung.

Elm entwickelte, gemeinsam mit Vertretern von Gewerkschaften und Genossenschaften, den Plan für eine eigene Versicherung, die ein Gegengewicht zu den privaten Lebensversicherungen sein sollte. 1912 wurde diese als »Gewerkschaftlich genossenschaftliche Lebensversicherungsgesellschaft Volksfürsorge« gegründet, von Elm wurde erster Geschäftsführer. Adolph von Elm galt als glänzender Redner und Organisator. Mit seinen zahlreichen Gründungen und Funktionen gilt er als eine herausragende Persönlichkeit der frühen Arbeiterbewegung. Er starb 1916 in Hamburg.

innungen Berlins hatten sich gegen die Streikenden verbündet und sorgten dafür, dass der Streik am 23. Juli bereits wieder beendet war. Obwohl auch der Brauerstreik erfolglos verlief, war abzusehen, dass die Sozialistengesetze auf Dauer ihre Wirkung verfehlten. Aufgrund des besonderen Wahlrechts konnten die Sozialdemokraten bei den Reichstagswahlen 1890 große Erfolge feiern.

Es fand sich nicht länger eine parlamentarische Mehrheit für die Sozialistengesetze, was schließlich zu ihrer Aufhebung führte.

Davon profitierte beispielsweise der ehemalige Zigarrenmacher Hermann Molkenbuhr (1851–1927), der im Februar 1890 zum ersten Mal Abgeordneter des Reichstags wurde.

Als im Juli 1889 der Pariser Sozialistenkongress beschloss, den 1. Mai als internationalen Feiertag im Kampf für den 8-Stunden-Tag auszurufen, reagierten die deutschen Arbeiter gespalten. Die Idee kam aus den USA, wo 1886 Arbeiter einen mehrtägigen Generalsstreik am 1. Mai, dem amerikanischen »moving day«, proklamiert hatten. Trotz ihrer Bedenken, die

© Landesarchiv Berlin, Fotograf: Leo Rosenthal

Hermann Molkenbuhr

1851 als Sohn eines Schneidermeisters in Wedel (Schleswig-Holstein) geboren, gilt Hermann Molkenbuhr als einer der Gründungsväter der deutschen Sozialdemokratie. Nach dem Besuch der Volksschule und einer Arbeiterkinderschule war er ab 1864 als Hilfsarbeiter bei verschiedenen Zigarrenmachern tätig, bevor er 1871 selbst das Handwerk erlernte. 1872 war er Mitbegründer der Ortsgruppe Lokstedt-Ottensen des Allgemeinen Deutschen Arbeitervereins (ADAV), deren Vorsitzender er 1874 wurde. 1875 nahm er am Gothaer Vereinigungsparteitag von ADAV und Sozialdemokratischer Arbeiterpartei (SDAP) zur Sozialistischen Arbeiterpartei Deutschlands (SAP) teil.

Nach dem Erlass des Sozialistengesetzes 1878 war Molkenbuhr im Untergrund aktiv, 1881 wurde er ausgewiesen und wanderte in die USA aus. Dort arbeitete er als Zigarrenmacher und engagierte sich in der Socialist Labor Party of America. Nachdem er 1884 nach Deutschland zurückgekehrt war, kandidierte er zunächst erfolglos mehrfach für den Reichstag, wurde aber 1890 schließlich als Reichstagsabgeordneter des Wahlkreises Holstein 6 (Pinneberg, Elmshorn) gewählt. 1891 war er Mitglied der Programmkommission der frisch von SAP in SPD umbenannten Partei, die das »Erfurter Programm« beriet. Das auf dem SPD-Parteitag im Oktober 1891 verabschiedete Programm orientierte sich an marxistischen Überzeugungen und entsprach nicht unbedingt den Vorstellungen der freien Gewerkschaften.

Von 1892 bis 1902 war er Mitglied der »Reichskommission für Arbeitsstatistik« und legte 1902 einen ersten Entwurf einer Arbeitslosenversicherung vor. Von 1904 bis 1924 Mitglied des SPD-Vorstands, war er von 1911 bis 1922 neben August Bebel und Hugo Haase Vorsitzender der SPD-Reichstagsfraktion.

Mit Beginn des Ersten Weltkriegs unterstützte Molkenbuhr die Kriegskredite und die »Politik des Burgfriedens«, engagierte sich aber 1917 für die Friedensinitiative der »Sozialistischen Internationale«. In der Weimarer Republik wurde er Vorsitzender der Programmkommissionen der SPD, die das Görlitzer Programm und das Heidelberger Programm entwarfen. Auch international engagierte sich Molkenbuhr schon seit 1898 als Delegierter der »Internationalen«. 1927 wurde er zum Beisitzer des Parteivorstands gewählt, im gleichen Jahr starb er in Berlin.

Arbeitgeber zu stark zu provozieren, unterstützten einige Gewerkschaften in Deutschland diesen Feiertag. Da an diesem Tag nicht gearbeitet werden sollte, war dies faktisch eine Arbeitsniederlegung. Die sozialdemokratische Reichstagsfraktion empfahl daher, dass nur dort der 1. Mai begangen werden sollte, wo keine Konflikte zu erwarten wären. Also unternahmen im ganzen Land knapp 100 000 Arbeiter am 1. Mai 1890 »Maispaziergänge«. Konflikte ließen sich trotzdem nicht vermeiden; einige Unternehmer reagierten mit Aussperrungen. Nicht zuletzt deswegen wurde der 1. Mai in den Folgejahren wiederholt zu dem zentralen Tag gewerkschaftlicher Demonstrationen, der er bis heute geblieben ist.

Die Mitgliederzahlen der Gewerkschaften waren 1890 höher als vor dem Sozialistengesetz. So verzeichnete der Unterstützungsverein deutscher Tabakarbeiter 15 360 Mitglieder in 260 Zahlstellen. Auch profitierten sie von der Solidarisierung der Arbeiter. Sie modernisierten sich und lehnten beispielsweise Frauenarbeit nicht mehr kategorisch ab.

oben:
Streikende Kellner in Paris stürmen ein kommerzielles Arbeitsvermittlungsbüro (Bureau de placement), Holzstich in: L'Illustration, 11. August 1888. In Paris wurde ein Jahr später beschlossen, den 1. Mai als Feiertag für Arbeiter zu begehen.

unten:
Eine der ersten Maifeiern Dresdner Arbeiter im Garten der Gaststätte »Schweizerei« in Dresden-Loschwitz, 1. Mai 1890.

L'ILLUSTRATION
JOURNAL UNIVERSEL
1888

L'AGITATION BOULANGISTE
LA FOULE DEVANT LES BUREAUX DE « LA COCARDE »

154 L'ILLUSTRATION, JOURNAL UNIVERSEL.

LES GRÈVES A PARIS
Les garçons limonadiers assaillant le café de Danemark, dans l'aprés-midi du 7 août.

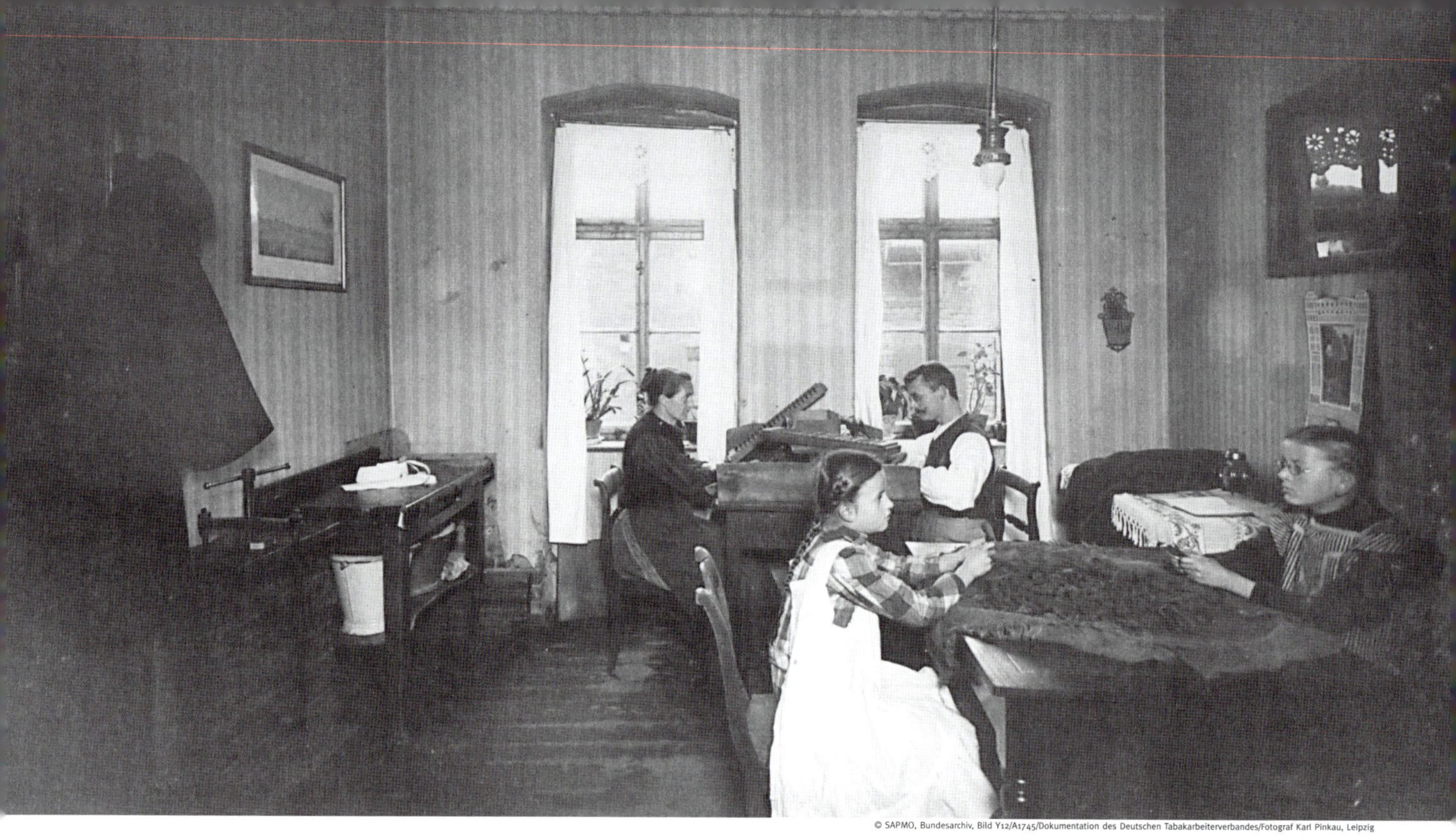

© SAPMO, Bundesarchiv, Bild Y12/A1745/Dokumentation des Deutschen Tabakarbeiterverbandes/Fotograf Karl Pinkau, Leipzig

»Ausbeutung und Menschenverwüstung«

Kühltechnik und Teigmaschinen veränderten die Arbeitswelt in den großen Betrieben der Nahrungs- und Genussmittelindustrie. In den kleineren Fabriken und im Handwerk herrschten weitaus schwierigere Bedingungen. Ein großes Thema war der Kost- und Logiszwang, der sowohl in der Gastronomie als auch bei Bäckereien vorherrschte.

Die zunehmende Industrialisierung in den Betrieben der Nahrungs- und Genussmittelindustrie erforderte auch eine Neuorientierung für die Gewerkschaften.

Wesentlich für Brauereien und Bäckereien – aber auch in anderen Bereichen der Ernährungsmittelindustrie – war die Entwicklung der Kühltechnik. So verbreitete sich das Kunsteis und 1877 wurde die von Carl Linde entwickelte Kältemaschine patentiert. In Deutschland war – anders als in den USA, wo dem Fleisch diese Rolle zukam – das Bier das Produkt, das die Kühltechnik verbreitete. Außerdem lieferten bei den Brauereien Dampfmaschinen die Energie, die für die Maisch- und Sudpfannen benötigt wurde. Bei den Bäckereien verbreiteten sich Teigknetmaschinen, die den Teig in verschiedene Richtungen bewegen konnten und dadurch die Zeit für die Teigbereitung wesentlich verkürzten. Auch Dampfbacköfen kamen zum Einsatz. In den Konditoreien erleichterten Wärmschränke und in »Kakesfabriken« Maschinen zum Ausstechen die Arbeit. In der Gastwirtschaft und in Hotels blieb die Technisierung aus, weil dort die Aufgaben weiterhin menschliche Arbeit erforderten. Doch unabhängig davon, ob sich mit der Technik die Arbeitswelt radikal veränderte oder in anderen Gewerken handwerkliche Tätigkeiten bestimmend blieben, organisierten sich die Arbeitnehmer in allen Bereichen.

Die Gewerkschaften der Tabakarbeiter und der Böttcher galten als die am besten funktionierenden Verbände. Sie leisteten Reiseunterstützung und der Tabakarbeiter-Verband führte eine Wöchnerinnenunterstützung ein.

Der 1885 in Berlin gegründete Allgemeine Brauerverband verhandelte 1890 die erste schriftliche Vereinbarung mit Berliner Brauereien. 1892 folgte der erste Tarifvertrag mit Stuttgarter Brauereien. Die Buchdrucker, die 1896 den ersten Reichstarif abschließen konnten, mussten sich von anderen Gewerkschaften kritisieren lassen, da einige in Tarifverträgen Nachteile wie beispielsweise in deren Verbindlichkeit sahen. Mit einem Vertragswerk banden sich die Gewerkschaften auch zeitlich und konnten damit auf plötzlich auftretende Teuerungen oder andere Veränderungen nicht mehr flexibel reagieren. Dies galt aber auch für die Arbeitgeber.

Vor allem die Gewerkschaft der Bäcker thematisierte in den 1890er-Jahren Fragen der Hygiene und des Arbeitsschutzes. Bäckergesellen waren von unzumutbaren Zuständen betroffen und mussten häufig an ihrem Arbeitsplatz schlafen.

Im November 1890 war in Berlin die Generalkommission der Gewerkschaften Deutschlands gegründet worden, auf deren Kongress 1892 in Halberstadt die Arbeiter aus der Nahrungsmittelindustrie beschlossen, sich gegenseitig in der Agitation zu unterstützen. Bei der Einberufung dieses Kongresses spielten die Holzarbeiter eine zentrale Rolle. Sie forderten, dass man Kartelle bilden sollte, die sich im Falle von Streiks und Aussperrungen gegenseitig finanziell unterstützen könnten. Diese Forderung wurde jedoch abgelehnt. Die Delegierten beschlossen immerhin, dass es für Frauen keine separaten Organisationen geben sollte.

Den Bäckern, Brauern, Fleischern, Gastwirtsgehilfen und Müllern gelang es 1893 nicht, ihre einzelnen Verbände zusammenzuschließen. 20 Delegierte hatten zwar bei drei Gegenstimmen für die Verschmelzung gestimmt, zudem gab es bereits ein Statut. Als dann aber mehrheitlich beschlossen wurde, dass der Sitz des Verbandes in Berlin sein sollte, waren die Müller damit überhaupt nicht einverstanden und verließen den Kongress. In einer Urabstimmung wurden die Mitglieder der Verbände um ihre Meinung gebeten. Der Bäckerverband votierte unentschieden, damit war der Zusammenschluss gescheitert.[10]

Bald gab es jedoch beim Bäckerverband Unregelmäßigkeiten in der Hauptkasse. Die Generalkommission überbrückte aus ihrem Budget das Loch in der Kasse. Der alte Vorstand wurde entlassen und Oskar Allmann (1868–1940) übernahm 1895 den Vorsitz.

Vorgängerorganisationen 1894

	GEGR.	ORGANISATION
■ (liberal)	1878	Deutscher Kellnerbund Union Ganymed
■ (frei)	1885	Unterstützungsverein deutscher Tabakarbeiter
■ (frei)	1885	Unterstützungsverein deutscher Zigarrensortierer
■ (frei)	1885	Verband der Bäcker und Berufsgenossen Deutschlands
■ (liberal)	1885	Genfer Verband der Hotel- und Gaststätten-Angestellten Deutschlands
■ (frei)	1889	Zentral-Verein deutscher Böttcher
■ (frei)	1889	Verband Deutscher Müllergesellen
■ (frei)	1891	Zentralverband der Konditoren, Leb- und Pfefferküchler
■ (frei)	1893	Zentralverband deutscher Brauer und verwandter Berufsgenossen
■ (frei)	1893	Fachverein der Schlächtergesellen und -Mamsells in Berlin
■ (frei)	1894	Verband der Schlächter und Berufsgenossen Deutschlands

■ frei ■ liberal ■ christlich ■ Nahrung/Genuss ■ Hotel/Gaststätten

August Bebel über die Lage der Bäcker

August Bebel kritisierte die Arbeitsbedingungen der Bäcker 1890 in seiner Schrift »Zur Lage der Arbeiter in den Bäckereien«. Er schrieb: »So sehen wir aber, dass Tag für Tag und Jahr für Jahr diese Ausbeutung und Menschenverwüstung fortgesetzt wird, ohne dass die Wächter der öffentlichen Wohlfahrt auch nur den geringsten Versuch machen, diese aller Menschlichkeit Hohn sprechenden Zustände zu mildern oder zu beseitigen.« Bei den Bäckern wie auch in anderen Berufsgruppen zeigten sich die katastrophalen Arbeitsbedingungen. Die meisten Gesellen und Lehrlinge lebten beim Meister in Kost und Logis. Das bedeutete häufig schlechtes Essen. Als Unterkunft dienten winzige Kammern, die sich mehrere Arbeiter teilen mussten und während der nächtlichen Arbeitszeit auch von anderen Hausangestellten genutzt wurden. Der Lohn variierte je nach Stellung, war jedoch überall gering.

linke Seite:
Arbeits- und Lebensbedingungen der Heimarbeiter in der Tabak-Manufaktur Sachsen, um 1900.

© Bundesarchiv, Bild 183-14077-0005.

August Bebel, 1898.

1890 initiierte der preußische Handelsminister Freiherr Hans von Berlepsch (1843–1926) eine Änderung der Gewerbeordnung. Darin wurde nun der Arbeiterschutz geregelt und das Arbeitsvertragsrecht erstmals normiert. Hinzu trat die Bestimmung, dass Betriebe mit über 20 Beschäftigten Arbeiterausschüsse zu errichten und eine Arbeitsordnung zu erlassen hatten. Die Arbeiterausschüsse mussten zu den Arbeitsordnungen angehört werden und ihre Meinung sollte bei der Genehmigungsbehörde mit eingereicht werden. Weitere Rechte hatten diese Ausschüsse nicht. Die neue Gewerbeordnung trat 1891 in Kraft. August Bebel und andere Sozialdemokraten und Gewerkschafter kritisierten sie »als Feigenblatt des Kapitalismus« und lehnten die Arbeiterausschüsse demzufolge ab. Vor allem bei den Bergleuten und den Buchdruckern konnten die Arbeiterausschüsse dennoch wichtige Forderungen durchsetzen und wurden auch als Organe der frühen Mitbestimmung in Tarifverträgen verankert.

Chronik von 1834 bis 1890

1. Januar 1834 Zusammenschluss von Staaten des Deutschen Bundes zum Deutschen Zollverein zur Schaffung eines stabilen Binnenmarktes. Die Haupteinnahmen stammten aus dem Zoll auf Nahrungs- und Genussmittel, auf Tabakwaren und Alkohol.

21. Dezember 1844 Gründung der Rochdale Society of Equitable Pioneers – Gesellschaft der redlichen Pioniere von Rochdale. Sie bestimmten die Grundprinzipien der Konsumgenossenschaftsbewegung und dienten als Vorbild für die deutschen Konsumvereine ab 1849.

21. Februar 1848 Veröffentlichung des »Kommunistischen Manifests« von Karl Marx und Friedrich Engels.

3. September 1848 Auf dem Allgemeinen Arbeiterkongreß in Berlin wird die Allgemeine Deutsche Arbeiterverbrüderung gegründet. Unter dem Motto »Einigkeit macht stark« verstand sie sich sowohl als Partei als auch als Gewerkschaft.

29. September 1848 Gründung der Assoziation der Zigarrenarbeiter Deutschlands in Berlin. Unter Präsident Wenzel Kohlweck (1822-1889) verzeichnete die Assoziation im September 1849 an 77 Orten bereits 12 800 Mitglieder.

März 1848 bis Juli 1849 Revolution im Deutschen Bund. Der Kampf für Freiheit, Einheit und bessere Lebensbedingungen wurde militärisch niedergeschlagen.

September 1849 Gründung der Genossenschaftsfabrik »Vereinigte Cigarrenarbeiter« in Hamburg auf Anregung des zweiten Kongresses der Zigarrenarbeiter in Leipzig, die Fabrik bestand bis 1862.

13. Juli 1854 Das Bundesvereinsgesetz verbot alle politischen Vereine, wie die Allgemeine Deutsche Arbeiterverbrüderung, und verhinderte die Gründung von Gewerkschaften und Parteien. Damit sollten revolutionäre Bestrebungen unterdrückt werden.

23. Mai 1863 Gründung des Allgemeinen Deutschen Arbeitervereins (ADAV) im Leipziger »Colosseum«, später »Pantheon« unter Ferdinand Lassalle und Friedrich Wilhelm Fritzsche.

28. September 1864 Gründung der Internationalen Arbeiterassoziation (IAA), Erste Internationale) in London unter maßgeblicher Beteiligung von Karl Marx und Friedrich Engels.

15. bis 18. Oktober 1865 Gründung des Allgemeinen Deutschen Frauenvereins durch Louise Otto-Peters, Auguste Schmidt und Marie Löper-Houselle.

24. bis 27. Dezember 1865 Gründungskongress des Allgemeinen Deutschen Zigarrenarbeiter-Vereins (ADCAV) im Leipziger »Colosseum«, später »Pantheon«, die größte deutsche Gewerkschaft im Jahre 1878. Friedrich Wilhelm Fritzsche wurde Geschäftsführer und Redakteur der Gewerkschaftszeitung »Der Botschafter«.

21. Juni 1866 bis 23. August 1866 Deutscher Krieg zwischen Preußen und Österreich. Mit dem Prager Frieden vom 23. August 1866 endete der Krieg, durch den der Deutsche Bund aufgelöst und der Norddeutsche Bund unter preußischer Führung als kleindeutsche Lösung am 1. Juli 1867 etabliert wurde.

1867 Der erste Band »Das Kapital. Kritik der politischen Oekonomie« von Karl Marx erscheint. Nach Marx' Tod (1883) veröffentlichte Friedrich Engels zwei weitere Bände aus dessen Manuskripten.

14. Juli 1867 Ernennung des preußischen Ministerpräsidenten und Ministers des Auswärtigen Otto von Bismarck zum Bundeskanzler des Norddeutschen Bundes durch König Wilhelm I. von Preußen.

Februar 1868 Streik der Berliner Zigarrenfabrikanten gegen eine neue Fabrikordnung und Gründung einer privat betriebenen Genossenschaftsfabrik durch Friedrich Wilhelm Fritzsche, die bereits 1869 geschlossen werden musste.

2. Juni 1868 Gründung des Trades Union Congress (TUC) als Dachorganisation der britischen Gewerkschaften.

8. August 1868 Gründung des Allgemeinen Bäckervereins.

28. September 1868 Gründung des linksliberalen Verbandes der deutschen Gewerkvereine (Hirsch-Dunckersche Gewerkvereine) durch die Buchhändler Max Hirsch und Franz Gustav Duncker von der Deutschen Fortschrittspartei.

links:
Fahne des Unterstützungs-Vereins Deutscher Tabakarbeiter Verden, 1896.

rechts:
Traditionsreiche Fahne mit dem Handschlag und dem Motto der »Arbeiterverbrüderung« »Einigkeit macht stark«.

© NGG

© NGG

8. August 1869 Gründung der Sozialdemokratischen Arbeiterpartei (SDAP) durch August Bebel und Wilhelm Liebknecht in Eisenach.

27. September 1869 Gründung der gewerkschaftlichen Dachorganisation Allgemeiner Deutscher Arbeiterschaftsverband durch den ADAV. Auf dem Allgemeinen Deutschen Arbeiterkongress traten mehrere Einzelgewerkschaften dem Verband bei, der ADCAV etwas später.

19. Juli 1870 Beginn des Deutsch-Französischen Krieges zwischen dem Norddeutschen Bund und Süddeutschland gegen Frankreich unter Napoleon III. Der Friede von Frankfurt am Main am 10. Mai 1871 beendete den Krieg.

18. Januar 1871 Gründung des Deutschen Kaiserreichs als erster deutscher Nationalstaat und Ernennung König Wilhelm I. zum Kaiser im Spiegelsaal des Schlosses von Versailles.

21. März 1871 Ernennung Otto von Bismarcks zum Reichskanzler des Deutschen Reichs durch den 1. Deutschen Reichstag.

1872 Gründung des Vereins der Bierbrauergehilfen in Frankfurt am Main.

1873 Vereinbarung des ersten überbetrieblichen Tarifvertrags durch den Verband der deutschen Buchdrucker.

1873 Gründung des Allgemeinen Böttchervereins in Berlin, der 1875 wegen politischer Aktivitäten verboten wurde.

22. bis 27. Mai 1875 Gründungsparteitag der Sozialistischen Arbeiterpartei (SAP) in Gotha durch den Zusammenschluss des Allgemeinen Deutschen Arbeitervereins (ADAV) und der Sozialdemokratischen Arbeiterpartei Deutschlands (SDAP), unter maßgeblicher Beteiligung von Karl Liebknecht, August Bebel und Wilhelm Hasenclever.

21. Oktober 1878 Das »Sozialistengesetz« verbot alle sozialistischen Parteien, wie die Sozialistische Arbeiterpartei (SAP) und ihre Druckschriften. Durch die Auflösung der Gewerkschaften wurde auch der Tabakarbeiterverband verboten und Friedrich Wilhelm Fritzsche aus Berlin ausgewiesen. Dieser versuchte die Vereinsarbeit illegal weiterzuführen.

17. November 1881 Verkündung der »Kaiserlichen Botschaft« über die Sozialgesetzgebung durch Reichskanzler Otto von Bismarck. Von 1883 bis 1889 wurden Kranken-, Unfall-, Invaliditäts- und Altersversicherungen eingeführt.

22. November 1882 Gründung des Reiseunterstützungsvereins deutscher Tabakarbeiter. 1885 folgte ein Unterstützungsverein für ausgebildete Cigarrensortierer.

3. Februar 1884 Gründung des genossenschaftlichen Konsumvereins Leipzig-Plagwitz (Consum-Verein für Plagwitz und Umgegend) durch Sozialdemokraten und Gewerkschafter, der zum größten Konsumverein in Deutschland wurde.

1885 Gründung des Verbandes der Bäcker und Berufsgenossen Deutschlands in Berlin.

17. August 1885 Gründung des Allgemeinen Brauerverbandes in Berlin.

1886 Streik der Hamburger Bäckergehilfen und Einrichtung einer Genossenschaftsbäckerei.

1889 Der aus den USA als »moving day« bekannte 1. Mai wurde 1889 auf dem Pariser Sozialistenkongress zum internationalen Kampftag für den 8-Stunden-Tag erklärt und von einigen deutschen Gewerkschaften unterstützt.

1889 Die streikenden Hamburger Brauer und Bäcker aus Berlin schlossen sich vermehrt der SAP und den Gewerkschaften an, was zu einer Verdreifachung der Mitgliederzahlen in den freigewerkschaftlichen Organisationen im Vergleich zu 1885 und 1890 führte.

1890 Veröffentlichung »Zur Lage der Arbeiter in den Bäckereien« über die Missstände in dem Berufsstand von August Bebel.

20. März 1890 Nachfolger Bismarcks als Reichskanzler wird Leo von Caprivi (bis 1894).

1. Oktober 1890 Ablehnung des »Sozialistengesetzes« durch den Reichstag. Nachdem es seit 1878 viermal verlängert worden war, trat es im Oktober 1890 außer Kraft.

18. Oktober 1890 Umbenennung der Sozialistischen Arbeiterpartei (SAP) in Sozialdemokratische Partei Deutschlands (SPD).

16./17. November 1890 Bildung der Generalkommission der Gewerkschaften Deutschlands.

© akg-images, AKG56011/ Fotografen Gebrüder Haeckel

Der Fußmehl-Skandal in Berlin

Lebensmittelpanscherei und Nahrungsmittelverunreinigungen hatten bereits im Mittelalter zu gewaltsamen Protesten geführt. Auch Ausschreitungen wegen Preiserhöhungen waren üblich. Panschereien wurden Auslöser für Konflikte zwischen Gewerkschaften und Unternehmern und boten auch Druckmittel in Verhandlungen.

In Berlin kam es 1892 zu mehreren Versammlungen des örtlichen Konditor-Gehilfen-Vereins.[11] In den »Acta des Königlichen Polizei-Präsidii zu Berlin« betreffend »Conditor-Gewerk« sind die Aktivitäten des Vereins peinlich genau dokumentiert und geben einen guten Einblick in die alltägliche Gewerkschaftsarbeit nach 1890. Der Verein bat mehrfach um die Genehmigung des Polizeipräsidenten, öffentliche Versammlungen abhalten zu können. Diese Genehmigungen wurden meist auch erteilt, aber mit der Bedingung, dass ein Polizeibeamter an der Versammlung teilnahm und ein Protokoll anfertigte. Am 14. März 1892 sprach August Bebel in einer Versammlung, die im großen Saal der »Berliner Ressource« in der Kommandantenstraße stattfand. Der Polizeileutnant, der seinen Bericht mit »Schmidt II« unterzeichnete, rapportierte über Bebels Rede: »Gleich nachdem Bismark [sic!] 1890 von seinem Posten hätte zurücktreten müssen seien die Erklärungen der Regierung über die gesetzliche Regelung der Sonntagsarbeit andere geworden als vorher.«[12] Außerdem forderte Bebel, dass im Reichstag mehr Abgeordnete die Interessen der Arbeiter vertreten sollten. Im August 1892 wurde auf einer anderen Versammlung über die durchschnittlichen Arbeitszeiten der Konditorgehilfen von 14 Stunden täglich und deren »völlig unberechtigten Künstlerstolz« diskutiert.[13] Es wurde bekanntgegeben, dass der Verein einen Arbeitsnachweis eingerichtet habe, und darüber informiert, dass die Firma Hildebrand und Sohn[14] drei Pfefferküchler, die Gewerkschafter waren, entlassen hatte.

Der Verein attackierte die Firma Hildebrand auf Versammlungen und Kundgebungen, wie etwa im November 1892, als Wilhelm Liebknecht (1826–1900) als Hauptredner vor 2000 Personen auftrat und der zweite Tagesordnungspunkt aus der Darstellung der »Geheimnisse der Honigkuchenfabrikation der Firma Theodor Hildebrand und Sohn« bestand.[15] Der Konditor-Gehilfen-Verein thematisierte damit die Qualität von Lebensmitteln und machte Panschereien publik. Der Firma wurde vorgeworfen, in ihren Pfefferkuchen Fußmehl zu verarbeiten. Dieses Fußmehl enthielte nicht nur Sand und andere fremde Bestandteile, sondern auch den Auswurf der meist schwindsüchtigen Konditorgehilfen, weil es keine Spucknäpfe gebe. Hildebrand und Sohn hätte 300 Zentner dieses Fußmehls verarbeitet und noch weitere 100 Zentner vorrätig. Anschließend berichtete ein Schlächter aus seinem Betrieb, dass dort dem Fleisch Wasser zugesetzt würde, um das Gewicht zu manipulieren. Der protokollierende Polizist löste daraufhin die Versammlung auf, da er Tumulte fürchtete.

Hildebrand und Sohn dementierte die Vorwürfe nicht, sondern behauptete, dass das Fußmehl nicht verbacken, sondern lediglich als Stäubmehl für die Bleche verwendet worden wäre, dass es sich ansonsten lediglich um das Fehlverhalten eines Meisters gehandelt hätte und dass das noch übrig gebliebene Fußmehl als Viehfutter verkauft werden solle.

In einer Agitationsschrift, verfasst vor Weihnachten – der Hochzeit für den Pfefferkuchenverkauf –, beklagte das Gewerkschaftsmitglied Hermann Koch, dass Frauen bei Hildebrand für die gleiche Arbeit wesentlich weniger als Männer verdienten und die Firma zudem keine Konsequenzen aus dem Fehlverhalten des Meisters gezogen hatte.

1893 veranstaltete der Verein der Conditoren eine Kundgebung, auf der Hermann Molkenbuhr zum Thema »Sozialismus und Antisemitismus« sprach. Neben diesen großen Themen und Informationen zu Arbeiterstatistik und Gewerbeordnung fanden auch spezielle Versammlungen und Vorträge für Arbeiterinnen und Arbeiter in Schokoladenfabriken und anderen Zuckerwarenfabriken statt. Kritikpunkte blieben stets die Arbeitszeiten und Arbeitsbedingungen. Themen waren aber auch Berufskrankheiten wie die Schwindsucht und deren Behandlung.

Noch schlechter als den Bäckern und Konditoren erging es den Kellnern beziehungsweise Gastwirtsgehilfen, die geringen oder gar keinen Lohn erhielten. Mit dem ihnen zustehenden Trinkgeld, das oft wegen geringer Vergehen willkürlich von den Wirten gekürzt wurde, ließ sich keine Familie ernähren.

Emil Oskar Allmann

1868 in Buttelstadt geboren, war Emil Oskar Allmann gelernter Bäcker. 1889 übernahm er den Schriftführerposten der Kontrollkommission im Bäckerverband und wurde ein Jahr darauf Vorsitzender der Zahlstelle Hamburg. Von 1895 bis 1918 war er Vorsitzender des Bäckerverbandes und zwischenzeitlich ab 1895 auch Geschäftsführer der Hamburger genossenschaftlichen Bäckerei »Vorwärts«. 1897 war er Mitbegründer des Hamburger Konsum-, Bau- und Sparvereins »Produktion«. Allmann verfasste eine Schrift zur Geschichte der Bäcker- und Konditorenbewegung, die 1910 erschien. Nach Kriegsende 1918 musste Allmann vom Vorsitz des Bäckerverbandes zurücktreten, da ihm eine zu große Nähe zur Kriegspolitik der Generalkommission vorgeworfen wurde. Im andauernden Streit um das Nachtbackverbot wurde Allmann 1923 schließlich aus dem Zentralverband ausgeschlossen, da er sich auf Seiten der Konsumgenossenschaften für die Einführung des 3-Schicht-Systems ausgesprochen hatte.

linke Seite:
Zwei Konditorjungen vor der Schloßbrücke in Berlin. Im Hintergrund das Zeughaus, um 1910.

diese Seite:
Abfüllen der zum Mischen bestimmten Kaffeesorten aus den Lagern, um 1900.

© Library of Congress

Gegen Kost und Logis

Streiks führten die gewerkschaftlichen Organisationen häufig an den Rand des Bankrotts. Sie waren auch innerhalb der Arbeiterbewegung umstritten. Trotzdem blieben Arbeitsniederlegungen häufig die einzigen Mittel, um Forderungen durchzusetzen.

Als die Bäckergesellen in den damals noch getrennten Städten Hamburg, Altona und Wandsbek vom 23. Juni bis 20. September 1898 streikten, forderten sie, den Kost- und Logiszwang abzuschaffen. Die Gesellen lehnten es ab, weiterhin schlechtes Essen zu bekommen und in üblen Unterkünften zu hausen. Stattdessen sollten Kost und Logis wegfallen und dafür ein Lohnzuschlag gezahlt werden. Außerdem bestanden sie auf einer 12-Stunden-Schicht, inklusive einer Stunde Essenspause, Überstunden wären zu vergüten. Ein Arbeitsnachweisbüro sollte eingerichtet werden. Die Innungen lehnten diese Forderungen rundherum ab. Versammlungen der Gesellen bevollmächtigten die Vorstände ihrer Gewerkschaft, notfalls den Streik zu erklären. Die Verhandlungen verliefen im Sande. Die Bäckerverbandsvertreter gaben den Bäckerinnungen nochmals Zeit, sich zu erklären. Nur 44 Bäckereien, meist Großbetriebe, stimmten den Forderungen zu. Daraufhin wurde der Streik ausgerufen.

Als Antwort auf die Arbeitsniederlegung, die von fast 900 Gesellen beschlossen worden war, brachten die Innungen Streikbrecher nach Hamburg und ließen Streikposten festnehmen. Tags darauf wurden alle Bäckereien boykottiert, die den Forderungen nicht nachkommen wollten. Fast 1000 Bäckereiarbeiter streikten. Kurzzeitig sah es so aus, als würden die Innungen nachgeben. Doch dann mischte sich der Arbeitgeberverband ein und gab den Innungen Rückendeckung. In der Öffentlichkeit wurden Gerüchte verbreitet, wie zum Beispiel, dass der Streik lediglich dazu diene, den Sozialdemokraten gänzlich die Brotproduktion zu überlassen. Mehlhändler und Müller sollten keine Betriebe mehr beliefern, die den Forderungen der Streikenden nachgaben. Doch die Streikleitung hatte vorgesorgt, denn sie konnte für alle, die es wünschten, Mehl zu Tagespreisen verschaffen. Sukzessive gaben immer mehr Bäckermeister nach, so dass am 20. September 1898 der Streik offiziell für beendet erklärt wurde. In einer eigens zum Streik verfassten Broschüre beschrieb der Verband der Bäcker und Berufsgenossen, wie der Streik von den Gewerkschaftskartellen unterstützt wurde, indem beispielsweise nur Brot von Betrieben gekauft wurde, die eine Kontrollkarte besaßen.

Dagegen blieben zunächst die Forderungen nach einem 12-Stunden-Tag und das Verbot oder Einschränkung der Nacht- und Sonntagsarbeit trotz Streiks und Petitionen an den Bundesrat erfolglos. 1891 wurde schließlich mit der Änderung der Gewerbeordnung die 24-stündige Sonntagsruhe eingeführt.

Erst ab 1896 galt die Verordnung des Bundesrates, dass die tägliche Arbeitszeit nicht länger als 12 Stunden dauern durfte, wenn zwischen 20:30 und 5:30 Uhr gearbeitet wurde.

linke Seite:
Jungfernstieg in Hamburg,
um 1890.

oben links:
Kühlen der Milch,
um 1900.

oben rechts:
Aufsetzen der Fettkäse,
um 1900.

unten:
Entnahme geschleuderten
Zuckers aus den Zentrifugen,
um 1900.

Die dritte Säule der Arbeiterbewegung oder »Aus dem Leben heraus erkannten wir die Klugheit der Idee.«

Nach Adolph von Elms Überlegungen waren es drei Säulen, die die Arbeiterbewegung trugen: die sozialdemokratische Partei, die Gewerkschaften und die genossenschaftlichen Selbsthilfevereine wie die Konsumvereine. Sie entstanden in Deutschland Mitte des 19. Jahrhunderts. Ihr Konzept war, preiswert Produkte in guter Qualität an ihre Mitglieder zu verkaufen. Genossenschaftlich organisiert entwickelten sie sich auch zu einem wichtigen Produzenten zahlreicher Waren und errichteten eigene Fabriken.

Die Vorbilder für die deutschen Konsumvereine waren bereits ab 1769 in England entstanden. 1889 trat in Preußen das neue Genossenschaftsgesetz in Kraft, das die Möglichkeit der beschränkten Haftpflicht vorsah, jedoch bestimmte, dass Konsumgenossenschaften nur an ihre eigenen Mitglieder verkaufen durften.

Um ihren Mitgliedern bessere Produkte anbieten zu können, bauten die Konsumvereine unter Anleitung der »Großeinkaufsgesellschaft deutscher Consumvereine« Fabriken. Die Großeinkaufsgesellschaft (GEG) wurde 1893 in Hamburg errichtet und entwickelte auch eigene Marken für ihre Produkte. Auf einer Reise nach England hatten die Aufsichtsratsmitglieder der GEG zahlreiche Anregungen gewinnen können.

Ähnlich wie die Associationsfabrik der Berliner Zigarrenarbeiter war eine Aussperrung von 3 000 Tabakarbeitern in Ottensen, Altona, Wandsbek und Hamburg 1891 der Auslöser zur Gründung einer Tabakarbeitergenossenschaft. Zuvor hatte 1890 der Verein der Zigarrenfabrikanten von Hamburg-Altona von den Arbeitern verlangt, aus der Gewerkschaft auszutreten. Daraufhin streikten die Tabakarbeiter 16 Wochen lang; eine enorme Belastung für die Streikkasse. Um künftig besser für solche Arbeitskämpfe gewappnet zu sein, entwickelte Adolph von Elm, der Begründer der Drei-Säulen-Theorie, die Idee der Tabakarbeitergenossenschaft (TAG), die dann 1891 in Hamburg gegründet wurde. Trotz der 1892 in Hamburg grassierenden Cholera-Epidemie und hoher Arbeitslosigkeit war die Genossenschaft wirtschaftlich erfolgreich. Das Geschäft finanzierte sich durch eine Anleihe und Darlehensscheine. Adolph von Elm wurde Geschäftsführer. Einer der Hauptabnehmer für die produzierten Zigarren wurde der Konsumverein »Produktion« in Hamburg. Dieser Konsum-, Bau- und Sparverein war 1899 von 700 Hamburgern gegründet worden. Federführend dabei war ebenso Adolph von Elm. Konsumvereine konnten auch Mitglied bei der TAG werden. Damit verstand sich die TAG auch als eine Produktionsstätte der Konsumvereine in Deutschland. Fabrikgebäude wurden neben Hamburg auch in Baden und Sachsen zunächst angemietet und später selbst neu errichtet. Die Arbeiter bei der TAG verdienten über 60 Prozent mehr als ihre Kollegen in anderen Betrieben. 1910 wurde die TAG von der Großeinkaufsgesellschaft der Konsumvereine (GEG) übernommen, die bereits viele Genossenschaftsanteile gezeichnet hatte. Die GEG führte die Betriebe weiter.

Zentrum der Konsumvereine um die Jahrhundertwende war Sachsen, wo 1884 Sozialdemokraten und Gewerkschafter den Konsumverein Leipzig-Plagwitz gründeten, der zum größten Konsumverein in Deutschland wurde. Auch Hirsch-Dunckersche Arbeiter waren an Konsumvereinen beteiligt, beispielsweise im schlesischen Schweidnitz.

Aus den katholischen Arbeitervereinen entwickelten sich in den 1890er-Jahren die christlichen Gewerkschaften als dritte politische Richtung der Gewerkschaften. 1899 wurde der Verband christlicher Tabak- und Zigarrenarbeiter Deutschlands gegründet, 1900 folgte der Christliche Bäckerverband. Bis zu Beginn des Ersten Weltkriegs 1914 waren knapp 27000 Mitglieder in christlichen Gewerkschaften innerhalb der Nahrungs- und Genussmittelbranchen organisiert. Die christlichen Konsumgenossenschaften hatten den Reichsverband deutscher Konsumvereine als Dachverband. Ihre Einkaufsgesellschaft hieß Gepag – Groß-Einkaufs-und Produktions-Aktiengesellschaft deutscher Konsumvereine.

Als der Genossenschaftstag 1902 die GEG und zahlreiche Konsumgenossenschaften aus dem Allgemeinen Verband der Genossenschaften ausschloss, weil diese nicht politisch neutral, sondern sozialdemokratisch orientiert seien, gründeten die nun

ungebundenen Konsumgenossenschaften 1903 ihren eigenen Zentralverband (ZdK). 1910 hatten diese bereits über 15000 Beschäftigte, 1917 etwa 24000.

Der erste Reichstarifvertrag

Seit den 1890er Jahren konnten die Gewerkschaften Tarifverträge abschließen. Diese regelten jedoch meist nur die Lohn- und Arbeitsbedingungen einzelner Betriebe oder Orte. Dies änderte sich im neuen Jahrhundert, als erstmals 1904 der Abschluss eines reichsweit gültigen Tarifvertrages gelang. Der Zentralverband deutscher Konsumgenossenschaften war der Tarifpartner auf Arbeitgeberseite und der Zentralverband der Bäcker auf Arbeitnehmerseite. Sowohl für die Beschäftigten als auch für die damit befassten Gewerkschaften nivellierten reichsweite Tarifverträge Unterschiede zwischen den Betrieben und trugen dazu bei, dass die Tarifpolitik innerhalb der gewerkschaftlichen Organisationen besser abgestimmt werden konnte. Er sah einen 8-Stunden-Tag für Schichtbetriebe vor, eine Woche Urlaub mit Lohnfortzahlung und unter anderem auch Verbesserungen bei der Ventilation sowie den Einbau von Toiletten und Sitzbänken in den Speiseräumen.

linke Seite:
Belegschaft der Fabrikfiliale der Tabakarbeitergenossenschaft in Frankenberg in Sachsen, 1901.

oben:
Blick in die langgezogene Halle der Bäckerei des Konsumvereins Leipzig-Plagwitz, 1901.

1919 widmete der Volkswirtschaftler Richard Sorge (1895–1944) diesen Reichstarifverträgen des Zentralverbandes seine Dissertation.[16] Er untersuchte, wie diese Tarifverträge des ZdK ausgehandelt wurden und nach welchen Prinzipien Flächentarifverträge zustande gekommen waren. Sorge schrieb dazu: »Um so eigenartiger kann es erscheinen, wenn wir bei der folgenden reichstariflichen Entwicklung in dem gewerkschaftlichen Verbande einen solchen von verhältnismäßig geringer Bedeutung sehen. 1903, zur Zeit als dieser Verband mit dem ZdK zuerst in Verbindung trat, zählte er erst wenige tausend Mitglieder. Im selben Jahre durchschnittlich 5 565. In dem Verhältnis zu den Zahlen der Bäcker in Deutschland keine allzu große Zahl. Auch weist der Verband der Bäcker Deutschlands gerade in diesem und folgendem Jahre sehr starke Schwankungen in den Mitgliedern auf. So kann dieser noch ziemlich junge Verband an Bedeutung und wirtschaftlicher Kraft nicht mit den anderen Organisationen verglichen werden, die bei der Entwicklung räumlich ausgedehnter Tarife eine hervorragende Rolle gespielt haben, z.B. dem Buchdruckerverband, den Verbänden der Holzarbeiter, Chemographen und Transportarbeiter. Und doch war es der Bäckerverband, dem es zuerst gelang, nach der Errichtung des ZdK die Verhandlungen über einen Reichstarif zu Ende zu führen, sodass bei Verhandlungen über das Arbeitsverhältnis seiner Mitglieder er sich nicht mehr den einzelnen Konsumvereinen als Kontrahenten gegenüber sah, sondern einem großen Verbande.«[17]

Der Abschluss dieses Tarifvertrages hatte eine außerordentliche Bedeutung für die Gewerkschaft und auch für weitere Tarifverhandlungen mit anderen Arbeitgebern im Backgewerbe.

In Elberfeld, heute einem Stadtteil Wuppertals, hieß die Konsumgenossenschaft »Befreiung« und wurde 1899 gegründet. In diesem Begriff ist die Grundidee der Gemeinwirtschaft als Befreiung von kapitalistisch auf Gewinnstreben ausgerichteten Handelsunternehmen auf den Punkt gebracht. In den Erinnerungen August Schmitz' (1872–Todesjahr unbekannt), der ab Mai 1910 in Berlin die Ortsgruppe des Verbandes der Brauerei- und Mühlenarbeiter leitete, spielte die Konsumgenossenschaft eine große Rolle; auch seine Frau Helene (1874–1945), geborene Hüser, war darin aktiv.[18] Schmitz berichtete, dass es 1903 schon 3 500 Mitglieder und sieben Verkaufsstellen in Elberfeld gab: »Aus dem Leben heraus erkannten wir die Klugheit der Idee.«[19]

diese Seite:
Hauptfabrikgebäude der Zigarrenfabrik Loeser und Wolff in Elbing, um 1910.

rechte Seite:
Arbeitssaal im Hauptfabrikgebäude der Zigarrenfabrik Loeser und Wolff in Elbing, um 1910.

© Herder-Institut

»Zum Klassenbewusstsein erwacht ...«

Die Auseinandersetzungen über Tarifverträge und Lohnbewegungen erforderten eine professionelle Interessenvertretung und den Aufbau von Organisationsstrukturen. Damit verbunden waren auch bald Fusionen von gewerkschaftlichen Verbänden, um in einer gemeinsamen Vertretung alle Kräfte zu bündeln. Mit der Versicherung »Volksfürsorge« entwickelten die freien Gewerkschaften gemeinsam mit den Konsumgenossenschaften eine erschwingliche Versicherung für ihre Mitglieder.

Eine Schrift über die Entwicklung des Nürnberger Brauervereins hob hervor, dass die Brauereiarbeiter durch den überregionalen Zusammenschluss zum »Klassenbewusstsein erwacht« seien.[20] So forderten die Nürnberger unter anderem, dass sie den Arbeitsnachweis einführen dürfen. Als ihre Forderungen ins Leere liefen, traten sie 1892 in den Streik. Dabei wurden sie von Brauern und anderen Gewerkschaftern aus ganz Deutschland mit Spenden unterstützt.

Für die Aushandlung von Tarifverträgen und die Arbeitsvermittlung war es nötig, Mitarbeiter bei den Gewerkschaften zu beschäftigen und die Organisationen neu zu strukturieren. Der Verband der Zigarrensortierer baute beispielsweise ein Netz von Vertrauensleuten in den Betrieben auf, die »Fabrikdelegierte« hießen. Die Gewerkschaftsorganisationen wurden in Bezirke oder Gaue eingeteilt. Es bildeten sich die ersten »Lohnkommissionen«, um Tarife zu verhandeln, und die Gewerkschaften gliederten sich in Branchensektionen auf.

Inzwischen waren um 1900 von den über eine Million Beschäftigten im Nahrungs- und Genussmittelbereich mehr als 45 000 gewerkschaftlich organisiert.

Dabei konkurrierten die zentralen Verbände der verschiedenen Gewerkschaftsrichtungen untereinander. So versuchte 1903 der Gewerkverein der Konditoren, den Berliner Lokalverein der Konditoren, der dem Hamburger freigewerkschaftlichen Zentralverband angehörte, zu einem Übertritt zu bewegen.[21] Der vom Lokalverein verfasste Minimal-Tarif, der den Arbeitgebern im Herbst 1903 vorgelegt werden sollte, wurde auch vom Gewerkverein unterstützt. Nachdem dieser Minimal-Tarif an 900 Arbeitgeber in Berlin versandt worden war, von diesen jedoch nur 50 – und diese meist mit Spott und Häme – reagierten, wandte sich

Reklamemarke der Gesellschaftsbrauerei Augsburg, um 1912.

der Verein an die Berliner Bäckerinnungen »Konkordia« und »Germania«. 2000 Konditorgehilfen und Pfefferküchler gab es in Berlin, nach Schätzungen der Polizei waren 450 davon entweder im freigewerkschaftlichen Zentralverband oder im Gewerkverein organisiert. Die Arbeitgeber lehnten einen Einigungstermin zum Minimal-Tarif vor dem Gewerbegericht ab. Am 10. Mai 1904 traten die Bäcker- und Konditorgesellen in den Streik, bei dem auch Bäckereien und Konditoreien boykottiert wurden. Ihre Forderungen, die vor allem auf die Abschaffung der Wohnpflicht beim Arbeitgeber und auf die Festsetzung eines Mindestlohns zielten, wurden weitgehend erfüllt. Der Streik endete am 26. Mai 1904.

Auch dieser Streik machte den Arbeiterinnen und Arbeitern deutlich, dass ihre Verbände zu zersplittert waren und es deshalb sinnvoller war, die Organisationen zu verbinden. 1907 ergriffen die Mühlenarbeiter die Initiative und versuchten, den ersten Industrieverband mit den Brauern, Bäckern, Fleischern und Konditoren zu gründen. Dieser Versuch scheiterte jedoch am Widerstand der Brauer. Ohne diese vereinigten sich zunächst die Bäcker- und Konditoren-Gewerkschaften zum Zentralverband der Bäcker, Konditoren und Berufsgenossen.

1910 folgten die 10000 freigewerkschaftlich organisierten Mühlenarbeiter und verbanden sich nun mit den Brauerkollegen. Bereits 1907 hatte der Zentralverband deutscher Brauereiarbeiter die Gesellschaftsbrauerei in Augsburg gegründet, in der nach einem Streik entlassene Brauer beschäftigt wurden.

Das ebenfalls 1910 erlassene Stellenvermittlungsgesetz regelte reichsweit, dass Arbeitsvermittlungen offiziell genehmigt werden mussten und der Arbeitsnachweis der Gewerkschaften reguliert wurde. So richtete man daraufhin staatliche Arbeitsnachweise unter paritätischer Beteiligung der Gewerkschaften ein. Bis zum Ersten Weltkrieg gab es diese Institution, aber beispielsweise für die Gastwirtsgehilfen lediglich in fünf Städten.

Die Gründung der »Volksfürsorge«

Wieder einmal war Adolph von Elm an der Etablierung einer neuen Idee zur Selbsthilfe beteiligt. 1911 begannen die Planungen für die Gründung einer Gesellschaft, die Kleinlebensversicherungen anbieten sollte. 1913 schufen die freien Gewerkschaften mit den Konsumvereinen diese Versicherungsgesellschaft, die »Volksfürsorge«.

Unter der Ägide von Adolph von Elm versammelten sich als Gründungsaktionäre unter anderem der Vorsitzende des Deutschen Tabakarbeiter-Verbandes, Karl Deichmann, für die Brauereiarbeiter Martin Etzel, Robert Zeiske für die Gastwirtsgehilfen sowie Carl Winkelmann für die Böttcher.

Bereits im Oktober 1911 fanden die ersten Gespräche zur Gründung statt.[22] Adolph von Elm charakterisierte die Aufgabe so: »Die Volksfürsorge will die Volksversicherung ihres kapitalistischen Erwerbscharakters entkleiden; sie will den Versicherten die Versicherung

Volksfürsorge

Gewerkschaftlich-Genossenschaftliche Versicherungs-Aktiengesellschaft

Hamburg

Versicherungsschein Nr.

Durch diesen Versicherungsschein versichert die Volksfürsorge Gewerkschaftlich-Genossenschaftliche Versicherungsaktiengesellschaft auf Grund der bei der Antragstellung abgegebenen schriftlichen Erklärungen unter den umstehenden Versicherungsbedingungen auf das Leben der nachstehend verzeichneten Person gemäß dem angegebenen Beitrittsalter und gewählten Tarif die untenstehend angegebene Summe mit der Maßgabe, daß nur die eingezahlten Prämien zurückgezahlt werden, wenn die versicherte Person im ersten Versicherungsjahre stirbt. Die volle Versicherungssumme wird bei später eintretendem Tod oder bei Ablauf der Versicherungsdauer gezahlt. Tritt der Tod infolge eines körperlichen Unfalles der versicherten Person ein, so wird auch im ersten Versicherungsjahre die volle Versicherungssumme gezahlt. Das Vorstehende gilt stets unter der Voraussetzung der Aufrechterhaltung der Versicherung durch pünktliche Zahlung der weiter unten festgesetzten Halbmonatsprämie und der Erfüllung der beigedruckten Versicherungsbedingungen.

Name und Stand der versicherten Person:	Versicherungssumme:
	Mark Diese vermehrt sich gemäß § 19 der Versicherungsbedingungen vom zweiten Versicherungsjahre ab um die alljährlich mit 3 1/2 % Zins auf Zins anzusammelnden Gewinnanteile.

Beitrittsalter:	Tarif:	Prämienzahlungsdauer bis zum	Ablauf der Versicherung am:	Halbmonatsprämie:
Jahre		19 , mittags 12 Uhr	19 , mittags 12 Uhr	Pf.

Das erste Versicherungsjahr beginnt am 19 , 12 Uhr mittags, die weiteren Versicherungsjahre je am , 12 Uhr mittags der folgenden Jahre.

Hamburg, 19

Volksfürsorge

Gewerkschaftlich-Genossenschaftliche Versicherungsaktiengesellschaft

Der Vorstand.

Ausgefertigt durch:

Police der Volksfürsorge, 1913.

zum Selbstkostenpreise liefern. In diesen Worten ist das Programm der Volksfürsorge ausgesprochen; seine Durchführung erstreckt sich auf alle zur Lebensversicherung des Volks gehörenden Gebiete; die Reform kommt zum Ausdruck in dem gesamten Aufbau der Volksfürsorge, in den Arten der Versicherung, ihren Grundlagen und vor allem in den Versicherungsbedingungen.«[23] Die neu gegründete Versicherung wurde heftig kritisiert und sowohl mit Flugblättern als auch in der Presse bekämpft. Die Volksfürsorge reichte gegen die Deutsche Volksversicherung Klage ein, weil diese mit zwei Flugblättern vor der Volksfürsorge gewarnt hätte. Diese Klage auf Unterlassung unlauteren Wettbewerbs wurde vom Landgericht Berlin abgewiesen, mit der Begründung, dass es sich um eine Meinungsäußerung gehandelt habe.[24] Die Volksfürsorge ging in Revision und bekam 1914 Recht.

1913 wurden bei der Volksfürsorge 20 000 Versicherungspolicen abgeschlossen. 1914 führte die Volksversicherung einen Kindertarif ein, mit dem man gleichzeitig auch eine Konfirmations- oder Aussteuerversicherung abschloss.

Solidarität für die Ausgesperrten

Die Branchen der Nahrungs- und Genussmittelindustrie waren von sehr unterschiedlichen Arbeitsbedingungen geprägt. Hatten Zigarrenarbeiter auf Akkord zu arbeiten, ging es bei den Brauern auch um Mitbestimmung in den Betrieben. Bei einigen Konflikten zwischen Unternehmern und Beschäftigten hatten die Arbeiterinnen und Arbeiter dank solidarischer Unterstützung Erfolg.

Es ist auch der im Zusammenhang mit den Konsumvereinen bereits erwähnte August Schmitz, der in seinen Erinnerungen über die Aussperrung der Brauereiarbeiter in Westfalen und am Niederrhein im Mai 1905 folgendes berichtete: »In Köln war in der Brauerei Altenburg ein Maschinist zu Unrecht entlassen. Die Gewerkschaft forderte seine Wiedereinstellung. Dieser Aufforderung wurde von Seiten der Betriebsleitung nicht entsprochen. Darauf verhängte das Gewerkschaftskartell Köln den Bierboykott über die Brauerei. Die verlangte die Aufhebung bis zum ersten Mai und drohte an, dass, wenn diese Bedingung nicht erfüllt würde, sie die Hälfte der Organisierten an diesem Tage aussperren, also entlassen würde. Jetzt formierten sich Fronten. Die Brauereibetriebe des Schutzgebietes, Rahmen des Arbeitgeberverbandes, erklärten sich solidarisch, aber auch die Brauereiarbeiter. Am 1. Mai 1905 wurden am Niederrhein und Westfalen von 123 Betrieben über 2 000 Arbeiter ausgesperrt.«[25] Die Brauereien konnten ohne die Ausgesperrten kaum arbeiten und sahen sich gezwungen, am 27. Juni 1905 in Düsseldorf zu verhandeln. Daraus folgte die Anerkennung der Gewerkschaft als Tarifpartei und den Vertrauensleuten wurde erlaubt, die Gewerkschaftsbeiträge in den Betrieben zu kassieren.

Die nächste größere Aussperrung erfolgte 1911 bei den Zigarrenarbeitern. Im August 1911 stellten die westfälischen Arbeiter Forderungen nach Lohnerhöhungen über 10 bis 15 Prozent und streikten dafür.

© NGG

Karl Deichmann

1863 in Uslar geboren, musste Karl Deichmann als Halbwaise bereits mit elf Jahren in einer Zigarrenfabrik arbeiten. 1883 wurde er Mitglied des Reiseunterstützungsvereins. Ab 1888 war er Bevollmächtigter der Zahlstelle Bremen, bis er 1896 in den Hauptvorstand gewählt wurde. Von 1900 bis 1928 war er Vorsitzender des Deutschen Tabakarbeiter-Verbandes. 1912 wurde er als SPD-Mitglied für eine Legislaturperiode in den Reichstag gewählt. Nach der Novemberrevolution war er Mitglied der provisorischen Regierung des Landes Bremen. Von 1925 bis 1928 war Deichmann Vorsitzender der Tabakarbeiterinternationale. Mit der Senatswahl 1928 wurde Deichmann Senator für Polizeiwesen und stellv. Senatspräsident von Bremen. 1931 trat er aus gesundheitlichen Gründen zurück. Er starb 1940 in Bremen.

Der Westfälische Cigarrenfabrikanten-Verband reagierte darauf, indem er mit Aussperrung drohte, wenn die Streiks nicht bis zum 28. September 1911 beendet wären. Dies geschah nicht. Der Deutsche Tabakarbeiter-Verband, der christliche Tabakarbeiter-Verband, der Verband der Zigarrensortierer und der Deutsche Holzarbeiterverband verabredeten ein koordiniertes Vorgehen und organisierten den Streik. Die Streikenden erhielten Unterstützung aus Hamburg und Bremen, wo die Beschäftigen aus Solidarität ebenfalls streikten. Im November waren 14000 Tabakarbeiter im Ausstand. Auch andere Gewerkschaften überwiesen Spenden und die Generalkommission rief zur Unterstützung auf.

Der westfälische Arbeitgeberverband konnte die anderen Verbände nicht dazu bewegen, ihre Arbeiter auszusperren, da das Weihnachtsgeschäft vor der Tür stand. So kam es zu Verhandlungen und man einigte sich darauf, den Stücklohn zu erhöhen.

rechte Seite:
Bäckerei in Berlin, um 1915.

Chronik von 1890 bis 1912

1890/1891 Der monatelange Streik der Hamburger Zigarrenarbeiter führte zu hoher Verschuldung des Unterstützungsvereins.

1. Juni 1891 Einführung der Sonntagsruhe.

1892 Gründung einer Tabakarbeitergenossenschaft (TAG) als Konsum-, Bau- und Sparverein in Hamburg durch Adolph von Elm.

1893 Gründung der Großeinkaufsgesellschaft deutscher Consumvereine (GEG).

Mai 1894 Boykott der Brauereien in Berlin, der über acht Monate andauerte.

28. Oktober 1894 Ernennung von Chlodwig zu Hohenlohe-Schillingsfürst zum Reichskanzler.

23. Juni bis 20. September 1898 Streik der Bäcker und Bäckereiboykott in Altona, Hamburg und Wandsbek.

Oktober 1899 Gründung des Verbands christlicher Tabak- und Zigarrenarbeiter Deutschlands, als erste christliche Gewerkschaft im Bereich Nahrungs- und Genussmittel.

Ab 1900 Inkrafttreten des Bürgerlichen Gesetzbuches (BGB), das Lohnfortzahlungen im Krankheitsfall vorsah und in den Tarifverträgen des Zentralverbandes deutscher Brauereiarbeiter eingeschlossen wurde.

Herbst 1900 Gründung des Christlichen Bäckerverbands, der nach 1909 als Zentralverband der Nahrungs- und Genußmittelindustriearbeiter 1573 Mitglieder vertrat.

29. September 1900 Karl Deichmann wird Vorsitzender des Deutschen Tabakarbeiterverbandes (DTAV).

16. Oktober 1900 Ernennung von Bernhard von Bülow zum Reichskanzler (bis 1909).

8. November 1900 Gründung des Gesamtverbandes der christlichen Gewerkschaften in Köln.

1903 Gründung des Zentralverbandes deutscher Konsumgenossenschaften, nachdem die GEG und zahlreiche Konsumgenossenschaften aus dem Allgemeinen Verband der Genossenschaften ausgeschlossen wurden.

1904 Abschluss des ersten Reichstarifvertrages mit dem Zentralverband der Bäcker, der u.a. einen 8-Stunden-Tag für Schichtbetriebe und Urlaub mit Lohnfortzahlung vorsah.

1907 Gründung der Gesellschaftsbrauerei Augsburg vom Deutschen Brauereiarbeiter-Verband München.

1. Juli 1907 Zusammenschluss zum Verband der Bäcker, Konditoren, Lebküchler, Arbeiter und Arbeiterinnen in der Kakes-, Zuckerwaren- und Schokoladenindustrie.

7. Juli 1909 Ernennung von Theobald von Bethmann Hollweg zum Reichskanzler (bis 1917).

1. Oktober 1910 Zusammenschluss zum Verband der Brauerei- und Mühlenarbeiter und verwandten Berufsgenossen.

16. August 1911 Umbenennung des Verbands christlicher Tabak- und Zigarrenarbeiter zum Zentralverband christlicher Tabakarbeiter.

Mai 1912 Zusammenschluss der Tabakarbeiter-, Zigarrensortierer- und Kistenbekleberverbände zum Deutschen Tabakarbeiterverband.

© Landesarchiv Berlin

»Burgfrieden« und Kriegswirtschaft

Frieden in Europa war ein erklärtes Ziel der Gewerkschaften. Hunderttausende demonstrierten gegen den drohenden Krieg.

Bereits 1898 war im Reichstag das erste von zwei Gesetzen zum Ausbau der Kaiserlichen Marine beschlossen worden. Zur Finanzierung des Flottenausbaus wurden die Verbrauchssteuern wie etwa auf Bier, Schnaps, Zucker, Wein und Tabak erhöht. Davon waren natürlich die Arbeitnehmer in der Nahrungs-, Genussmittel- und Getränkeindustrie betroffen, weil diese Steuererhöhungen die von ihnen hergestellten Produkte verteuerten und damit den Absatz schwächten. Insbesondere die Schaumweinsteuer, die Kaiser Wilhelm II. 1902 einführte, ist bis heute präsent geblieben, weil sie bis heute gilt. Allein 1905 leerten die Menschen im Kaiserreich elf Millionen Flaschen Sekt, der 2,50 Reichsmark kostete, auf den Ladenpreis schlug man die Schaumweinsteuer mit 0,50 Reichsmark auf. So kamen 5,5 Millionen Reichsmark an Steuern zusammen, die bei 928 Millionen Reichsmark für die Rüstungsausgaben insgesamt nur ein halbes Prozent ausmachten.

Die freien Gewerkschaften, die zu dieser Zeit über 2,5 Millionen Mitglieder – davon rund 223 000 Frauen – hatten, tagten Ende Juni 1914 in München. Die Delegierten protestierten gegen Eingriffe in das Koalitionsrecht, das vor allem Vertreter der Eisen- und Stahlindustrie anfochten, und forderten dessen Ausdehnung auf alle Arbeiter und Arbeiterinnen sowie die gesetzliche Anerkennung der Gewerkschaften als Interessenvertretung.

Auf dem Kongress wurde eine neue Organisation für die Kooperation der Gewerkschaften in Deutschland beschlossen. So konnte beispielsweise die Agitation gemeinsam gefördert werden, Statistiken erhoben, Publikationen herausgegeben und Rechts- und Arbeitsschutz gewährt werden. Zudem wollten die Gewerkschaften sozialpolitische Arbeitervertreterwahlen fördern und ihre Bildungsarbeit stärken. Für die Arbeit der Generalkommission der Gewerkschaften Deutschlands definierten die Delegierten folgende Aufgaben: Agitation in weniger stark gewerkschaftlich organisierten Regionen, den

Zusammenschluss kleiner Verbände und die Förderung von Zentralverbänden. Falls die Unterstützung bei Streiks über die einzelnen Gewerkschaften nötig würde, sollte die Generalkommission auch zu diesem Zwecke Sammlungen organisieren. Außerdem bekam die Generalkommission die Aufgabe, Grenzstreitigkeiten von Organisationsgebieten zu schlichten. Es war geplant, lokale Gewerkschaftskartelle aus den jeweiligen Verbänden einzurichten, die die Interessen der Beschäftigten gegenüber den Behörden vertreten, den Rechtsschutz sowie Arbeitsnachweise organisieren sollten.

Frieden in Europa war ein erklärtes Ziel der Gewerkschaften. Am 28. und 29. Juli 1914, vier Wochen nach der Ermordung des österreichischen Thronfolgers Erzherzog Franz Ferdinand in Sarajevo, demonstrierten Hunderttausende gegen den drohenden Krieg. In Berlin kam es an den Tagen zuvor zu einem »Sängerkrieg Unter den Linden«, bei dem sich Gegner des Krieges und Befürworter gegenseitig lauthals die »Marseillaise« gegen »Heil Dir im Siegerkranz« vorsangen.

Die deutsche Regierung verfügte die Mobilmachung und zuvor die Zensur der Presse. Unter dem Motto »Krieg dem Kriege« hatte der Bäcker-Verband seine Mitglieder zur Ablehnung des Krieges aufgefordert. Unter der Zensur der Presse war dies nun nicht mehr möglich. Eine erste Konsequenz war, dass zahlreiche Gewerkschaftsmitglieder zum Militär eingezogen wurden. Eine zweite war der sogenannte Burgfrieden, mit dem die SPD und die Gewerkschaften auf Streiks während des Krieges verzichteten, um ihrem Verbot durch die Regierung zuvorzukommen.

Durch die Kriegsbewirtschaftung führte die Regierung eine Art Planwirtschaft ein, die von den Gewerkschaften begrüßt wurde, weil sie Unterschiede in der Versorgung egalisierte. Dem akuten Mangel an Mehl geschuldet, wurde 1915 von der Reichsregierung das Nachtbackverbot erlassen, wodurch unfreiwillig eine alte Forderung des Zentralverbandes der Bäcker und Konditoren erfüllt wurde.

Bereits ein Jahr nach Kriegsausbruch stiegen die Preise und gleichzeitig wurden Lebensmittel, Bekleidung und Heizstoffe knapp. Lohnkürzungen durch die Unternehmen konnten die Gewerkschaften nichts entgegensetzen, da sie Streiks ausgeschlossen hatten. Es kam zu Tumulten, wie etwa am 15. Oktober 1915 in Chemnitz, wo Bürger gegen die erhöhten Butterpreise protestierten. Das Polizeiamt Chemnitz berichtete an das Sächsische Innenministerium telegraphisch: »gestern hier bis in die nachtstunden nicht unerhebliche tumulte aus anlass nahrungsmittelteuerung; einige fensterscheiben von butterhandlungen wurden eingeschlagen, zehn festnahmen bewirkt. bereit gestellte kompagnie brauchte nicht mehr einzugreifen.«[26]

Gewerkschaften in der Kriegswirtschaft

Die Gewerkschaften mussten sich nach der Mobilmachung schnell auf die neue Situation einstellen: Viele Mitglieder verloren wegen der Umstellung auf Kriegsproduktion ihre Arbeit oder wurden eingezogen. Mit den finanziellen Einbußen durch die fehlenden Mitgliedsbeiträge ließ sich nur noch eine Notstandsunterstützung aufrechterhalten, mit der vornehmlich Familien von eingezogenen Mitgliedern geholfen wurde. Beim Zentralverband der Bäcker und Konditoren beispielsweise waren von 30 000 Mitgliedern bis Ende 1914 13 000 Mitglieder eingezogen worden.

Insgesamt ging die Mitgliederzahl bei allen freigewerkschaftlichen Organisationen der NGG-Vorläuferorganisationen von 141 426 im Jahr 1914 auf 63 632 im Herbst 1918 zurück. Bei den christlichen Gewerkschaften sank die Mitgliederzahl von 10 769 auf 5 683.

Im November 1915 vereinbarten die Vertreter der drei großen Gewerkschaftsrichtungen einen Katalog grundsätzlicher gewerkschaftlicher Forderungen, den sie Reichskanzler Theobald von Bethmann Hollweg (1856–1921) übersandten. Darin forderten sie unter anderem die Anerkennung des Koalitionsrechts für Arbeiter und Angestellte in Reichs- und Staatsbetrieben und die Mitbestimmung bei Lohn- und Arbeitsbedingungen. Unterdessen hatten die Gewerkschaften gegenüber den Arbeiterausschüssen ihre Bedenken verloren und nutzten die Arbeiterausschüsse in den Betrieben für Tarifverhandlungen.

Die Kriegswirtschaft sollte ab 1916 Arbeitskräfte zwangsweise zu Arbeiten in kriegswichtigen Branchen als »vaterländischem Hilfsdienst« verpflichten.

Die Gewerkschaften protestierten dagegen. Der vaterländische Hilfsdienst wurde aber schließlich doch organisiert, laut Gesetz entschieden vor Ort in Betrieben mit mehr als 50 Beschäftigten paritätisch besetzte Ausschüsse aus Gewerkschaftern und Arbeitgebern. Auf diese Weise wurden die Gewerkschaften erstmals offiziell gesetzlich verankert und anerkannt.

Die schlechte Versorgungslage und der andauernde Krieg führten 1917 und 1918 zu mehreren überregionalen Massenstreiks, die vor allem vom Deutschen Metallarbeiterverband organisiert wurden, an denen aber auch Arbeiter aus dem Nahrungs- und Genussmittelsektor teilnahmen. Hunderttausende, unter ihnen zahlreiche Frauen, forderten ein Ende der Kampfhandlungen und die Aufnahme von Friedensverhandlungen.

Zum Jahreswechsel 1917/1918 rief der Zentralverband der Bäcker und Konditoren, Lebküchler, Arbeiter und Arbeiterinnen in der Zuckerwaren-, Schokoladen- und

Vorgängerorganisationen 1914

	GEGR.	ORGANISATION
■	1885	Genfer Verband der Hotel- und Gaststätten-Angestellten Deutschlands
■	1895	Internationaler Verband der Köche
■	1898	Verband Deutscher Gastwirtsgehilfen
■	1898	Deutscher Tabakarbeiter-Verband
■	1900	Zentralverband der Fleischer und Berufsgenossen Deutschlands
■	1905	Bund der Bäcker- und Konditorgesellen
■	1907	Zentralverband der Nahrungs-Genussmittel-Industrie-Arbeiter Deutschlands
■	1909	Verband der Hausangestellten Deutschlands
■	1910	Verband der Brauerei- und Mühlenarbeiter und verwandter Berufsgenossen
■	1910	Zentralverband der Bäcker und Konditoren und verwandter Berufsgenossen Deutschlands
■	1911	Zentralverband der Böttcher, Weinküfer und Hilfsarbeiter Deutschlands
■	1911	Zentralverband Christlicher Tabakarbeiter Deutschlands

■ frei ■ liberal ■ christlich ■ Nahrung/Genuss ■ Hotel/Gaststätten

Deutsche Lebensmittelration für eine Woche, Oktober 1918.

Keksindustrie in seiner wöchentlich erscheinenden Zeitung seine Mitglieder auf: »Verbandsmitglieder! Rüstet für die Übergangszeit und für die Friedensarbeit! Die Zeit des Aufbaus naht – sie erfordert die Anspannung aller Kräfte!«.[27]

Mit modernsten Waffen geführt und durch Blockaden verschärft, verlangte der Krieg ungeheure Opfer, auch unter der Zivilbevölkerung. In verschiedenen Staaten kam es zu revolutionären Unruhen – in Russland 1917, im Herbst 1918 auch in Deutschland.

In Wilhelmshaven und Kiel meuterten die Matrosen, als man von ihnen verlangte, in eine aussichtslose Seeschlacht zu ziehen. Ihren bewaffneten Protesten schlossen sich deutschlandweit zahlreiche Arbeiter an. Sie forderten die Abdankung des Kaisers, sofortigen Waffenstillstand und politische Reformen. Am 9. November 1918 rief der Arbeiter- und Soldatenrat von Berlin zusammen mit SPD und USPD den Generalstreik aus. Kaiser Wilhelm II. dankte ab und eine neue Regierung unter Friedrich Ebert, dem Vorsitzenden der SPD, wurde gebildet.

oben:
Deutsche Armee-Molkerei an der Westfront, um 1917.

unten:
Füllen von Konservenbüchsen für die Armee, Frauen bei der Arbeit in einer Konservenfabrik in Berlin, um 1916.

rechte Seite:
Die Garde-Ulanen-Kaserne in Berlin-Tiergarten wird an die Mitglieder des Arbeiter- und Soldatenrates übergeben, 9. November 1918.

© akg-images, AKG106285

© akg-images/Haeckel

© akg-images, AKG71601

»Brüder! Nicht schiessen!«

Am 17. November 1918 erschien die Zeitung des Deutschen Tabakarbeiter-Verbandes »besonderer Umstände halber« nur zweiseitig. In einem Aufruf an die Mitglieder heißt es: »Die Arbeiter und Soldaten haben überall die Macht an sich gerissen und wir setzen voraus, dass sie segensreich zu wirken verstehen werden.«

In dieser Situation setzten die Gewerkschaften durch, dass ihnen offiziell gestattet war, mit Unternehmen über die Mitbestimmung der Arbeiter zu verhandeln. Das am 15. November 1918 zwischen Arbeitgeberverbänden und gewerkschaftlichen Dachverbänden geschlossene »Stinnes-Legien-Abkommen« war ein Durchbruch. Das Abkommen regelte erstmals die Anerkennung der Gewerkschaften als Vertreter der Arbeiter, den Abschluss von Tarifverträgen, die Einrichtung von Arbeiterausschüssen in den Unternehmen, außerdem die Einführung des 8-Stunden-Tages und die Schaffung von meist branchenbezogenen Arbeitsgemeinschaften aus Unternehmen und Gewerkschaften. Die Weimarer Verfassung von 1919 schrieb in Artikel 165 diese Gleichberechtigung von Unternehmen und Gewerkschaften fest.

Nach der Novemberrevolution traten viele Menschen den freien Gewerkschaften bei. August Schmitz berichtete für den Verband der Brauerei- und Mühlenarbeiter: »Da jeder das Gefühl der entsetzlichen Unsicherheit etwas los werden wollte, suchte man Anschluss. Alles, was bisher nicht organisiert war, bemühte sich um Aufnahme.«[28]

Bei den Verbänden der Gastwirtsgehilfen, der Tabakarbeiter, der Fleischer und der Bäcker wurde besonders starker Zulauf verzeichnet. Der Deutsche Tabakarbeiter-Verband hatte Mitte 1919 fast 60 000 Mitglieder. Der Verband beschloss, mehr Mitarbeiter zu beschäftigen und ein Verbandsgebäude in Bremen zu erwerben. Die Mitgliederstärke war auch in Tarifverhandlungen sichtbar, als 1920 der erste Reichstarifvertrag für die Zigarrenherstellung abgeschlossen wurde.

Im Winter 1918 demonstrierten die Kellner und Gastwirtsgehilfen für die Vereinigung ihrer Verbände. Der Genfer Verband und der Deutsche Kellnerverband traten der Generalkommission der Gewerkschaften bei. Beide Gewerkschaften wollten jedoch die Gastwirtsgehilfen nicht in einen gemeinsamen Verband einbeziehen, weil sie angeblich ungelernte Arbeitskräfte waren. Die 1920 beschlossene Vereinigung der drei Verbände zum Zentralverband der Hotel-, Restaurant- und Caféhausangestellten (ZVHRC) unter Vorsitz von Robert Zeiske zerbrach ein Jahr später wieder. Der Zentralverband blieb aber ohne den Genfer Verband weiterhin bestehen.

Auch Leute ohne Beschäftigung organisierten sich in »Arbeitslosenräten«, die nach Branchen lokal aufgeteilt waren. Aus dem Dresdner Arbeitslosenrat für das Gastgewerbe kam 1919 der Vorschlag, für die Nichtarbeitslosen Trinkgeld als Entlohnung und Kost und Logis unter Zwang abzuschaffen und den 8-Stunden-Tag einzuführen.[29] Dieses Ansinnen lehnten die Unternehmer ab, woraufhin ein Streik beschlossen wurde, auf den die Arbeitgeber mit Aussperrungen antworteten. Letztlich fand man einen Kompromiss. In Berlin fällte das Einigungsamt einen Schiedsspruch, der ab 15. Januar 1919 die Einführung des 8-Stunden-Tages bestimmte.

Erste Regelung zur Mitbestimmung

In die großen politischen Auseinandersetzungen des Jahres 1920 fiel auch der Disput um das Betriebsrätegesetz, das erstmals vorsah, dass Unternehmen ab 20 Beschäftigten verpflichtet waren, Betriebsräte wählen zu lassen. Für einige Gewerkschafter, etwa im Zentralverband der Bäcker und Konditoren und im Zentralverband der Fleischer, war dieses Gesetz nicht ausreichend. Denn wichtige Forderungen, wie die Einbeziehung der Betriebsräte bei Einstellungen und Entlassungen, blieben unerfüllt.

Ein weiterer Diskussionspunkt war 1920 die Sozialisierung von Betrieben und die Etablierung einer sozialistischen Wirtschaft, die wiederum die Bäcker-, Konditoren- und die Fleischer-Gewerkschaften stark befürworteten. Es gab Ideen über die Verstaatlichung gegen Entschädigungszahlungen, Selbstverwaltung durch die Arbeitnehmer oder genossenschaftliche Modelle. Die Diskussionen darum verliefen allerdings im Sande.

Gegen die Demokratisierung Deutschlands nach der Revolution formierte sich bald Widerstand. Er konzentrierte sich zunächst auf die Freikorps und mündete im März 1920 im Kapp-Putsch. Daraufhin kam es zum Generalstreik, zwölf Millionen Arbeiter gingen in den Ausstand. Der Putsch wurde niedergeschlagen. Die organisierte Arbeiterschaft bewies damit ihre Schlagkraft auch in politischen Extremsituationen. Diese Entschlossenheit fehlte – auch bedingt durch den Konflikt zwischen Sozialdemokraten und Kommunisten – 13 Jahre später, als die Nationalsozialisten die Macht übernahmen.

Internationale Arbeit

Bei den Lebensmittelarbeitern gab es kurz nach Ende des Ersten Weltkriegs die ersten Überlegungen zur Gründung einer internationalen Organisation. In Zürich wurde am 25. August 1920 die Internationale Union der Organisationen der Arbeiter und Arbeiterinnen der Lebens- und Genußmittelindustrie – kurz IUL – gegründet. Diese besteht bis heute. Berufsbezogene internationale Verbände gab es bereits vor dem Ersten Weltkrieg. Die Tabakarbeiter, die Böttcher und die Hotel-, Restaurant- und Caféhaus-Angestellten schlossen sich nicht der IUL an, weil sie ihre eigenen übernationalen Organisationen behalten wollten.

Erster Sekretär der IUL wurde der Schweizer Jean Schifferstein (1878–1941), Präsident der gleichfalls aus der Schweiz stammende Max Wilhelm. Die IUL überwand damit auf internationaler Ebene die national berufsorientierten Gewerkschaften.

oben:
Sitzung der Soldaten-Räte im großen Reichstagssitzungssaal in Berlin am 21. November 1918.

Mitte:
Sitzung des Vollzugsausschusses der Arbeiter- und Soldatenräte in der Kammer der Reichsräte, Berlin, um 1918/1919.

unten:
Offiziersverhör vor dem Gewerkschaftshaus in Kiel bei den Kämpfen zwischen Arbeitern und dem Freikorps, 18. März 1920.

»Kellnerstreik« in Berlin

Auch bei den Hotel-, Café- und Restaurantangestellten kam es zu Streiks. Die einsetzende Inflation führte zu einer fortschreitenden Entwertung des Geldes.

Die Löhne mussten dieser Entwicklung angeglichen werden und der mittlerweile entstandene Zentralverband der Hotel-, Restaurant- und Café-Angestellten kündigte zum 1. Oktober 1921 den Lohntarif. Gleichzeitig kündigten die Unternehmer zum selben Termin den Manteltarif. Sie wollten unter anderem eine Verlängerung der Arbeitszeit und Einschränkung des Mitbestimmungsrechts durchsetzen. Die wichtigsten Ziele der Arbeitgeber waren aber die Abschaffung des festen Lohns für das Bedienungspersonal und die Einführung des sogenannten 10-Prozent-Systems, das eine Garantie auf ein Festgehalt ausschloss.

Die Verhandlungen über einen neuen Lohn- und Manteltarif führten zu keinem Ergebnis, der Schiedsspruch eines angerufenen Schlichtungsausschusses, der den Status quo bestätigte, wurde vonseiten der Unternehmer ignoriert und das 10-Prozent-System in den Betrieben gewaltsam durchgesetzt. Arbeitnehmern, die sich diesem verweigerten, wurde gekündigt. Der Zentralverband der Hotel-, Restaurant- und Café-Angestellten stellte den Unternehmern ein Ultimatum, auf Grundlage des Schiedsspruches weiter zu verhandeln, das jedoch unbeantwortet blieb. In den frühen Morgenstunden des 1. Oktobers 1921 entschlossen sich die Angestellten zur Niederlegung ihrer Arbeit. Fast 30 000 Beschäftigte beteiligten sich daran. Es sollte der längste Streik in der Geschichte ihrer Bewegung werden. Es kam vor den Betrieben zu Übergriffen auf die Streikenden, entweder durch von den Gastwirten und Hoteliers angeheuerte Schläger oder auch von den Gästen.

Der Hotelier Louis Adlon trat beispielsweise aus dem Hotelbesitzerverein aus, damit er nicht verhandeln musste. Die meisten Unternehmer lehnten Verhandlungen ab, weil sie hofften, dem Zentralverband der Hotel-, Restaurant- und Café-Angestellten mit einem langen Streik stärker zu schaden. Der Allgemeine Deutsche Gewerkschaftsbund (ADGB), die Dachorganisation der freien Gewerkschaften, drohte mit einem Generalstreik, sollten die Arbeitgeber nicht verhandeln. Durch diesen Aufruf erklärten sich die Arbeitgeber zu einem neuen Schiedsgerichtsverfahren bereit.

Über einen Schiedsspruch vom 5. November 1921, der zwar eine Festentlohnung vorsah, aber als Ausgleich den Unternehmern erlaubte, einen zehnprozentigen Aufschlag auf alle Speisen und Getränke zu erheben, wurde aufseiten der Streikenden am 7. November 1921 abgestimmt. Da es keine Mehrheit für eine Fortführung des Streiks gab, wurde der Streik für beendet erklärt.

Kommunistische Gewerkschaftspolitik

Bei diesem Streik zeigte sich auch der Einfluss kommunistisch eingestellter Funktionäre des Zentralverbands der Hotel-, Restaurant- und Café-Angestellten, wie etwa von Paul Merker (1894–1969), der Streikführer für Berlin-West mit 4500 Streikenden war. Die KPD hatte bereits im September 1920 ihre eigene Fraktion im Zentralverband der Hotel-, Restaurant- und Café-Angestellten gegründet und Paul Merker saß dort im Vorstand.[30] Während des Streiks organisierte Paul Merker auch die Beschädigung von »Streikbrecher-Lokalen«, indem mit Böllern auf Fenster geschossen wurde. Dies wurde »Donnerschlag« genannt. Wenn keine Fenster von der Straße aus erreichbar waren, zogen die Streikenden in die Restaurants, besetzten diese und prügelten sich mit dem Personal, wobei auch eine Menge Geschirr kaputt ging.

Paul Merker befürwortete, dass für das Küchenpersonal und die Kellner unterschiedliche Tarifregelungen gelten sollten. Als nach Ende des Streiks der Genfer Verband und der Deutsche Kellner-Verein wieder ihre Aktivitäten verstärkten, verlor der Zentralverband der Hotel-, Restaurant- und Café-Angestellten nach Paul Merkers Angaben in seinen Erinnerungen allein 8000 Mitglieder in Berlin. Der Konflikt zwischen Paul Merker und Fritz Saar, dem Berliner Ortsvorsitzenden des Zentralverbands der Hotel-, Restaurant- und Café-Angestellten, eskalierte, als Merker Fritz Saar vorwarf, die Gewerkschaften hätten die Arbeiterklasse verraten. Beide hielten 1922 auf der Generalversammlung der Ortsverwaltung des Zentralverbands der Hotel-, Restaurant- und Café-Angestellten Referate zum Thema »Reformistische oder revolutionäre Gewerkschaftspolitik«. Die Versammlung stimmte ab und von den 513 Delegierten waren 257 für die Anträge Fritz Saars und 256 dagegen. Der Graben zwischen Sozialdemokraten und Kommunisten war tief.

Auszug aus dem Verbandsstatut.

Verband der Gastwirtsgehilfen

Mitgliedskarte

Mitglieds-Nr. 115928

für Krois Hans

Beruf: Kellner

Geboren in Passau am 18. Mai 1898

Eingetreten oder Uebergetreten in München am 1. April 1919

Beitragsklasse 1

(Unterschrift des Mitglieds)

(Unterschrift des Kassierers)

Das Eintrittsgeld beträgt 1 Mk. für die 1. und 2. Beitragsklasse und 50 Pf. für die 3. Klasse. Der wöchentliche Beitrag beträgt in der 1. Beitragsklasse für Kellner, Köche, Büfettiers, Portiers, Hoteldiener usw. 60 Pf., in der 2. Beitragsklasse für Köchinnen, Kassiererinnen, Kellnerinnen, Büfettmamsells, Zimmermädchen usw. und für das männliche Hilfspersonal 50 Pf., in der 3. Beitragsklasse für das weibliche Hilfspersonal und jugendliche Angestellte 30 Pf. Zur Zahlung der örtlichen Extrabeiträge sind die Mitglieder verpflichtet.
Außerdem müssen die Mitglieder der 1. und 2. Beitragsklasse jährlich zwei, die Mitglieder der 3. Klasse eine Delegiertensteuer von je 50 Pf. bezahlen.

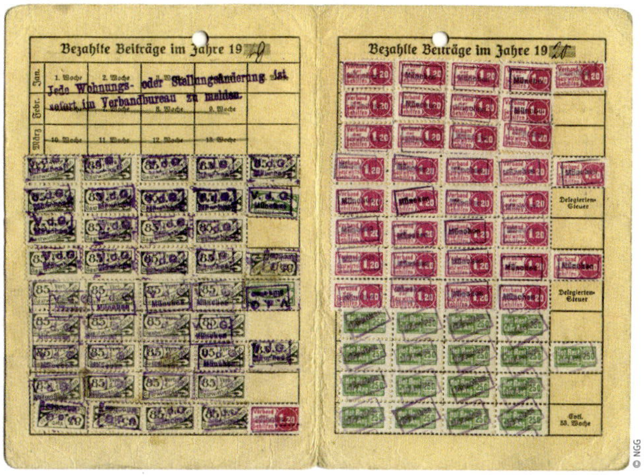
Bezahlte Beiträge im Jahre 1919

Jede Wohnungs- oder Stellungsänderung ist sofort im Verbandbureau zu melden.

Bezahlte Beiträge im Jahre 1920

linke Seite:
Streikposten vor dem Hotel »Fürstenhof«, Leipziger Platz, Berlin, beim Streik der Kellner und der gastwirtschaftlichen Angestellten, Oktober 1921.

oben/Mitte:
Mitgliedskarte eines Kellners im Verband der Gastwirtsgehilfen mit Beitragsmarken, München 1919.

unten:
In der Küche der »Bierquelle«, einem Restaurant von Aschinger in Berlin, werden belegte Brote zurecht gemacht, 1929.

SAPMO, Bundesarchiv, Bild Y12/A457/Lichtbildwerkstatt Max Krajewsky D.W.B.

Jede Woche Tarifverhandlungen

Als britische und französische Truppen im Januar 1923 das Ruhrgebiet besetzten, kam es an Rhein und Ruhr zum Generalstreik. Die deutsche Währung, die Mark, verlor rapide an Wert und eine Hyperinflation folgte.

Die gewerkschaftlichen Aktivitäten richteten sich jetzt darauf, die Löhne der Inflation anzupassen. Dazu stieg aber auch die Arbeitslosigkeit rasant an. So verloren die Gewerkschaften wieder viele ihrer Mitglieder, weil denen das Geld für die Beitragszahlungen fehlte, und gerieten in ein finanzielles Desaster.

Beim Zentralverband der Bäcker und Konditoren waren im Oktober 1923 über 60 Prozent der Mitglieder arbeitslos. Jede Woche führte der Zentralverband Lohnverhandlungen, um mit der Inflation Schritt zu halten. Trafen die Mitgliedsbeiträge bei der Hauptkasse ein, waren sie nur noch einen Bruchteil wert. Die Gewerkschaften hatten keine finanziellen Mittel mehr, um Streiks zu unterstützen. In dieser schwierigen Situation mussten die Gewerkschaften akzeptieren, dass der 8-Stunden-Tag durch ein neues Gesetz ausgehöhlt wurde.

In dieser Krisenzeit wollten die freien Gewerkschaften ihr Vermögen vor dem Verfall bewahren und ihren Mitgliedern die Möglichkeit geben, an günstige Kredite zu gelangen. So gründeten die Gewerkschaften 1923 die Deutsche Kapitalverwertungsgesellschaft mbH. Dahinter verbarg sich die gemeinsame Vermögensverwaltung des Allgemeinen Deutschen Gewerkschaftsbundes und des Allgemeinen Deutschen Beamtenbundes, also der freigewerkschaftlichen Organisationen. Aufgabe dieser Verwaltung war die Anlage des Geldes der Gewerkschaften. 1924 wurde die Verwaltung in die Bank der Arbeiter, Angestellten und Beamten umgewandelt. Diese Bank vergab unter anderem Kredite an Konsumgenossenschaften, die freigewerkschaftlichen Bauhütten, die sich als Bauunternehmen betätigten, und beteiligte sich als Treuhänder einiger Gewerkschaften an den Fahrradwerken Lindcar AG.

Gewerkschaften gegen Wohnungsnot

Ebenfalls 1924 beteiligte sich die Bank an der Gründung der Deutschen Wohnungsfürsorge AG für Beamte, Angestellte und Arbeiter (Dewog), die als Holding für regionale Wohnungsbauunternehmen fungierte. Der Mangel an Wohnungen war eine Folge des Ersten

Weltkriegs, als der Bau von neuen Wohnungen nahezu zum Erliegen kam, sowie der Inflation. Es wurde geschätzt, dass um die eine Million Wohnungen fehlten. Unter der Ägide des Berliner Stadtplaners Dr. Martin Wagner (1885–1957) wurde das Verbundkonzept der Dewog ursprünglich für bereits vor dem Ersten Weltkrieg entstandene Siedlungsgenossenschaften, wie etwa die Freie Scholle und Paradies in Berlin, entwickelt, um neue Verwaltungsstrukturen zu schaffen. So stellte die Bank der Arbeiter, Angestellten und Beamten die Zwischenfinanzierung für Bauprojekte und die »Volksfürsorge« finanzierte beispielsweise Hypotheken. Der Deutsche Tabakarbeiter-Verband war an der Dewog als Aktionär beteiligt.

Durch die Währungsreform und den amerikanischen Dawes-Plan besserte sich die wirtschaftliche Situation in Deutschland um 1925 zunächst etwas. 1,36 Millionen Menschen waren zu diesem Zeitpunkt in der deutschen Nahrungs- und Genussmittelindustrie tätig.

Vorgängerorganisationen 1924

GEGR.	ORGANISATION
1898	Deutscher Tabakarbeiter-Verband
1900	Zentralverband der Fleischer und Berufsgenossen Deutschlands
1905	Bund der Bäcker- und Konditorgesellen
1907	Zentralverband der Nahrungs-Genussmittel-Industrie-Arbeiter Deutschlands
1911	Zentralverband der Böttcher, Weinküfer und Hilfsarbeiter Deutschlands
1911	Zentralverband Christlicher Tabakarbeiter Deutschlands
1920	Zentralverband der Hotel-, Restaurant und Café-Angestellten
1921	Genfer Verband der Hotel- und Restaurant-Angestellten Deutschlands
1921	Bund der Hotel-, Restaurant und Café-Angestellten U.G.
1922	Verband der Lebensmittel- und Getränkearbeiter Deutschlands
1924	Deutscher Nahrungs- und Genussmittelarbeiterverband

frei · liberal · christlich · Nahrung/Genuss · Hotel/Gaststätten

Eine Brauerei in Berlin

Im April 1925 verkaufte das Bankhaus Gebr. Arnhold die Mehrheitsanteile der Berliner C. Habel's Brauerei GmbH an Fritz Krieg, Hermann Käppler, Martin Wittorf und Florian Tröger.[31] Alle vier waren Funktionäre des Deutschen Nahrungsmittel- und Getränkearbeiter-Verbandes (Denag), der aus dem Verband der Brauerei- und Mühlenarbeiter und verwandten Berufsgenossen hervorgegangen war. Der Braubetrieb der Brauerei war bereits 1921 vom Bankhaus aufgegeben worden. Die Brauerei besaß aber Grundstücke in Berlin, beispielsweise ein Grundstück am Reichstagsufer 3 und ein Grundstück in Niederschönhausen. Das Bankhaus blieb bis 1928 Mitinhaber, wenn auch in der Minderheit. Anders als bei der Gesellschaftsbrauerei Augsburg reaktivierte der Deutsche Nahrungsmittel- und Getränkearbeiter-Verband den Brauerei-Betrieb nicht. Das Gebäude am Reichstagsufer wurde zum Verbandshaus des Denag und später des Verbandes der Nahrungsmittel- und Getränkearbeiter.

linke Seite:
Blick auf die Schalterhalle mit Kundenbetreuung in der Zentrale der Bank der Arbeiter, Angestellten und Beamten AG, Wallstraße, Berlin, 1927.

diese Seite:
Hufeisensiedlung in Berlin-Neukölln (Britz) der GEHAG GmbH, die von 1925 bis 1931 unter Mitarbeit von Martin Wagner erbaut wurde, 1931.

© SAPMO, Bundesarchiv, Bild Y 1 - 974/90

Einigkeit

Die freien Gewerkschaften, deren Mitglieder in der Gastronomie, Nahrungs- und Genussmittelindustrie tätig waren, begannen, eine vereinigte Gewerkschaft für alle drei Bereiche zu diskutieren. Anläufe dazu hatte es bereits 1918 und 1920 gegeben. Der Dachverband der freien Gewerkschaften, der ADGB, hatte 1925 dazu aufgerufen, dass sich verwandte Gewerkschaften zusammenschließen sollten, um schlagkräftiger zu werden. Leere Kassen wie zur Inflationszeit und die damit verbundene Handlungsunfähigkeit sollten sich nicht wiederholen.

Im Januar 1926 beschlossen der Deutsche Nahrungs- und Genußmittelarbeiterverband, der Verband der Lebensmittel- und Getränkearbeiter (VLG) und der Zentralverband der Fleischer die Vereinigung zu einem Industrieverband. Der neue Verband der Nahrungsmittel- und Getränkearbeiter (VNG) wurde – unter Vermittlung des ADGB – 1927 gegründet und hatte über 160 000 Mitglieder.

Erster – und einziger – Vorsitzender wurde Eduard Backert (1874–1960), zuvor Vorsitzender des Deutschen Nahrungsmittel- und Getränkearbeiter-Verbandes und des Verbands der Brauereiarbeiter. Zweiter Vorsitzender wurde Alfred Fitz (1879–1947) vom Verband der Lebensmittel- und Getränkearbeiter und davor vom Zentralverband der Bäcker, Konditoren und Berufsgenossen.

Die Zeitung des neuen Verbands hieß »Einigkeit«, in Anlehnung an die »Concordia«, wie die ab 1849 erscheinende Zeitung der »Association der Cigarrenarbeiter« hieß.

Neben der Vermögensverwaltung in der C. Habel's Brauerei gab es noch eine Beteiligung an der Allgemeinen Deutschen Ferienheim-Genossenschaft in Jena, die elf Wander- und Ferienheime besaß, in denen Gewerkschaftsmitglieder Urlaub machen konnten. Andere Beteiligungen gab es bei der Bank der Arbeiter, Angestellten und Beamten, der »Volksfürsorge«, der »Eigenhilfe« – die Sachversicherungen anbot – und den Fahrradwerken Lindcar. Außerdem gab es als älteste Beteiligung den tatsächlichen Brauereibetrieb der Gesellschaftsbrauerei in Augsburg. Der Mitarbeiterapparat des VNG umfasste über 200 Personen.

© NGG

Eduard Backert

1874 in Rottmar bei Sonneberg in Thüringen geboren, war Eduard Backert gelernter Brauer. Im Anschluss an seine Wanderjahre trat er 1892 dem Zentralverband Deutscher Brauer bei. Nach verschiedenen Arbeitsstationen und Militärdienst wurde er 1897 Vorsitzender der Agitationskommission für Thüringen und Vogtland, dort ab 1900 ehrenamtlicher Gauleiter. 1907 wurde Backert zum 2. Vorsitzenden des Brauereiarbeiterverbandes gewählt, seine Fachbereiche waren Lohnpolitik und Statistik. 1914 folgte die Wahl zum Vorsitzenden des Brauerei- und Mühlenarbeiterverbandes. Nach dem Ersten Weltkrieg wurde Backert Mitglied im Vorstand des ADGB, daneben Vorsitzender der Reichsarbeitsgemeinschaft Nahrungs- und Genussmittelindustrie und bis 1933 Mitglied im Reichswirtschaftsrat. Nach der Machtübernahme durch die Nationalsozialisten wurde Eduard Backert in Schutzhaft genommen und musste bis 1934 zahlreiche Hausdurchsuchungen über sich ergehen lassen. Er zog sich nach Zepernick, einem Vorort von Berlin, zurück. Nach 1945 war Backert als Berater für die NGG in den westlichen Zonen tätig.

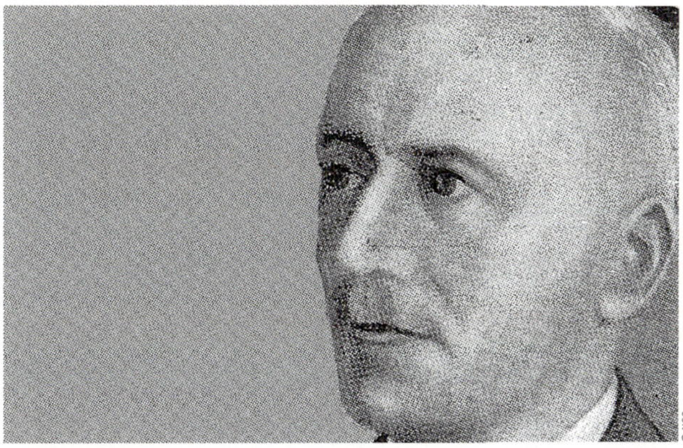

© NGG

Alfred Fitz

1879 in Dresden geboren, war Alfred Fitz gelernter Konditor. Ab 1898 Mitglied im Zentralverband der Konditoren, arbeitete er unter anderem bei Bahlsen in Hannover und 1906 als Ortsangestellter des Zentralverbandes in Hannover und war von 1907 bis 1918 Bezirksleiter in Leipzig. 1918 wurde er 2. Vorsitzender des Zentralverbandes der Bäcker, Konditoren und Berufsgenossen. Fitz wurde Mitglied im 1920 gegründeten Vorläufigen Reichswirtschaftsrat und Vorstand der Gruppe 10 der Reichsarbeitsgemeinschaft Nahrungs- und Genussmittel. Er war wesentlich an der Aushandlung des Reichstarifs für die Arbeiter in der Süß-, Back- und Teigwarenindustrie beteiligt. Von 1928 bis zur Zerschlagung der Gewerkschaften 1933 war Fitz 2. Vorsitzender des Verbands der Nahrungs- und Getränkearbeiter. Im Frühjahr 1933 wurde er kurzzeitig verhaftet und organisierte anschließend – mit Hilfe der IUL – die illegale Widerstandsarbeit. Nach dem Krieg baute er die IG Nahrung Genuß Gaststättengewerbe in der sowjetisch besetzten Zone mit auf und wurde 1946 Kassierer in der Hauptverwaltung. Alfred Fitz starb 1947.

© ullstein bild

linke Seite:
Tagung des Verbandes der Nahrungsmittel- und Getränkearbeiter, Anfang der 1930er-Jahre. Ansprache des SPD-Reichstagsabgeordneten Franz Künstler (1888-1942).

diese Seite:
Maschinelle Reinigung der Bierfässer in der Brauerei Schultheiss-Patzenhofer in Berlin, 1929.

NUMMER 17 BERLIN, 24. APRIL 1928 41. JAHRGANG

Einigkeit

Organ des Verbandes der Nahrungsmittel- und Getränkearbeiter

MIT „FRAUENRECHT“ „JUGENDWACHT“ „RECHTSFRAGEN“

Erscheint jeden Dienstag. Redaktionsschluß Montag. Verantwortlich für die Redaktion: A. Lankes Berlin NW 40, Reichstagsufer 3 — Fernsprecher: Amt Hansa 8462 | Verlag: Fr. Krieg, Berlin NW 40, Reichstagsufer 3 Druck: Vorwärts Buchdruckerei und Verlagsanstalt Paul Singer & Co., Berlin SW 68, Lindenstraße 3 | Bezugspreis: 1,50 M. monatlich. Zu beziehen durch die Post. Inserate: Die 6gespaltene Nonpareillezeile 1 M., bei Arbeitsmarkt, Gratulationen, aus Ortsvereinen und Krankenkassen 70 Pf.

Empor zur Sonne, zur Freiheit!

oben links:
Einigkeit, 24. April 1928:
»Empor zur Sonne, zur Freiheit!«

oben rechts:
Verbandshaus des Verbandes der Nahrungsmittel- und Getränkearbeiter in Berlin, Reichstagsufer 3, undatiert.

unten:
Butterknetmaschine in der Meierei C. Bolle, Berlin, um 1900.

rechte Seite:
Zeichnung vom Verbandshaus des Deutschen Tabakarbeiter-Verbandes, Bremen, 1927

»Alle auf die Schanzen«

Von der Vereinigung zum Verband der Nahrungsmittel- und Getränkearbeiter ließen sich die freigewerkschaftlichen Tabakarbeiter nicht beeindrucken. Sie blieben separat im Deutschen Tabakarbeiter-Verband (DTAV) organisiert. Dieser hatte Ende 1925 selbst 58 258 Mitglieder, Vorsitzender war seit 1900 der Bremer Karl Deichmann (1863–1940), ein engagierter Gewerkschafter und SPD-Politiker.

Deichmann leitete die Geschicke des Verbandes noch bis 1928 und hält damit bis heute den Rekord als der am längsten amtierende Verbandspräsident aus dem Nahrungs- und Genussmittelbereich. Der Tabakarbeiterverband hatte unter gravierenden Mitgliederverlusten zu leiden. Als 1925 fast 23 000 neue Mitglieder gewonnen wurden, hatte die Gewerkschaft trotzdem per Saldo über 8 400 verloren. Die finanziellen Verhältnisse waren dennoch gut.

Die Zigarrenfabrikanten versuchten seit 1924, einen Schiedsspruch zu Lohnerhöhungen zu verhindern. Der Schlichterspruch sah vor, dass reichsweit die Löhne erhöht werden sollten. Der Reichsverband Deutscher Zigarrenhersteller lehnte den Schiedsspruch aber ab. Gemeinsam mit dem Zentralverband christlicher Tabakarbeiter verhandelte der Deutsche Tabakarbeiter-Verband vergeblich mit den Arbeitgebern.

Der Reichsverband verkündete als Vertreter der ihm angeschlossenen Unternehmen am 31. März 1927 allen Arbeitnehmern der Zigarrenindustrie die Aussperrung und Kündigung. Dies war aufgrund der gesetzlichen Regelungen möglich. Die Arbeiter sollten schnell durch Arbeitslose ersetzt werden.

Der Deutsche Tabakarbeiter-Verband rief die Mitglieder auf: »Jetzt müssen alle Verbandsmitglieder auf die Schanzen! Jeder muß ein Agitator und Organisator sein! Niemand darf rückständige Beiträge haben! Alle müssen ihre volle Pflicht und Schuldigkeit tun!«

Es kam zu einer neuen Schlichtung, deren Ergebnis geringere Lohnerhöhungen als von den Gewerkschaften gefordert waren. Der neue Schiedsspruch wurde für verbindlich erklärt.

Der Deutsche Tabakarbeiter-Verband hatte aufgrund der sehr schlechten wirtschaftlichen Lage nur noch knapp 59 000 Mitglieder und etwa eine Million RM »auf der hohen Kante«. Von den 32 000 Mitgliedern aus der Zigarrenproduktion waren 5 000 arbeitslos und 4 500 in Kurzarbeit.

Der Streit eskalierte im Laufe des Jahres 1927 weiter und es kam zu einigen Arbeitsniederlegungen. Der Reichsverband beschloss Ende Oktober 1927 eine weitere Aussperrung, diesmal waren davon 80 000 Zigarrenarbeiter betroffen. Der Deutsche Tabakarbeiter-Verband schrieb in seiner Zeitung: »Der RDZ [der Reichsverband Deutscher Zigarrenhersteller] will den Kampf, der Hunger soll sein Verbündeter sein.«

Angesichts der klammen Haushaltslage schaltete sich die Regierung ein, um der Staatskasse weitere Unterstützungszahlungen an die nicht organisierten Arbeiter zu ersparen. Nichtausgesperrte Mitglieder zeigten sich mit den Ausgesperrten solidarisch und verdoppelten ihren Mitgliedsbeitrag, um die Belastung für den Deutschen Tabakarbeiter-Verband zu mindern. Außerdem verkündete der ADGB, dass »Bundeshilfe« gewährt würde. Damit wurde den Arbeitgebern deutlich, dass der Deutsche Tabakarbeiter-Verband bei diesem Konflikt nicht aus Geldmangel aufgeben musste. Im November 1927 begannen erneut Verhandlungen zwischen dem Reichsverband und den Gewerkschaften. Als Ergebnis wurde eine Lohnerhöhung von zehn Prozent vereinbart.

Als ab 1929 die Arbeitslosenzahlen wieder anstiegen, schlugen die Gewerkschaften im ADGB 1931 zur Vermeidung von Arbeitslosigkeit vor, die Arbeitszeit zu verkürzen. Sie forderten die Einführung der 40-Stunden-Woche, die für 530 Betriebe mit etwa 30 000 Arbeitern vereinbart werden konnte. In der Zigarrenindustrie galt daraufhin die 42,5-Stunden-Woche.

Politische Abgrenzungen

Die KPD gründete 1929 mit der Reichskonferenz der Revolutionären Gewerkschaftsopposition (RGO) ihre eigene Gewerkschaft. Der VNG verpflichtete seine Mitglieder, die RGO nicht zu unterstützen. Der Deutsche Tabakarbeiter-Verband schloss in Berlin rund 40 KPD-Funktionäre aus dem Verband aus.

Tabak-Arbeiter

Nr. 41 / Bremen, den 9. Oktober 1926 — Organ des Deutschen Tabakarbeiter-Verbandes

Der Tabak-Arbeiter erscheint wöchentlich und ist durch alle Postanstalten zu beziehen. — Monatlicher Bezugspreis 40 Goldpfennig ohne Bringerlohn. — Anzeigenpreis 50 Goldpfennig für die viergespaltene Petitzeile. — Schluß der Anzeigenannahme und der Redaktion Montag abend. — Verantwortlicher Redakteur: Ferdinand Dahms. — Verlag: Deutscher Tabakarbeiter-Verband, Karl Deichmann. — Druck: Bremer Buchdruckerei und Verlagsanstalt J. H. Schmalfeldt & Co. — Sämtlich in Bremen.

Verbandsvorstand, Redaktion u. Expedition: Bremen, An der Weide 20/1, Telephon: Amt Roland 6046. — Geld- und Einschreibsendungen an Johannes Krohn. — Postscheckkonto 5349 beim Postscheckamt Hamburg. — Bankkonto: Bankabteilung der Großeinkaufsgesellschaft Deutscher Konsumvereine m. b. H., Hamburg und Bank der Arbeiter, Angestellten und Beamten, A.-G., Berlin. — Verbandsvorsitzender: Karl Deichmann. — Verbandsausschuß: L. Schoene, Hamburg, Besenbinderhof 57, Zimmer 4546.

Das eigene Heim der Nordhäuser Tabakarbeiter

Unsere Kollegen in Nordhausen schufen sich, einer zwingenden Notwendigkeit gehorchend, ein eigenes Heim. Dieses Heim soll hauptsächlich Verwaltungs- und Wohnungszwecken dienen. Neben hübschen Verwaltungs- und Beratungsräumen sind neun sehr nette Wohnungen eingebaut worden. Damit ist der Wohnungsnot unter den Tabakarbeitern in etwas gesteuert. Zugleich enthält das Heim einen Wirtschaftsbetrieb einschließlich Saal mit zirka 450 bequemen Sitzplätzen und entsprechender Bühne. Außerdem verfügt das Heim über einige gute Fremdenzimmer und zwei sehr begehrenswerte Läden.

Die Einweihung des Heims fand am 26. September statt. Die Beteiligung war eine außerordentlich starke. Mit der Kollegenschaft selbst beteiligten sich auch der Ortsausschuß mit den Gewerkschaften, die Sportfreunde, Arbeitersänger und die Parteigenossen. Dazu waren Delegationen aus mehreren Zahlstellen erschienen. Der am Abend vor dem Einweihungsfeste veranstaltete Kommers hatte einen guten Verlauf.

Am Sonntag mittag begann die offizielle Eröffnungsfeier. Zu Ehren der auswärtigen Gäste fand ein gemeinsames bescheidenes Mittagessen im Saale der „Eintracht" statt. Kollege Zietz, der Verwalter des Wirtschaftsbetriebes, hatte so Gelegenheit, zu zeigen, daß er seines eben übernommenen Amtes zu walten versteht. Kollege Franz Meyer, der 1. Bevollmächtigte der Zahlstelle Nordhausen, begrüßte die Erschienenen und gedachte aller, die zum Gelingen des Heims mitgewirkt hatten, der opferwilligen Kollegenschaft, dem sozialen Baubetrieb, den Geschäftsleuten und insbesondere dem Anreger und unermüdlichen Förderer des Baues, dem Kollegen Herm. Schmidt, Nordhausen.

Nach aufgehobener Tafel fand unter außerordentlich starker Beteiligung der Umzug vom alten Bureau nach dem neuen Heim statt, worauf der offizielle Einzug folgte. Der Verbandsvorsitzende, Kollege Deichmann, Bremen, hielt die Weiherede. Er überbrachte herzliche Grüße und knüpfte daran den Wunsch, daß das nunmehr bezogene Heim zu einer Stätte echter Geselligkeit, ernster Beratungen und Arbeiten zum Wohle der Kollegenschaft und der gesamten aufstrebenden Arbeiterschaft werden möge. Ein langer Weg und eine aufopferungsvolle Tätigkeit liegen hinter uns. Vor rund hundert Jahren begannen bereits die Emanzipationsbestrebungen der

Der frühere Sozialdemokrat Paul Merker hatte mit seinen Aktivitäten im Zentralverband der Hotel-, Restaurant- und Café-Angestellten für die KPD Pionierarbeit geleistet. 1927 provozierte er in der Ortsverwaltung Berlin des Zentralverbands einen Disput über die »reformistische Vorgehensweise« der Ortsverwaltung und warf Fritz Saar, dem Vorsitzenden der Ortsverwaltung des Zentralverbands vor, dass er mit Manövern die Vereinigung mit dem Genfer Verband und dem christlichen Bund verhindern würde.[32] Paul Merker war es auch, der internationale Kontakte zu anderen kommunistischen Gewerkschaften aufbaute und eine Zeitung – »Die Internationale Revue der Hotel-, Restaurant- und Caféangestellten« – veröffentlichte, die in Moskau gedruckt wurde.[33] Fritz Saar konnte eine günstige Abstimmungssituation in der Ortsverwaltung ausnutzen und erreichte 1930, dass Paul Merker und seine kommunistischen Genossen aus dem Zentralverband der Hotel-, Restaurant- und Café-Angestellten ausgeschlossen wurden.

linke Seite:
Zeichnung vom Haus der Tabakarbeiter in Nordhausen in Thüringen, veröffentlicht im Tabak-Arbeiter, 9. Oktober 1926.

oben:
Verpacken von Zigaretten, um 1920.

unten:
Blick in die Backstube der Bäckerei Paul Rißmann in Berlin-Wedding, um 1925.

Als 1928 die fünfte[34] Konferenz der IUL in Wien stattfand, eskalierte auch dort der Konflikt zwischen Kommunisten und freien Gewerkschaften. Einige Gewerkschaften wurden nicht in die IUL aufgenommen, weil sie unter kommunistischem Einfluss standen.[35]

Im Einsatz für die Republik kämpften die freien Gewerkschaften zusammen mit der SPD ab 1931 in der »Eisernen Front« gegen die Nationalsozialisten und deren Betriebszellenorganisation (NSBO). Eine Kooperation mit den Kommunisten gegen die Nationalsozialisten schien unmöglich, weil sich die KPD seit 1929 mit der »Sozialfaschismusthese« gegen die Sozialdemokratie wandte. Diese von Stalin entwickelte Doktrin definierte die Sozialdemokratie als »objektiv der gemäßigte Arm des Faschismus«.[36] Angesichts des Ausscheidens der SPD aus der Regierung im März 1930, versuchte die KPD diese Richtung zu revidieren und bekundete, eine »Einheitsfront von unten« zu schaffen und die Sozialdemokraten nicht mehr zum Hauptfeind zu erklären.

Nach der Aufhebung des SA-Verbots im Juni 1932 kam es zum »Altonaer Blutsonntag«, bei dem ein SA-Werbemarsch eskalierte und zahlreiche Tote zu beklagen waren. Daraus leitete die Regierung Papen die Absetzung der legitimen preußischen Regierung ab – der sogenannte Preußenschlag vom 20. Juli 1932. Die Folge: Es kam zu zahlreichen Straßenkämpfen zwischen SA, dem kommunistischen Rotfrontkämpfer-

Chronik von 1914 bis 1932

1. August 1914 Beginn des Ersten Weltkrieges nach dem Attentat auf den österreichisch-ungarischen Thronfolger Franz Ferdinand am 28. Juni 1914 in Sarajevo.

1914 Streikaussetzung der Gewerkschaften und Schließung der Unterstützungseinrichtungen während des Krieges. Beim Zentralverband der Bäcker und Konditoren wurden von 30 000 Mitgliedern bis Ende 1914 13 000 Mitglieder eingezogen. Bis zum Kriegsende 1918 reduzierten sich die Mitgliederzahlen der freigewerkschaftlichen NGG-Vorläuferorganisationen von 141 426 auf 63 632.

10. Dezember 1914 Wahl Eduard Backerts zum Vorsitzenden des Verbandes der Brauerei- und Mühlenarbeiter und verwandten Berufsgenossen. Er blieb bis 1927 im Amt.

1915 Das wegen Mehlmangels erlassene Nachtbackverbot hatte Entlassungen und Brotknappheit zur Folge.

1916 Anerkennung der Gewerkschaften in Ausschüssen zur Organisation des vaterländischen Hilfsdienstes in kriegswichtigen Branchen.

14. Juli 1917 Ernennung von Georg Michaelis zum Reichskanzler (bis Oktober 1917).

1. November 1917 Ernennung von Georg von Hertling zum Reichskanzler (bis September 1918).

1917/1918 Streiks des Deutschen Metallarbeiterverbandes für einen Friedensvertrag.

3. Oktober 1918 Ernennung von Max von Baden zum Reichskanzler (bis November 1918).

9. November 1918 Während der Novemberrevolution übertrug Max von Baden das Amt des Reichskanzlers an Friedrich Ebert (SPD). Philipp Scheidemann (SPD) rief gegen 14 Uhr die demokratische Republik aus, kurz bevor Karl Liebknecht die freie sozialistische Räterepublik verkündete.

11. November 1918 Ende des Ersten Weltkrieges durch den Waffenstillstand von Compiègne. Der Krieg forderte rund neun Millionen Tote und ungefähr 27 Millionen Verwundete.

15. November 1918 Das Stinnes-Legien-Abkommen erkannte die Gewerkschaften als Arbeitervertretung an und erlaubte die Bildung von Arbeiterausschüssen in größeren Betrieben.

November 1918 Gründung des Deutsch-Demokratischen Gewerkschaftsbundes, der Ende 1919 alle christlichen Gewerkschaften umfasste.

15. Januar 1919 Freikorpsangehörige ermordeten Rosa Luxemburg und Karl Liebknecht wegen deren Beteiligung am Januar-Aufstand, bei dem Kommunisten und linke Revolutionäre vergeblich versuchten, eine Räterepublik zu errichten.

11. Februar 1919 Die in Weimar tagende Nationalversammlung wählte Friedrich Ebert zum Reichspräsidenten.

13. Februar 1919 Unter Reichsministerpräsident Philipp Scheidemann trat die Koalition aus SPD, Deutscher Demokratischer Partei (DDP) und Zentrum als Regierung zusammen.

4. Juni 1919 Gründung der Reichsarbeitsgemeinschaft für Nahrungs- und Genußmittelindustrie.

21. Juni 1919 Ernennung des Sozialdemokraten Gustav Bauer zum Reichsministerpräsidenten bzw. nach dem Rücktritt Philipp Scheidemanns im August zum Reichskanzler. Bauer trat im Frühjahr 1920 infolge des Lüttwitz-Kapp-Putsches zurück.

Juli 1919 Gründung des Allgemeinen Deutschen Gewerkschaftsbundes aus der Generalkommission der Gewerkschaften Deutschlands, die sich zuvor mit dem Genfer Verband zusammengeschlossen hatten.

14. August 1919 Inkrafttreten der Weimarer Reichsverfassung.

1920 Abschluss des ersten Reichstarifvertrages für die Zigarrenherstellung.

15. bis 20. März 1920 Generalstreik: 12 Millionen Arbeiter folgten dem Aufruf des Allgemeinen Deutschen Gewerkschaftsbundes (ADGB), der Arbeitsgemeinschaft für Angestellte (AfA) und des Deutschen Beamtenbundes zur Niederschlagung des Lüttwitz-Kapp-Putsches.

27. März 1920 Ernennung von Hermann Müller zum Reichskanzler (bis Juni 1920).

20. Juni 1920 Ernennung von Konstantin Fehrenbach zum Reichskanzler (bis Mai 1921).

1920/1921 Gründung des Zentralverbandes der Hotel-, Restaurant- und Café-Angestellten.

10. Mai 1921 Ernennung von Joseph Wirth zum Reichskanzler (bis November 1922).

bund und sozialdemokratischen Reichsbannermitgliedern. Allein im Juli 1932 wurden dabei 86 Menschen getötet.

Im November 1932 initiierten Kommunisten und Nationalsozialisten dennoch gemeinsam einen wilden Streik bei der Berliner Verkehrsgesellschaft (BVG). Eine Lohnkürzung nahmen sie zum Anlass, um eine Urabstimmung zu fordern. Der daraufhin folgende Streik war eher eine Randale, er kostete vier Menschenleben und brach nach wenigen Tagen zusammen. Statt einer Lohnkürzung um 23 Pfennig pro Stunde folgte die mit dem freigewerkschaftlichen Verkehrsarbeiterbund ausgehandelte Kürzung um 2 Pfennige.

Der Verkehrsstreik der Straßenbahn, Untergrundbahn und Autobusse. Ein von Arbeitswilligen geführter Autobus fährt unter Polizeischutz durch die von Streikenden errichtete Barrikade in Berlin, 1932.

1922 Umbenennung des Verbandes der Brauerei- und Mühlenarbeiter in Verband der Lebensmittel und Getränkearbeiter (VLG).

22. November 1922 Ernennung von Wilhelm Cuno zum Reichskanzler (bis August 1923).

13. August 1923 Ernennung von Gustav Stresemann zum Reichskanzler. Er trat am 3. Oktober 1923 nach einer Regierungskrise zurück. Nach seiner Wiederberufung trat er infolge des Hitler-Putsches vom 9. November endgültig zurück.

30. November 1923 Ernennung von Wilhelm Marx zum Reichskanzler (bis Januar 1925)

1924 Umbenennung des Zentralverbandes der Bäcker und Konditoren in Deutscher Nahrungs- und Genußmittelverband (Denag).

15. Januar 1925 Ernennung von Hans Luther zum Reichskanzler. Rücktritt am 12. Mai 1926 wegen eines Misstrauensvotums.

26. April 1925 Nach dem Tode Friedrich Eberts wurde Paul von Hindenburg zum neuen Reichspräsidenten gewählt.

17. Mai 1926 Erneute Ernennung von Wilhelm Marx zum Reichskanzler (bis Juni 1928)

1927 Aussperrung von 80000 Zigarrenarbeitern bis zum Beginn der Lohnverhandlungen im November 1927. Streik der Kisten- und Fertigmacher in der Firma Darthmann in Leipzig.

16. Juli 1927 Das »Gesetz über Arbeitsvermittlung und Arbeitslosenversicherung« versicherte einen Anspruch auf Unterstützungsleistungen bei unfreiwilliger Arbeitslosigkeit.

24. September 1927 Gründung des Verbandes der Nahrungsmittel- und Getränkearbeiter (VNG) im Leipziger Volkshaus. Der Verband unter seinem Vorsitzenden Eduard Backert vertrat 150000 Mitglieder. Der VNG war ein Zusammenschluss vom Deutschen Nahrungs- und Genußmittelarbeiter-Verband, dem Verband der Lebensmittel- und Getränkearbeiter Deutschlands, dem Zentralverband der Böttcher, Küfer und Hilfsarbeiter Deutschlands und dem Zentralverband der Fleischer.

28. Juni 1928 Erneute Ernennung des Sozialdemokraten Hermann Müller zum Reichskanzler (bis März 1930).

25. Oktober 1929 Beginn der Weltwirtschaftskrise mit dem sogenannten Schwarzen Freitag an der New Yorker Börse.

1929 bis 1930 Öffentlicher Protest des Verbandes der Nahrungsmittel- und Getränkearbeiter (VNG) gegen die Erhöhung der Biersteuer um 50 Prozent.

30. März 1930 Ernennung von Heinrich Brüning zum Reichskanzler (bis Mai 1932).

1931 Aufgrund der schlechten wirtschaftlichen Lage führten die Gewerkschaften eine Arbeitszeitverkürzung auf 42,5 Stunden in der Woche in der Zigarrenindustrie ein, um damit die Arbeitslosigkeit einzudämmen. Auch der Verband der Nahrungsmittel- und Getränkearbeiter (VNG) konnte für 30000 Beschäftigte in der Brauindustrie Arbeitszeitverkürzungen durchsetzen.

5. Juni 1931 Notverordnung zur Kürzung der Arbeitslosenunterstützung.

8. Dezember 1931 Notverordnung zur Kürzung der Löhne und Gehälter.

1931 bis 1932 Der Verband der Nahrungsmittel- und Getränkearbeiter (VNG), der Zentralverband der Hotel-, Restaurant- und Caféangestellten (ZHRC) und der Deutsche Tabakarbeiterverband (DTAV) konnten Lohnkürzungen wegen drohender Schiedssprüche nicht mehr abwehren.

12. Mai 1932 Wahl von Fritz Saar zum Vorsitzenden des Zentralverbandes der Hotel-, Restaurant- und Café-Angestellten.

1. Juni 1932 Ernennung von Franz von Papen zum Reichskanzler (bis zum November 1932).

3. Dezember 1932 Ernennung von Kurt von Schleicher zum Reichskanzler (bis Januar 1933).

© akg-images

Gegen den »Parteiwahnsinn der Nazis«

Die freien Gewerkschaften waren in ihrer täglichen Arbeit mit den Nationalsozialisten und Kommunisten konfrontiert. Sie versuchten, sich gegen deren Angriffe zu wehren. Die Arbeitslosigkeit war groß und schwächte auch die Kraft der Gewerkschaften.

Die Ortsgruppe München des Verbandes der Nahrungsmittel- und Getränkearbeiter stellte in ihrem Jahresbericht für 1932 fest, dass »das abgelaufene Geschäftsjahr die Krisenjahre 1930 und 1931 weit übertroffen und alles bisher Dagewesene in den Schatten gestellt [hat]. Die Arbeitslosenzahl ist nahezu auf 6 Millionen gestiegen, dazu kommen noch Tausende von unsichtbaren ›Arbeitslosen‹, die durch die Juni-Notverordnung keine Unterstützung mehr erhalten können und infolgedessen auch nicht mehr gemeldet sind. [...] Schuld an diesen trostlosen Verhältnissen bei uns in Deutschland ist zum allergrößten Teil der politische Wirrwarr und der Parteiwahnsinn der Nazis.«[37]

In der letzten 1932er-Ausgabe der Zeitung des Deutschen Tabakarbeiter-Verbandes, dem »Tabak-Arbeiter«, kritisierte der ADGB-Vorsitzende Theodor Leipart die Notverordnungen der Regierung Papen und verteidigte die Zusammenarbeit der freien Gewerkschaften mit der Regierung unter Kurt von Schleicher zur Arbeitsbeschaffung. Leipart schloss seinen Artikel mit den Worten: »Ich bin überzeugt, dass uns im neuen Jahr schwere Kämpfe bevorstehen. Wir gehen ihnen mit Zuversicht entgegen, weil in den Gewerkschaften die ungebrochene Kraft und der sozialistische Wille der deutschen Arbeiterschaft lebendig sind.«[38]

Ferdinand Husung (1879–1962), der 1928 Karl Deichmann im Amt des Vorsitzenden des Deutschen Tabakarbeiter-Verbandes beerbte, kündigte am 15. Januar 1933 in einer Versammlung an, dass die Tarifverträge in der Zigarrenindustrie gekündigt werden sollten. Der Deutsche Tabakarbeiter-Verband sah sich – wie auch die anderen freigewerkschaftlichen Organisationen – bei den bevorstehenden Betriebsrätewahlen den Angriffen der NSBO und der RGO gegenüber.[39]

Am Tag der Machtergreifung der Nationalsozialisten, dem 30. Januar 1933, veröffentlichten alle Gewerkschaften gemeinsam einen Aufruf »An die Mitglieder

der Gewerkschaften! Die politische Lage hat sich in entscheidender Weise geändert. Das Schwergewicht der neuen Reichsregierung liegt bei Parteien und Gruppen, die bisher offen für die soziale Entrechtung der Arbeiter und Angestellten, für die Zerschlagung der Demokratie und für die Ausschaltung des Parlaments eingetreten sind. Die Gefahr liegt nahe, dass sie jetzt ihre Pläne zu verwirklichen trachten. Gewerkschaftsmitglieder! Die Lebensinteressen der gesamten Arbeiterschaft stehen auf dem Spiel. Um Angriffe gegen Verfassung und Volksrechte im Ernstfalle wirksam abzuwehren, ist kühles Blut und Besonnenheit erstes Gebot. Laßt euch nicht zu voreiligen und darum schädlichen Einzelaktionen verleiten!«

Die bereits erwähnte Münchner Ortsgruppe des Verbandes der Nahrungsmittel- und Getränkearbeiter fügte ihrem Jahresbericht für 1932 am 31. Januar 1933 hinzu: »Die größten Feinde der Arbeiterklasse, die sich noch vor wenigen Tagen aufs heftigste bekämpften, führen jetzt gemeinsam den Kampf gegen die Arbeiter. [...] Den Arbeitskollegen, die jetzt noch nicht wissen, wo sie hingehören, ist wirklich nicht mehr zu helfen.«[40]

Die Machtergreifung der NSDAP

In einem Wahlaufruf zur Reichstagswahl am 5. März 1933 bestärkten die Gewerkschaften ihre Mitglieder, gegen die NSDAP zu stimmen. Die NSDAP wurde dennoch stärkste Partei. Sie konnte offenbar auch viele Nichtwähler mobilisieren und profitierte zweifellos auch von dem Verbot sozialdemokratischer Zeitungen und Gewerkschaftspublikationen, das gleich nach dem Reichstagsbrand am 27./28. Februar 1933 von der neuen Regierung unter Adolf Hitler ausgesprochen wurde. Nach dem Wahlsieg der NSDAP häuften sich Übergriffe auf Gewerkschafter und Volkshäuser. Am 6. März 1933 wurde das Münchner Gewerkschaftshaus, in dem auch die Ortsverwaltung des Verbandes der Nahrungsmittel- und Getränkearbeiter ihre Büros hatte, von der SA besetzt.[41] In Kassel wurden Funktionäre des Verbandes der Nahrungsmittel- und Getränkearbeiter von SA-Leuten verhaftet und misshandelt.[42]

linke Seite:
Kundgebung der »Eisernen Front« im Berliner Lustgarten, 1932.

© NGG

Ferdinand Husung

1879 in Groß-Wechsungen bei Nordhausen geboren, lernte Ferdinand Husung die Tabakspinnerei. Er trat 1897 in den Deutschen Tabakarbeiter-Verband und 1901 in die SPD ein. Ab 1899 war er ehrenamtlich für den Tabakverband in Nordhausen tätig, von 1906 bis 1912 als hauptamtlicher Ortsangestellter. Daran schloss sich seine Funktion als Sekretär im Hauptvorstand des DTAV bis 1919 an, dessen 2. Vorsitzender er im selben Jahr wurde. Ab 1928 war Husung 1. Vorsitzender des Tabakarbeiter-Verbandes und ab 1931 Präsident der Tabakarbeiter-Internationale. Während der NS-Jahre musste er sich seinen Unterhalt mit Kaffeeaustragen und Magazinarbeiten bei der Weser AG in Bremen verdienen. Nach der Befreiung 1945 war er Mitbegründer des Verbandes für die gesamte Tabakindustrie. 1949 wurde er Mitglied im Hauptvorstand der NGG und ab 1951 Mitglied des Beirats. Husung war von 1946 bis 1947 Mitglied in der ersten frei gewählten Bremer Bürgerschaft nach dem Krieg. Ferdinand Husung starb 1962 in Bremen.

Über die Betriebsratswahlen im März 1933 gibt es keine verlässlichen Angaben: so vermerken einige Quellen, dass die NSBO nur 11,7 Prozent oder nach anderen Angaben 25 Prozent erlangte, die freigewerkschaftlichen Listen 73,4 Prozent. Außerdem hätten aber nur 40 Prozent der Wahlberechtigten überhaupt abgestimmt. So teilte der ADGB in seiner Zeitung mit, dass im ganzen Reich die Wahlen ausgesetzt wurden und man damit nur ein vorläufiges Ergebnis veröffentlichen konnte. Danach erlangten die freien Gewerkschaften 73,4 Prozent, die christlichen 7,5 Prozent, die RGO 4,9 Prozent und die NSBO 11,7 Prozent. Die Wahlen erfolgten in 1387 Betrieben und es wurden 9235 »Arbeiterratsmitglieder« gewählt.

Die NSDAP ging mit dem Gesetz vom 4. April 1933 gegen die gewählten Betriebsvertretungen vor, indem sie darin verfügte, dass gewählte Betriebsratsmitglieder ihre Mandate wegen »staats- oder wirtschaftsfeindlicher« Einstellung verlieren konnten.

In den heute im Bundesarchiv verwahrten Unterlagen des Deutschen Tabakarbeiter-Verbandes gibt es eine Liste mit Daten, wann die NSDAP-Gauleitungen Staatskommissare bei den Ortsverwaltungen des Tabakarbeiter-Verbandes einsetzten oder Funktionäre verhaftet worden waren.[43] Darin sind auch Fälle vermerkt, in denen die Betriebsräte »gleichgeschaltet«, also meist durch Verhaftungen und teils erzwungene Rücktritte gegen stramme Nationalsozialisten ausgetauscht wurden. In Hamburg hatte man beispielweise am 20. April 1933 vier Mitglieder des Betriebsrats der Zigarettenfabrik Neuerburg verhaftet und auf diese Weise den Betriebsrat »gleichgeschaltet«.

Um gewerkschaftliche Entschlossenheit zu demonstrieren, bildeten Ende April 1933 die freien, christlichen und Hirsch-Dunckerschen Gewerkschaften den »Führerkreis der vereinigten Gewerkschaften«, der eine »nationale Organisation der Arbeit« schaffen sollte. Der ADGB rief die Gewerkschafter auf, an dem von den Nationalsozialisten als offiziellen Feiertag organisierten »Tag der Arbeit« am 1. Mai 1933 teilzunehmen.

Die »Gleichschaltung«

Nur einen Tag später stürmte am 2. Mai 1933 die SA die Gewerkschaftshäuser in ganz Deutschland. Viele Funktionäre, darunter der ADGB-Vorsitzende Theodor Leipart, wurden verhaftet. Auch bei der Berliner Ortsverwaltung des Verbandes der Nahrungsmittel- und Getränkearbeiter besetzten Nationalsozialisten die Büros. In der Hauptverwaltung wurde Eduard Backert festgenommen. Gegen Theodor Leipart er-

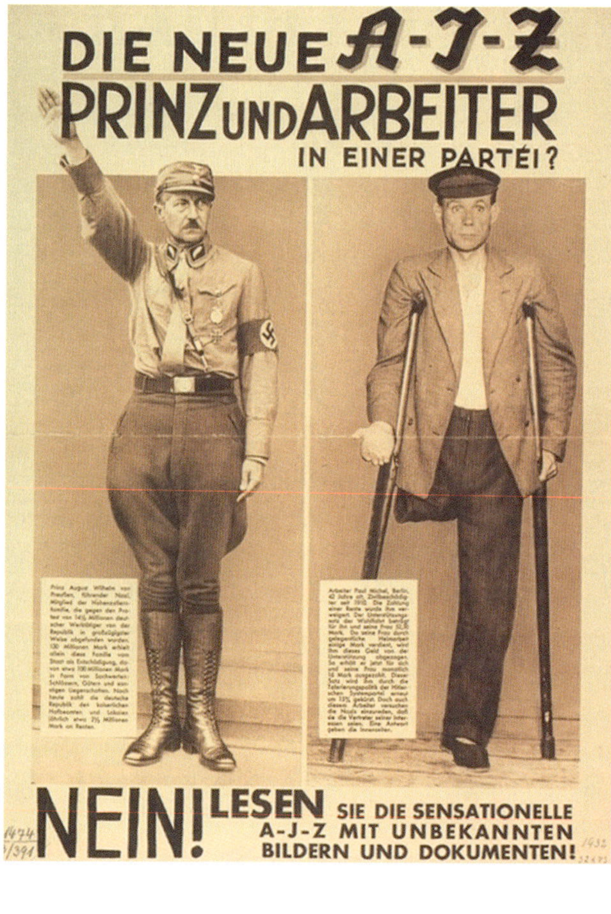

links:
KPD-Werbung für die Einheitsfront, 1932.

rechts:
Prinz August Wilhelm von Preußen
in SA-Uniform beim Hitler-Gruß, Juli 1932.

mittelte der Generalstaatsanwalt in Berlin wegen Untreue. Damit wurde auch die Beschlagnahme des Gewerkschaftsvermögens legitimiert, das kurz darauf der am 10. Mai gegründeten Deutschen Arbeitsfront (DAF) übergeben wurde. Koordiniert wurden die Verhaftungen und Aktionen durch einen Aktionsausschuss der NSDAP in Berlin.[44] Der Gau-Betriebszellen-Leiter und stellvertretende Kommissar für den Deutschen Tabakarbeiter-Verband, Paul Balschweit, berichtete am 4. Mai 1933 an den Aktionsausschuss, dass Ferdinand Husung noch inhaftiert war, so dass Bruno Dieckelmann (1897–1967) Verbandsleiter geworden war. Sowohl Balschweit als auch Dieckelmann waren »alte Kämpfer« der NSDAP, Dieckelmann ab 1933 auch Reichstagsabgeordneter. Beide organisierten in Bremen nicht nur die »Gleichschaltung« der Tabakarbeiter-Gewerkschaft, sondern ernannten Kommissare für das Volkshaus und ließen die Filiale der Bank der Arbeiter, Angestellten und Beamten in Bremen besetzen. Im Juli 1933 drängte Paul Balschweit, dass nun auch die christlichen Gewerkschaften »gleichgeschaltet« werden sollten. Noch bei der Gründung der DAF am 10. Mai waren deren Funktionäre anwesend. Am 24. Juni 1933 besetzten Nationalsozialisten die christlichen Gewerkschaftshäuser. Eine knappe Woche später, am 3. Juli 1933, wurde Ernst Gutsche als stellvertretender Leiter für den Verband der Christlichen Tabakarbeiter eingesetzt.[45]

© NGG

Internationale Schäfflerkonferenz, München 1932.

Vorgängerorganisationen 1933

GEGR.	ORGANISATION
1898	Deutscher Tabakarbeiter-Verband
1907	Zentralverband der Nahrungs-und Genussmittel-Industriearbeiter Deutschlands
1911	Zentralverband Christlicher Tabakarbeiter Deutschlands
1920	Zentralverband der Hotel-, Restaurant und Café-Angestellten
1921	Genfer Verband der Hotel- und Restaurant-Angestellten Deutschlands
1921	Bund der Hotel-, Restaurant und Café-Angestellten Union Ganymed
1927	Verband der Nahrungsmittel- und Getränkearbeiter

frei · liberal · christlich · Nahrung/Genuss · Hotel/Gaststätten

Einige Unternehmen entließen aktive Gewerkschafter. Beispielweise wurde Anna Belger, Mitglied und frühere Mitarbeiterin in der Berliner Ortsverwaltung des Zentralverbands der Hotel-, Restaurant- und Café-Angestellten, aus ihrer Stellung im Berliner Hotel Adlon am 25. Juli 1933 vom Chef Louis Adlon »wegen staatsfeindlicher Einstellung« gekündigt.[46] Sie hatte eng mit Fritz Saar zusammengearbeitet, der am 9. Juni 1933 nach Amsterdam emigriert war.[47]

Zahlreiche Maßnahmen der neuen NS-Regierung, wie das Gesetz zur Ordnung der nationalen Arbeit von 1934, beschnitten Arbeitnehmerrechte: Die Mitbestimmung und die Tarifautonomie wurden reduziert, die Pflicht zum Arbeitsfrieden eingeführt, das Führerprinzip in der Wirtschaft verankert. Die Betriebe wurden nun vom Betriebsführer, also dem Unternehmer, geleitet, Arbeitnehmer waren gezwungen, sich in der DAF zu organisieren. Tarife wurden von den Treuhändern der Arbeit angeordnet. Betriebsräte waren nun Vertrauensräte, die vom Betriebsführer zur Wahl benannt wurden. Im April 1934 fanden die ersten Wahlen der Vertrauensleute statt. Bei der größten Brauerei Deutschlands, der Schultheiß-Brauerei in Berlin, gelobten die Vertrauensmänner, »nur dem Wohle des Betriebes und der Gemeinschaft aller Volksgenossen« zu dienen.

oben:
Kongress der Deutschen Arbeitsfront in Berlin, 10. Mai 1933. Auf der Regierungsbank in der linken Seitenreihe, von links nach rechts: (erste Reihe) Adolf Hitler und sein Stellvertreter in der NSDAP Parteileitung Rudolf Heß, (zweite Reihe) Vizekanzler Franz von Papen, Reichsinnenminister Wilhelm Frick, Propagandaminister Joseph Goebbels und (dritte Reihe) Reichsarbeitsminister Franz Seldte.

unten:
Die SA vor dem Gewerkschaftshaus in München, Mai 1933.

rechte Seite:
Titelseite der zweiten Ausgabe der »Gastwirtsgehilfen-Zeitung« vom Juli 1935 mit dem handschriftlichen Vermerk der Stapoleitstelle Elbing.

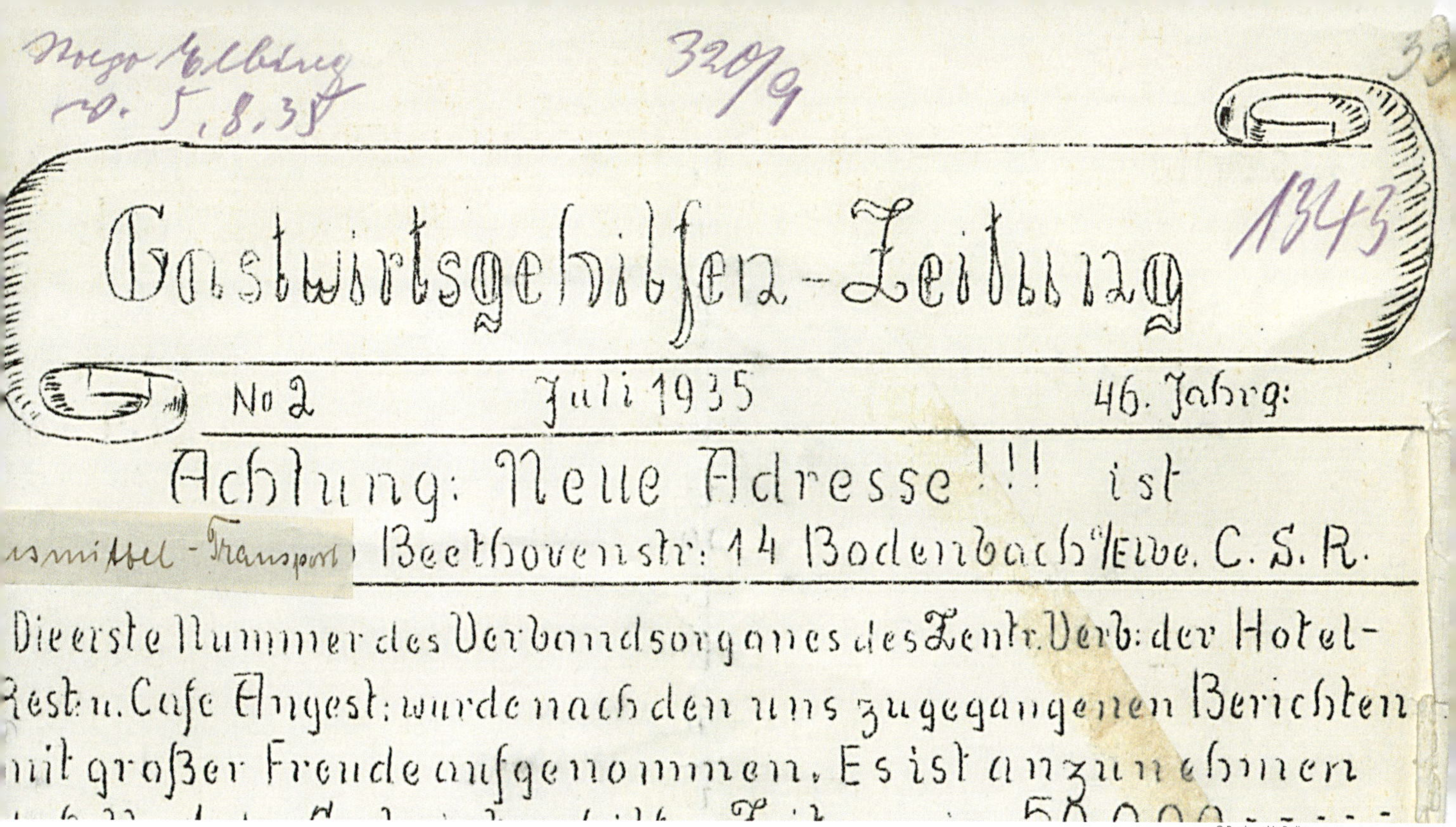

Gastwirtsgehilfen-Zeitung

No 2 Juli 1935 46. Jahrg:

Achtung: Neue Adresse!!! ist

Beethovenstr: 14 Bodenbach a/Elbe. C.S.R.

Die erste Nummer des Verbandsorganes des Zentr. Verb: der Hotel-
Rest. u. Cafe Angest: wurde nach den uns zugegangenen Berichten
mit großer Freude aufgenommen. Es ist anzunehmen

© Bundesarchiv Berlin

Gewerkschafter gegen Hitler

Die Gewerkschaften waren 1933 »gleichgeschaltet« und enteignet. Zahlreiche Gewerkschafter saßen in den Gefängnissen und Konzentrationslagern. Einige Gewerkschafter gingen in den Untergrund oder emigrierten.

1935 gründeten freigewerkschaftliche Emigranten in der Tschechoslowakei die »Auslandsvertretung der deutschen Gewerkschaften«. Nach der Besetzung der Tschechoslowakei durch die Deutschen flüchteten sie weiter nach Großbritannien. Dort kamen auch christliche Gewerkschafter zu der ins Leben gerufenen »Landesgruppe deutscher Gewerkschafter in Großbritannien« hinzu. Diese erarbeitete die ersten programmatischen Eckpunkte für einen Neuaufbau der Gewerkschaften in einem freien Deutschland.

Die kommunistische RGO ging in die Illegalität, wurde aber bald zerschlagen. Paul Merker wurde von der KPD im März 1934 nach Berlin geschickt, um die Organisation im Untergrund neu aufzubauen. Merker wollte die RGO wieder in Industriegruppen organisieren, was das Politbüro der KPD jedoch ablehnte. In der Zigarettenfabrik Garbáty in Berlin-Pankow erschien als illegale RGO-Zeitung der »Garbaty-Prolet« und beim Kempinski-Konzern die »Rote Speisekarte«. Durch zahlreiche Verhaftungen geschwächt, änderte die KPD ihre Taktik und wollte nun als »trojanisches Pferd« innerhalb der DAF die illegale Arbeit fortsetzen.

In München baute Franz Falter mit Hans Heiß[48] eine Kuriergruppe auf, die bei der Mitropa geheime Berichte in die Tschechoslowakei zur Exil-SPD brachte. Bis zum Frühjahr 1935 funktionierte die Kuriertätigkeit, dann wurden über 60 Mitglieder von der Gestapo verhaftet.

Die »Gastwirtsgehilfen-Zeitung«

Als der Kommunist Paul Merker nach Amsterdam reiste, stellte er mit Erstaunen fest, dass Fritz Saar, sein Widersacher beim Zentralverband der Hotel-, Restaurant- und Café-Angestellten, eine Gruppe aufgebaut hatte, an der auch Kommunisten beteiligt waren. Fritz Saar war von 1930 bis 1933 Vorsitzender des Zentralverbandes der Hotel-, Restaurant- und Café-Angestellten. Ab Juni 1935 gab diese Exilantengruppe die »Gastwirtsgehilfen-Zeitung« heraus, deren erste

© SAPMO, Bundesarchiv, Nachlass Anna Beiger, NY 4475/4

Fritz Saar

1889 in Minden geboren, war Fritz Saar gelernter Koch und Kellner. Er trat 1909 der SPD bei und wurde Mitglied im Verband deutscher Gastwirtsgehilfen, seit 1910 dort hauptamtlicher Sekretär in der Ortsverwaltung Berlin. Eine seiner Aufgaben war das Verhandeln von Tarifverträgen und die Organisation von Streiks. Während des Ersten Weltkriegs wurde er als Soldat noch an der Ostfront 1918 Mitglied des Soldatenrats und Delegierter für den Kongress der Arbeiter- und Soldatenräte in Berlin.

Von 1922 bis 1930 war Fritz Saar geschäftsführender Vorsitzender der Zahlstelle Berlin beim Zentralverband der Hotel-, Restaurant- und Café-Angestellten, bis 1933 auch dessen Vorsitzender. Parallel dazu war er seit 1932 Vorsitzender der Internationalen Union der Hotel-, Restaurant- und Café-Angestellten. Er emigrierte 1933 nach Amsterdam und gab dort von 1935 bis 1941 die illegale »Gastwirtsgehilfenzeitung« heraus. 1941 von der Gestapo verhaftet wurde Fritz Saar vor dem sogenannten Volksgerichtshof zu lebenslänglicher Zuchthausstrafe verurteilt.

Nach der Befreiung wurde er noch im Juni 1945 zum 2. Vorsitzenden des provisorischen Verbandes der Nahrungs- und Genussmittelarbeiter Berlin gewählt. Kurze Zeit später wurde er Bürgermeister von Berlin-Mitte und anschließend von Berlin-Friedrichshain, zunächst für die SPD, dann für die SED. Sein Hauptaugenmerk lag auf der Reorganisation der Mitropa und der treuhänderischen Verwaltung der Aschinger AG. Auf dem 2. Verbandstag der Berliner IG Nahrung Genuß Gaststätten innerhalb des FDGB wurde Fritz Saar als Beisitzer in den Vorstand gewählt. Er starb 1948 in Berlin.

Ausgabe von Joseph »Peppi« Bettelheim noch mit der Hand geschrieben worden war. Die Internationale Transportarbeiterföderation und die Internationale Union der Hotelangestellten finanzierten das Papier und die Hektographiermaschine. Die Zeitung wurde illegal in Deutschland verteilt. Um eine möglichst große Verbreitung zu gewährleisten, sollte jeder Empfänger die Zeitung drei Mal abschreiben und weiter verteilen. Auch Martha Saar, die Frau von Fritz Saar, war Kurierin; durch sie kam die Zeitung nach Deutschland.

Die Artikel in der »Gastwirtsgehilfen-Zeitung« berichteten von Ereignissen in Deutschland oder über Tarifverträge und Lebensmittelengpässe. Programmatisch wurde in der Zeitung im Juli 1935 erklärt, dass der illegale Zentralverband eine »politische Kampforganisation« sei und sich damit »auch der Streit der politischen Parteien« erledigt habe.[49] Diese Definition erntete bei anderen Exil-Gewerkschaftern Hohn und Spott. Schon bald sah sich die Zeitung mit Problemen konfrontiert. Bereits 1936 kam es zu ersten Verhaftungen von Kurieren in Deutschland. Die Gestapo geriet dadurch an eine Adressenkartei für die Verteilung der Zeitung. Auch innerhalb der Provisorischen Hauptverwaltung des Zentralverbandes der Hotel-, Restaurant- und Café-Angestellten kam es zu Konflikten. Paul Merker verließ die Hauptverwaltung, weil Fritz Saar sich von den kommunistischen Ideen in der Arbeit zunehmend distanzierte. Die Zeitung musste schließlich aus finanziellen Gründen im November 1938 eingestellt werden.[50] Für Fritz Saar wurde die Lage bedrohlich. Zunächst wurde ihm 1939 die deutsche Staatsangehörigkeit aberkannt. Nach der Okkupation der Niederlande durch die Deutschen fahndete die Gestapo nach ihm und verhaftete ihn mit seiner Frau 1941. Beide wurden zunächst nach Düsseldorf gebracht. Martha Saar verurteilte das Oberlandesgericht Hamm zu sechs Monaten Gefängnis. Fritz Saar brachte die Gestapo am 1. Februar 1941 ins Polizeigefängnis Berlin. Die umfangreichen Akten des Volksgerichtshofs, die heute im Bundesarchiv verwahrt werden, dokumentieren zahllose Verhöre. Im Januar 1942 wurde Fritz Saar angeklagt. Als einer der Zeugen sollte auf Fritz Saars ausdrücklichen Wunsch Bruno Feller befragt werden, der im Konzentrationslager Groß-Rosen inhaftiert war. Dazu kam es nicht: Bruno Feller verstarb vor dem Beginn der

Hauptverhandlung am 9. April 1942. Der Oberreichsanwalt beantragte für Saar die Todesstrafe, dem folgte das Gericht nicht und verhängte stattdessen eine lebenslange Zuchthausstrafe.[51]

Die Gruppe um Alfred Fitz

Auch Funktionäre des VNG beteiligten sich an der illegalen Widerstandsarbeit in Deutschland. Alfred Fitz (1879–1947) wurde der Verbindungsmann der IUL in Deutschland. Er war bis 1933 zweiter Vorsitzender des Verbandes der Nahrungsmittel- und Getränkearbeiter. Eduard Backert, der erste Vorsitzende, wurde nach seiner Verhaftung 1933 mit zahlreichen Hausdurchsuchungen drangsaliert und hielt sich mit dem aktiven Widerstand zurück.

Alfred Fitz knüpfte ein Netz aus Gewerkschaftern in Deutschland und berichtete darüber an Jean Schifferstein, den Vorsitzenden der IUL. In diesem Netzwerk befand sich auch die Gruppe der Brotfabrik Germania in Duisburg-Hamborn, die von Hermann Runge aufgebaut worden war. Sie verteilte mit Hilfe der Brotfahrer illegale Schriften. Sebastian Dani, Bäcker und Gewerkschaftssekretär beim Verband der Nahrungsmittel- und Getränkearbeiter in Duisburg, hatte als Brotfahrer vermutlich die Idee, die Transporte auch »anders« zu nutzen. Auch Reinhold Moerders war wie Dani beim Verband der Nahrungsmittel- und Getränkearbeiter und ab 1934 gemeinsam mit Dani für den Brotvertrieb verantwortlich. Dabei verteilten sie illegale Schriften der Exil-SPD. 1936 verhaftete die Gestapo die meisten Mitglieder der Duisburger Gruppe. Damit verlor Alfred Fitz wichtige Kontaktpersonen und die illegale Arbeit kam zum Erliegen. Alfred Fitz wurde 1938 oder 1939 – darüber gibt es widersprüchliche Angaben – verhaftet und kam nach 14 Monaten Einzelhaft im Gefängnis anschließend ins Konzentrationslager Sachsenhausen. Der Volksgerichtshof musste ihn aber aus Mangel an Beweisen vom Vorwurf des Hochverrats freisprechen.

Die ehemalige Leiterin des Frauensekretariats beim Gesamtverband der christlichen Gewerkschaften, Mina Amann (1893–1966), hatte nach ihrer Entlassung aus dem Verband 1933 einen Tabakladen in Berlin eröffnet, der als Treffpunkt für Antifaschisten diente.[52] 1944 versteckte sie nach dem gescheiterten Attentat vom 20. Juli Jakob Kaiser (1888–1961), bis 1933 Landesgeschäftsführer der christlichen Gewerkschaften im Rheinland und Westfalen.

Foto eines Lieferfahrzeugs der Brotfabrik Germania, undatiert.

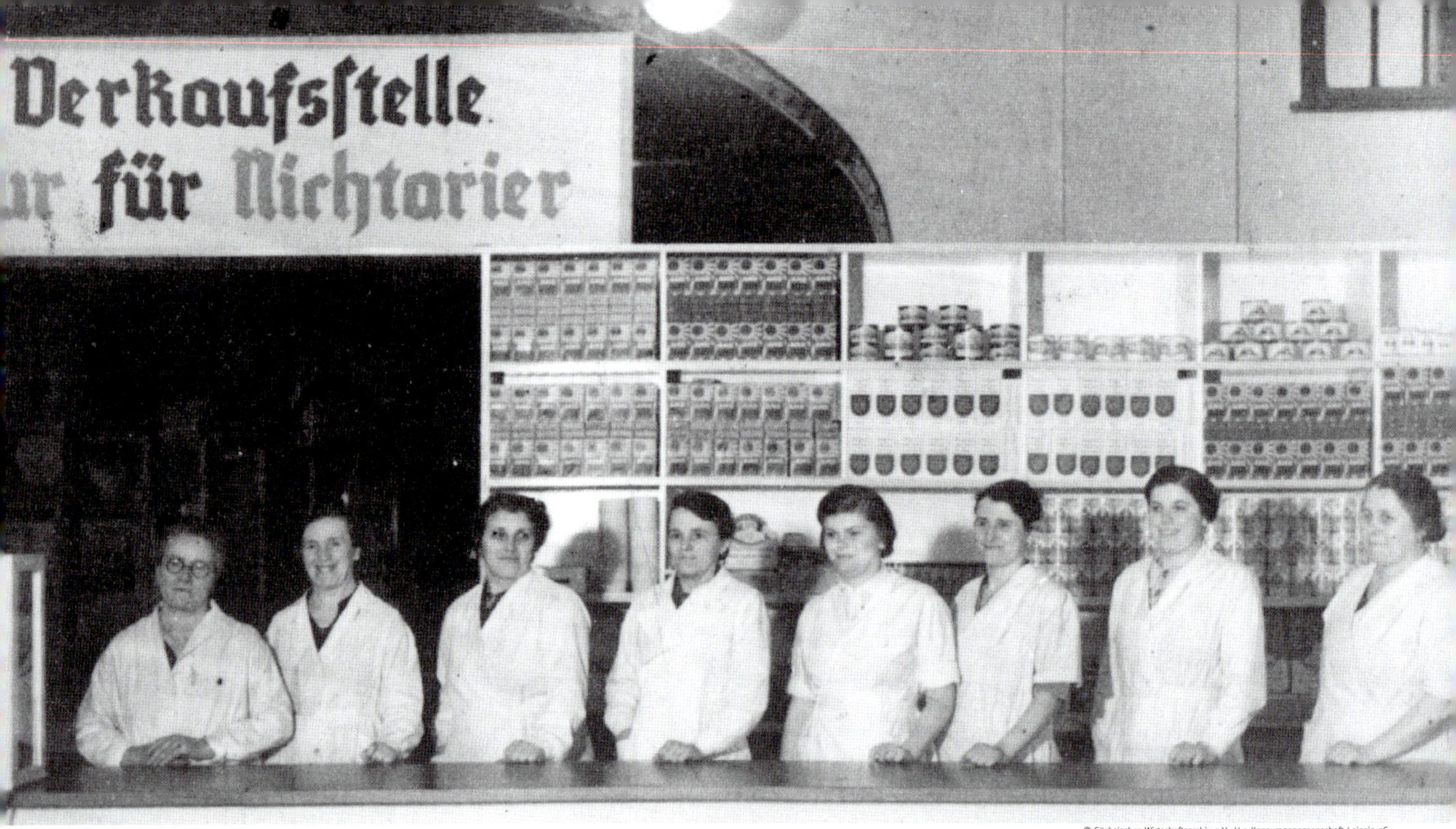

»Volksgemeinschaft« und Nationalsozialismus

Durch die Übernahme des gewerkschaftlichen und genossenschaftlichen Vermögens gewann die DAF auch eine erhebliche wirtschaftliche Macht. Dazu konnte sie mit den Beiträgen aus der obligatorischen Mitgliedschaft große Summen anhäufen, die beispielsweise in das Volkswagen-Werk in Wolfsburg investiert wurden.

Gleich zu Beginn der nationalsozialistischen Regierungszeit kürzten Unternehmer und Regierung die Arbeitszeit, um mehr Beschäftigte einstellen zu können. Durch das »Gesetz zur Verminderung der Arbeitslosigkeit« vom 1. Juni 1933 waren die Unternehmen verpflichtet, »Notstandsarbeiten« einzuführen. Vielfach wurden Arbeitslose für diese Notstandsarbeiten verpflichtet. Sie erhielten einen sehr niedrigen Lohn, der kaum zum Leben reichte, doch damit verschwanden sie aus der Arbeitslosenstatistik.[53]

Die Tarifverträge blieben laut Anordnung vom 28. März 1934[54] in Kraft, soweit sie nicht beschränkt oder abgeändert wurden. Auch das Nachtbackverbot wurde wieder aufgehoben; der so lange bekämpfte Kost- und Logiszwang konnte von Bäckern, Fleischern und Müllern erneut durchgesetzt werden.

Die Deutsche Arbeitsfront

Chef der Deutschen Arbeitsfront war seit ihrer Gründung der Reichsorganisationsleiter der NSDAP, Robert Ley (1890–1945). Zunächst gliederte sich die Deutsche Arbeitsfront in Reichsbetriebsgemeinschaften, die nach Wirtschaftszweigen organisiert waren, und geographisch in Gauwaltungen. Ab 1935 hieß die Reichsbetriebsgemeinschaft Fachamt Nahrung und Genuß. Dessen Chef war der SS-Hauptsturmführer Hans (eigentlich Johann) Wolkersdörfer (1893–1966). Der aus Franken stammende Kaufmann war bereits 1922 in die NSDAP eingetreten und saß seit 1930 für diese im Reichstag. Wolkersdörfer veröffentlichte als ersten Band der »Fachlichen Taschen-Bücherei Nahrung und Genuß« auch einen »Berufskatechismus für Gaststättenangestellte«. In seinem Geleitwort schrieb er, dass er Berufseingangsprüfungen entwickelte, um »Elemente« zu entfernen und eine »Auslese« zu ermöglichen. Die Wochenlöhne bei den Nahrungs-

linke Seite:
»Verkaufsstelle nur für Nichtarier« der Verbrauchergenossenschaft Leipzig-Plagwitz, die einzige Einkaufsmöglichkeit der Leipziger Juden, Mai 1940.

mittel- und Getränkearbeitern waren im Vergleich von 1931 zu 1934 in allen Branchen gesunken, bei Backwaren beispielsweise von 31,25 Reichsmark auf 25,15 Reichsmark. Mit Beginn der Aufrüstung, Mitte der 1930er-Jahre, gab es faktisch keine Arbeitslosen mehr.

Die Verbrauchergenossenschaften

Die von den Nationalsozialisten in Verbrauchergenossenschaften umbenannten Konsumgenossenschaften wurden von der Gestapo und der Deutschen Arbeitsfront gleichermaßen beobachtet. Erst Anfang 1935 erließen die Nationalsozialisten ein Gesetz über die Verbrauchergenossenschaften, das die Deutsche Arbeitsfront für diese verantwortlich erklärte. Als Erstes entließ die Deutsche Arbeitsfront »staatsfeindliche Personen«, wie beispielsweise den Direktor der GEG, Henry Eveling, der zudem auch noch in Haft genommen wurde. Weil sich in den Genossenschaften für die Nationalsozialisten »gefährliches« Personal sammelte, forderte Gestapo-Chef Hermann Göring aus Gründen der Staatssicherheit, dass die Verbrauchergenossenschaften aufzulösen seien. Daraufhin wurde das Personal der Genossenschaften überprüft. Dabei war auch das Fachamt Nahrung und Genuß mit seinem Leiter Hans Wolkersdörfer involviert, der dann im Sinne der NSDAP für neues Personal sorgte.

Die 48-Stunden-Woche war die Regel, die Mehrheit der Beschäftigten arbeitete aber wesentlich länger.[55] So waren Mitte 1939 in der Süßwarenindustrie mehr als die Hälfte der Arbeiter mehr als 48 Stunden tätig. Kurz nach der »Reichspogromnacht« 1938 führte auch die Schultheiß-Brauerei die 48-Stunden-Woche ein. Der Betriebsleiter kündigte zeitgleich Entlassungen an, weil anderswo – laut DAF-Führer Robert Ley – Fachkräftemangel herrsche.

Besonders im Bergbau »meuterten« die Arbeiter wegen der Überschichten. Die DAF bemühte sich, längere Urlaubszeiten durchzusetzen, und verfasste eine Denkschrift, in der sie Verbesserungen forderte. Als diese Denkschrift auf Proteste bei den Unternehmen stieß, distanzierte sich das übergeordnete DAF-Fachamt Bergbau sofort davon.[56]

Zweiter Weltkrieg

Mit Kriegsbeginn 1939 erhöhte sich die Arbeitszeit weiter. Die Kriegswirtschaftsverordnung vom September 1939 verbot die Zahlung der Zuschläge für Sonntags-, Feiertags- und Nachtarbeit. Im November musste dies wieder rückgängig gemacht werden, weil – so das Reichsarbeitsministerium – »das Verbot zu einer Verweigerung von Überstunden, der Nacht- und Sonntagsarbeit und zu förmlichen Sabotageerscheinungen geführt hat«.[57]

Der nationalsozialistische Wettbewerb »Leistungskampf der deutschen Betriebe« sollte »Musterbetriebe« prämieren und wurde mit Kriegsbeginn auch immer mehr auf die Rüstungsproduktion zugeschnitten.[58]

»Kraft durch Freude«-Urlauber und DAF-Leiter Robert Ley beim Besuch von italienischen Arbeitern in Neapel, 7. November 1937.

Die Verbrauchergenossenschaften übertrug das Reichsinnenministerium 1941 an die DAF, damit sie aufgelöst würden. Sie wurden in das Gemeinschaftswerk der Deutschen Arbeitsfront überführt, die Mitglieder bekamen ihre Genossenschaftsanteile ausgezahlt. Trotzdem hielt sich dort nach neuesten historischen Forschungen eine gewerkschaftliche Subkultur. An die Mitarbeiter, die an den Ideen der Konsumgenossenschaften festhielten, richtete der Hamburger Gauobmann der DAF, Staatsrat Habedank, 1942 auf einem Betriebsappell folgende Worte: »Ich richte mich vor allem an die Mitarbeiter und Mitarbeiterinnen in Hamburg und im übrigen großdeutschen Reich, die bisher glaubten, aus ihrer früheren Einstellung nicht herauskommen zu können. Mir sind die Vorkommnisse in dieser Richtung leider nur zu bekannt, und ich richte deshalb eine ernste Mahnung an alle diejenigen, die sich davon betroffen fühlen wollen. Genau so wie ich ist der Stabsleiter des Reichsorganisationsleiters, Pg. Simon, entschlossen, mit rücksichtsloser Strenge bei denen durchzugreifen, die glauben, weiterhin Kirchturmpolitik oder gar darüber hinaus eigene Wirtschaftspolitik treiben zu können und damit dem Ganzen Schaden zufügen.«[59]

Arbeiter in kriegswichtigen Betrieben mussten ab Ende 1941 auch regelmäßig mehr als 60 Stunden in der Woche arbeiten. Neben Zwangsarbeitern, darunter auch deutsche Juden, wurden ebenso Kriegsgefangene zu deutlich schlechteren Bedingungen beschäftigt. Beispielsweise arbeiteten für die Maggi-Werke in Singen 164 Kriegsgefangene und 184 Zwangsarbeiterinnen.

Im Sommer 1944 war jeder fünfte Beschäftigte in Deutschland ein »Fremdarbeiter«, insgesamt 7,6 Millionen. DAF-Führer Robert Ley appellierte 1942 in einer Ansprache an den »Rassestolz« des deutschen Arbeiters gegenüber »Russen«, die als Zwangsarbeiter oder Kriegsgefangene arbeiteten. Die Arbeiter sollten bei der Beaufsichtigung »keine falschen Solidaritätsgefühle« bekommen, so Ley weiter.[60]

Die im Gemeinschaftswerk der DAF zusammengeschlossenen Verbrauchergenossenschaften belieferten auch Arbeits- und Konzentrationslager sowie die Wehrmacht. Die 308 Bäckereibetriebe hatten dabei besondere Bedeutung. 1943 erzielte man mit Brotlieferungen an die verschiedenen Lager und an die Wehrmacht einen Umsatz von 226,5 Millionen Reichsmark. 1944 berichtete ein Revisor des Versorgungsrings Jena über die Lieferungen an das Konzentrationslager Buchenwald: »Das Ergebnis meines Besuches entsprach den bisher erhaltenen Informationen. Der außerordentlich bewegliche und zweifellos sehr fleissige Betriebsführer Funk beherrscht den Betrieb und besonders seine Leistungen zur Steigerung der Produktionsumsätze in den Bäckereien verdienen volle Anerkennung – Beachtlich sind die Umsätze mit den Grossverbrauchern und die Bemühungen, den starken Brotbedarf der Rüstungsbetriebe, des KZ-Lagers Buchenwald usw. weitgehend sicherzustellen.«[61] Außerdem setzte das Gemeinschaftswerk selbst in seinen Betrieben Zwangsarbeiter ein. Genaue Zahlen dazu sind bislang nicht ermittelt worden. Auf dem Gelände der Konservenfabrik in Stendal wurde ein Fremdarbeiterlager errichtet. Diese Fabrik war die größte Konservenfabrik Europas. Dort wurde 1940 das Lager für Polinnen, Französinnen und Tschechinnen errichtet.

Jan Korf hat in seiner Studie zu den Konsumgenossenschaften in der NS-Zeit recherchiert, dass 1943 über 2500 Beschäftigte des Gemeinschaftswerks Kriegsgefangene oder »zivile Ausländer« gewesen seien. 1400 davon waren Kriegsgefangene.[62]

Gegen Ende des Krieges brach beim Gemeinschaftswerk Chaos aus. Einige NSDAP- und DAF-Leiter versuchten, sich – unter Mitnahme des Inventars – abzusetzen, andere Geschäftsführer sannen über Möglichkeiten nach, das Vermögen so zu tarnen, dass es nicht von den Alliierten beschlagnahmt werden würde. So versuchte eine Gruppe aus dem Versorgungsring Hamburg, das Gemeinschaftswerk an ein Konsortium für 42 Millionen Reichsmark zu verkaufen, das aus dem Reemtsma-Konzern, der Margarine-Union und den Maizena-Werken bestand.[63] Dies gelang jedoch nicht, weil zwei Prokuristen davon erfuhren und dagegen votierten.

Bereits am 5. Mai 1945 trafen sich im Hamburger Gewerkschaftshaus alte Genossenschafter von der Konsumgenossenschaft »Produktion« und der GEG, um darüber zu sprechen, wie man die Nationalsozialisten aus den ehemaligen Konsumgenossenschaften drängen könne, da die Alliierten alles beschlagnahmt hatten und auch Entlassungen verboten waren.

Am 25. Mai 1945 verhafteten amerikanische Soldaten in Lobeda die Geschäftsführer des Gemeinschaftswerks. Die Akten wurden aus Thüringen nach Hamburg gebracht. Der DAF-Fachamts-Leiter Hans Wolkersdörfer war im Februar 1945 in der Waffen-SS zur Reserve einberufen und schwer verwundet worden. Robert Ley wurde im Mai 1945 verhaftet und in Nürnberg bei den Alliierten Prozessen angeklagt.

Im Programm für einen Neuaufbau der Gewerkschaften, das exilierte Gewerkschafter im Frühjahr 1945 in Großbritannien verfassten, bildeten die »Betriebsdemokratie« der Weimarer Republik und die überparteiliche Organisation der Gewerkschaften die Schwerpunkte.

Festveranstaltung des Konsumvereins Leipzig-Plagwitz zu seinem 50-jährigen Jubiläum, 12. Juni 1934. Zu diesem Anlass wurde auch die Konsumzentrale, über der nun die Hakenkreuzfahne wehte, mit einem großen Transparent behangen.

Chronik von 1933 bis 1945

30. Januar 1933 Ernennung von Adolf Hitler zum Reichskanzler. Anlässlich des Fackelmarsches von SA, SS und Stahlhelm durch das Brandenburger Tor rief die KPD zum Generalstreik auf.

27./28. Februar 1933 Nach dem Reichstagsbrand schränkte die »Reichstagsbrandverordnung« die Presse-, Meinungs- und Versammlungsfreiheit weiter ein.

April 1933 **Einschränkung der Rechte der Betriebsräte**

2. Mai 1933 **Die SA stürmte die freien Gewerkschaftshäuser in ganz Deutschland und verhaftete Gewerkschaftsfunktionäre. Die Zerschlagung und Gleichschaltung der Gewerkschaften wurde durch zahlreiche Mitgliederaustritte, Übergriffe und Beschlagnahmungen beschleunigt.**

10. Mai 1933 **Gründung der Deutschen Arbeitsfront (DAF), die das beschlagnahmte Gewerkschaftsvermögen erhielt.**

20. Januar 1934 **Das »Gesetz zur Ordnung der nationalen Arbeit« regelte den Betriebsaufbau nach dem Führerprinzip ohne Mitbestimmungsrechte der Belegschaft.**

27. Februar 1934 **Die Deutsche Arbeitsfront (DAF) stieg durch das »Gesetz zur Vorbereitung des organischen Aufbaus der deutschen Wirtschaft« zur Massenorganisation auf.**

1. September 1939 Beginn des Zweiten Weltkrieges durch den Überfall des Deutsches Reichs auf Polen.

8. Mai 1945 Mit der bedingungslosen Kapitulation der Wehrmacht endete der Zweite Weltkrieg in Europa.

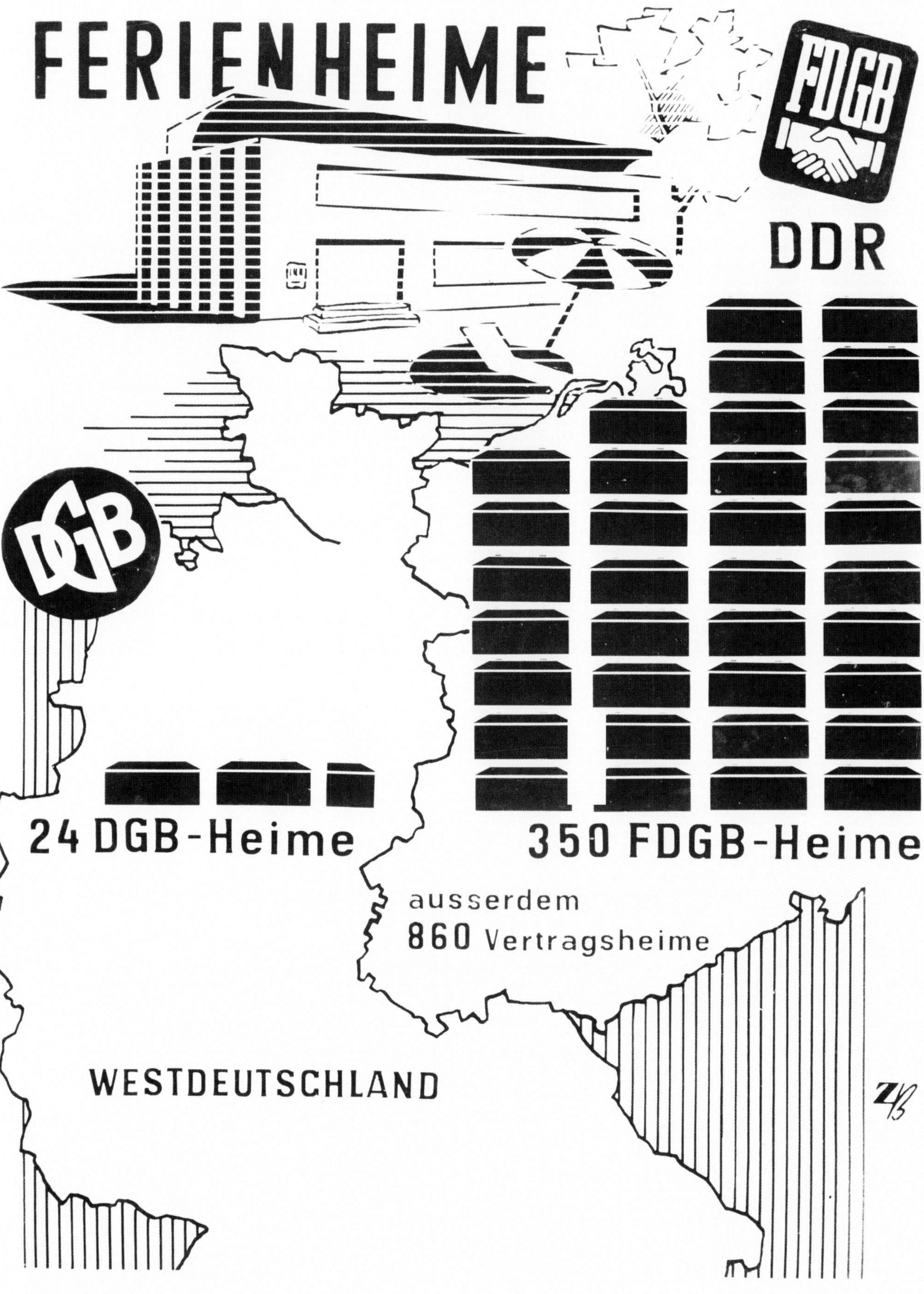
FERIENHEIME
FDGB
DDR
DGB
24 DGB-Heime
350 FDGB-Heime
ausserdem
860 Vertragsheime
WESTDEUTSCHLAND

Getrennte Wege

Essenausgabe für die Stationen der Berliner Charité, 1946.

Nach dem Ende des Zweiten Weltkriegs im Mai 1945 begannen die Bemühungen um einen Wiederaufbau der Gewerkschaften. Dabei zeigte sich bald, dass die Gewerkschaftsarbeit in den vier Besatzungszonen unterschiedlich organisiert werden musste. Im einsetzenden Kalten Krieg kam es mit der politischen Spaltung des Landes auch zu einer separaten Entwicklung der Gewerkschaften.

Die Landesgruppe Deutscher Gewerkschafter in Großbritannien hatte in ihren Planungen für die Gewerkschaftsarbeit nach dem Sieg über Deutschland vorgesehen, dass eine Einheitsgewerkschaft geschaffen werden sollte. In den »Programmvorschlägen für einen einheitlichen Deutschen Gewerkschaftsbund« hieß es dazu 1945: »An Ausarbeitung und Durchführung wirtschaftspolitischer Maßnahmen nehmen die Gewerkschaften als unabhängige Vertreter der Arbeitnehmer aktiven Anteil. Sie müssen in den neu zu schaffenden Organen der staatlichen Wirtschaftsplanung und der wirtschaftlichen Selbstverwaltung vertreten sein, um aktiv am Aufbau eines freien demokratischen Deutschlands mitwirken zu können. [...] Sie sehe in der Anwendung genossenschaftlicher Grundsätze ein Mittel, um möglichst viele Arbeitnehmer an der Gestaltung des Produktions- und Verteilungsprozesses verantwortlich zu beteiligen.«[64]

linke Seite:
Das FDGB-Plakat mit Vergleich der gewerkschaftlich geförderten Ferienheime in »Westdeutschland« und in der DDR, 21. Mai 1961.

Unklare Konzepte der Alliierten

Die Vorstellungen der Alliierten zu Gewerkschaften waren stark von ihren jeweiligen nationalen Traditionen geprägt. Der Alliierte Kontrollrat, der als höchstes Gremium die Arbeit der Besatzungsmächte bündeln sollte, blieb in dieser Frage indifferent. Ein einheitliches Programm gab es nicht. Demzufolge wurde die Gründung von Gewerkschaften in den Zonen unterschiedlich gehandhabt. Im Sommer und auch im Herbst 1945 gab es unter den Alliierten noch die Bereitschaft, miteinander zu kooperieren und Kompromisse zu suchen. So gab die Sowjetische Militäradministration ihr wohl ursprünglich geplantes Konzept einer Einheitsgewerkschaft zugunsten der Industriegewerkschaften auf und folgte damit der Linie der westlichen Alliierten.

General Dwight D. Eisenhower hatte bereits am 15. Dezember 1944 im Radio in einer Rede erklärt, dass sich die deutschen Arbeiter in demokratischen Gewerkschaften zusammenschließen dürften. Obwohl Eisenhower dann später Militärgouverneur der amerikanischen Besatzungstruppen in Deutschland war, kam es zu keiner besonderen Regelung. Streiks waren in der amerikanischen Zone verboten und die Löhne wurden »eingefroren«. Jedoch konnten noch vor Kriegsende – im April 1945 – die ersten lokalen Nahrungs- und Genussmittelarbeiterverbände in Frankfurt am Main und Hannover gegründet werden. In Aachen, der ersten befreiten deutschen Stadt, wurde bereits im März der Freie Deutsche Gewerkschaftsbund (FDGB) als Einheitsgewerkschaft gegründet.

Die britische Besatzungsmacht veröffentlichte im Juli 1945 eine Direktive zur Gründung von Gewerkschaften in ihrer Zone. Man orientierte sich dabei an den britischen Gewerkschaften, bei denen Wahlen durch einen unabhängigen Wahlbeobachter, eingeteilte Wahlbezirke und einen Sprecher stattfanden.[65] Außerdem verlangte die Direktive, dass die Kandidaten mindestens schon ein Jahr in der betreffenden Fabrik arbeiteten. Dies waren Bedingungen, die mit der deutschen Tradition von Betriebsräten nichts zu tun hatten und angesichts der vielen aus dem Krieg zurückgekehrten Wehrmachtssoldaten, die dementsprechend noch nicht ein Jahr im Betrieb gewesen sein konnten, auch nicht praktikabel waren.

In der Sowjetzone erlaubte der Befehl Nr. 2 vom 10. Juni 1945 die Gründung von Parteien und Gewerkschaften. Das Aachener Konzept des Freien Deutschen Gewerkschaftsbunds (FDGB) konnte sich als Einheitsgewerkschaft nur in Berlin und der sowjetischen Besatzungszone etablieren.

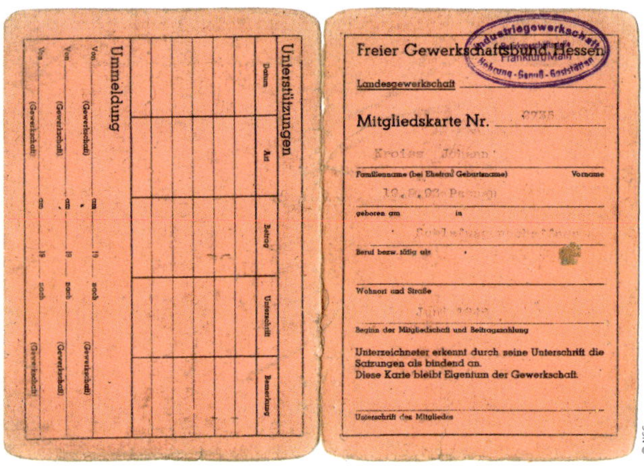

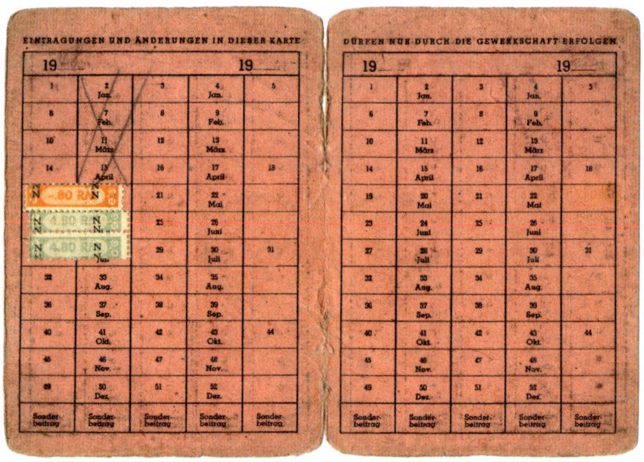

Mitgliedskarte von der
IG Nahrung-Genuß-Gaststätten
eines Schlafwagenschaffners,
Juni 1946.

rechte Seite:
Gründungsverbandstag der IG Nahrung-Genuss-Gaststätten
in der britischen Zone in Hamburg, 1947. Rechts auf dem Podium
sitzt Gustav Pufal.

Aufbauarbeit in den Zonen

In den drei westlichen Besatzungszonen forcierten die Gewerkschaften erst ab Sommer 1946 nach dem Willen der Besatzungsbehörden die Gründung von branchenbezogenen Industrieverbänden. Damit war die Idee der branchenübergreifenden Einheitsgewerkschaft erledigt. In der sowjetisch besetzten Zone entstanden schon 1945 der FDGB und der Verband der Nahrungs- und Genußmittelarbeiter.

Im Juni 1945 wurde in Berlin der Verband der Nahrungs- und Genußmittelarbeiter neu gegründet. Maßgeblich daran beteiligt war Fritz Saar vom Zentralverband der Hotel-, Restaurant- und Café-Angestellten. Er hatte seine Haft im Zuchthaus Brandenburg überlebt. Ursprünglich sollte Alfred Fitz Vorsitzender des Verbandes werden, dieser war aber – wie auch Saar – Sozialdemokrat. Da man aber bestrebt war, sowohl Kommunisten als auch Sozialdemokraten einzubinden, musste man einen Kommunisten suchen. Letztlich fiel die Wahl für den Posten des 1. Vorsitzenden auf Jacob Schloer (1888–1956), einen der Kommunisten, die mit Paul Merker beim Zentralverband der Hotel-, Restaurant- und Café-Angestellten aktiv waren und gegen Fritz Saar und die »opportunistische Sozialdemokratie« gekämpft hatten. Fritz Saar wurde 2. Vorsitzender. Am 30. September 1945 hatte der Verband, der auch den Namen »Verband der Arbeiter im Nahrungs-, Genußmittel- und Gaststättenbereich« führte, 8543 Mitglieder.[66]

Die Wochenzeitschrift »Der Spiegel« kommentierte bissig das Zusammentreffen der Kontrahenten Saar und Merker nach dem Krieg in Ost-Berlin:

»Das Schicksal wollte es, dass Erbfeind Saar 1946 zur SED überschwenkte. Als Paul Merker aus Mexiko kam, fand er sein Pendant im Bürgermeistersessel von Berlin-Mitte thronen. Und als Willi Rumpf Kommerzienrat Fritz Aschingers blauweiße Bierquellen sequestrierte, wurde Fritz Saar mit Aschingers Erbschaft belohnt. Herr über die Törtchen und Schnäpse des steinalten Aschinger war nun derselbe Fritz Saar, den Kellner-Paul ein halbes Menschenalter lang beschimpft hatte. Als Reformisten, Lakaien der Bourgeoisie und Agenten des Monopolkapitals.«[67]

Fritz Saar war Treuhänder der Gastronomie-Betriebe der Aschinger AG in Berlin geworden und Paul Merker Mitglied des Parteivorstands der SED.

© ullstein bild.

© Sächsisches Hauptstaatsarchiv Dresden

oben:
Delegiertenkonferenz des FDGB in Berlin, 1946.

unten:
1. Zonenkonferenz der IG Nahrungs-, Genußmittel- und Gaststättengewerbe in Leipzig, 15. und 16. Juni 1946.

Die genauen Details zur Entstehung des Verbandes der Nahrungs- und Genußmittelarbeiter lassen nicht mehr rekonstruieren. Jedoch ist deutlich, dass in der sowjetisch besetzten Zone die Gastronomiebeschäftigten 1945 bereits dazu gehörten.

Die ehemaligen Gewerkschaftsfunktionäre favorisierten eine überparteiliche Gewerkschaftsorganisation, hatten sie 1933 doch schmerzlich erfahren, welche Folgen die gespaltene und ideologisch gegeneinander gerichtete Arbeiterbewegung hatte.

Lokale Organisationen im Westen

In den westlichen Zonen existierten in vielen Orten Einheitsgewerkschaften wie die Allgemeinen Gewerkschaften und Industriegewerkschaften nebeneinander. Im Oktober 1945 entstanden in Bremen und Hamburg der Verband für die gesamte Tabakindustrie als Nachfolger des Deutschen Tabakarbeiter-Verbandes, der Zentralverband der Hotel-, Restaurant- und Café-Angestellten und der Verband der Nahrungsmittel- und Getränkearbeiter. Damit waren die freigewerkschaftlichen Organisationen revitalisiert worden. Die Idee einer gemeinsamen Organisation schien noch in weiter Ferne zu sein: Ferdinand Husung, von 1928 bis 1933 Vorsitzender des Deutschen Tabakarbeiter-Verbandes, erklärte, dass Tabakarbeiter und die Nahrungsmittel- und Getränkearbeiter nichts miteinander gemein hätten.

Im April 1946 beschloss der Alliierte Kontrollrat das Betriebsrätegesetz, ein Rahmengesetz, das sehr kurz war. Es erlaubte die Gründung von Betriebsräten, ordnete diese aber nicht verbindlich an. Die Gewerkschaften sollten mit den Betriebsräten zusammenarbeiten. Es war ihnen auch gestattet, die Betriebsratswahlen vorzubereiten.

Zonale Fusionen

Am 15. Juni 1946 fand in Leipzig die ostdeutsche 1. Zonenkonferenz des »Verbands der Arbeiter im Nahrungs-, Genußmittel- und Gaststättenbereich« statt. Dort war bereits im Jahr 1927 der Verband der Nahrungsmittel- und Getränkearbeiter gegründet worden, worauf auch einige Redner Bezug nahmen. Auch die knapp zwei Monate zuvor erfolgte Vereinigung von KPD und SPD zur Sozialistischen Einheitspartei Deutschlands (SED) wurde in den Redebeiträgen mehrfach erwähnt. Der SED wurde eine gesellschaftliche Vorreiterrolle zugesprochen, den Gewerkschaften jedoch eine neutrale Funktion zugewiesen. Weitere Themen der Konferenz waren die Bodenreform und Sequester (Beschlagnahme) von Betrieben. Die Umbenennung des Verbands in »Industriegewerkschaft Nahrung-Genußmittel-Gaststättengewerbe« mit dem Kürzel NGG taucht hier zum ersten Mal auf und wurde später auch in den westlichen Zonen verwendet.

1947 gründete man »zur Verbesserung der sozialen Lage der Werktätigen« den Feriendienst des FDGB. Er sollte preiswerte Reisen für die FDGB-Mitglieder vermitteln.

In Bayern erlaubte die amerikanische Militärregierung im Mai 1946 den landesweiten Zusammenschluss der bislang lokalen Gewerkschaften. Im Februar 1947 fand unter dem Vorsitz von Hans Nätscher (1896–1980) und Georg Fiederl der Verbandstag statt, auf dem auch der Name »Industriegewerkschaft Nahrung-Genußmittel-Gaststätten« verwandt wurde. Im August hatte die bayerische NGG über 30 000 Mitglieder, die stärkste Berufsgruppe bildeten die Brauereiarbeiter.

In der britischen Zone konstituierte sich – nach langen Debatten mit Ferdinand Husungs Verband für die gesamte Tabakindustrie – 1947 in der Hamburger Bavaria Brauerei die IG Nahrung Genuß Gaststätten mit knapp 100 000 Mitgliedern und Gustav Pufal (1895–1950) als erstem Vorsitzenden. In ihr waren neben dem Verband der Nahrungsmittel- und Getränkearbeiter auch die zuvor selbstständigen Gewerkschaften der Tabakarbeiter und der Hotel-, Restaurant- und Café-Angestellten vereinigt. Ferdinand Husung war vor allem durch die westfälischen Tabakarbeiter überzeugt worden, die eher kleine Gewerkschaft in die größere Organisation einzubringen.

© akg-images

Konfliktzentrum Berlin

Im in vier Sektoren aufgeteilten Berlin gab es die IG Nahrung und Genuß (einschließlich Gaststättengewerbe) im FDGB Groß-Berlin. Hier eskalierten die Konflikte zwischen Sozialdemokraten und Kommunisten.

Nach der Vereinigung von SPD und KPD zur SED in der sowjetisch besetzten Zone entstand die bizarre Situation, dass in Berlin die SPD weiterbestand. Bei den Wahlen im Oktober 1946 errang die SPD über 48 Prozent und stellte damit den Oberbürgermeister Dr. Otto Ostrowski. Die SED schmähte diese Wahl als »Hottentottenwahl«.

Gegen die Versuche des FDGB, die IG Nahrung Genuß Gaststätten unter die parteipolitischen Ziele der SED zu stellen, opponierten viele Sozialdemokraten. Einige, wie etwa Fritz Saar, wurden dennoch Mitglied der SED. Damit wollte die Opposition eine Spaltung des FDGB vermeiden; der Konflikt spitzte sich allerdings im Laufe des Jahres 1948 weiter zu.

Am 16. Juni 1948 verließen die sowjetischen Vertreter die Alliierte Kommandantur in Berlin. Im November 1948 wurde ein Magistrat für Ost-Berlin gebildet, im Dezember 1948 folgte der Senat für West-Berlin. Damit war die politische Spaltung der Stadt bereits Jahre vor dem Mauerbau festgeschrieben.

Gründung der UGO

An den FDGB-Delegiertenwahlen im Frühjahr 1948 nahm die Opposition teil und errang die Hälfte der Mandate. Als der Opposition durch den FDGB 100 Mandate aberkannt wurden, rief sie zu einer eigenen Maifeier vor dem Reichstag auf. 150000 Menschen nahmen daran teil. Dieser Zuspruch führte zur Gründung der Unabhängigen Gewerkschafts-Organisation (UGO) als separater Gewerkschaftsorganisation am 5. Mai 1948. Neben sechs anderen Gewerkschaften war auch die IG Nahrung Genuß Gaststätten dabei. In der Sowjetischen Besatzungszone führte die SED 1948 die Planwirtschaft ein. Der FDGB erhielt durch die »Bitterfelder Beschlüsse« mehr Macht über die Einzelgewerkschaften, deren politischer und finanzieller Spielraum immer geringer wurde. Unabhängige Betriebsräte wurden faktisch abgeschafft, ihre Aufgaben gingen auf die Betriebsgewerkschaftsleitungen (BGL) über. Zur IG Nahrung Genuß Gaststätten in der SBZ gehörten 1948 knapp 240000 Mitglieder. Ihre Zeitung hieß »Einigkeit«, wie die Zeitung des VNG vor 1933.

linke Seite:
Kundgebung zum 1. Mai des FDGB und der SED im Lustgarten in Berlin, 1948.

oben:
Kundgebung zum 1. Mai der Unabhängigen Gewerkschaftsorganisation (UGO) auf dem Platz der Republik vor dem Reichstagsgebäude, 1948. Blick zur Tribüne vor dem Reichstagsgebäude.

unten:
Kundgebung zum 1. Mai des FDGB und der SED im Lustgarten in Berlin, 1948.

© Archiv der sozialen Demokratie der Friedrich-Ebert-Stiftung

»Keine bessere Wahl«

Die westlichen Zonengewerkschaften hatten im Frühjahr 1949 knapp 225 000 Mitglieder. Praktisch zeitgleich mit der Gründung der Bundesrepublik vereinigten sich die Gewerkschaften der drei Westzonen auf dem Verschmelzungsverbandstag vom 24. bis 26. Mai 1949 in München zur IG Nahrung Genuß Gaststätten.

Mit diesem Kongress und der Vereinigung der drei Vorläuferverbände war ein wichtiges Anliegen von Eduard Backert erfüllt; umso tragischer, dass der ehemalige Vorsitzende des Verbandes der Nahrungsmittel- und Getränkearbeiter nicht daran teilnehmen konnte. Backert wohnte in der sowjetischen Zone und konnte nicht anreisen, weshalb er einen »Grußbrief« über Freunde sendete. Er schrieb an die Delegierten:

»Verübeln Sie es mir bitte nicht, wenn ich auch an dieser Stelle wieder betone, daß Sie, entgegen dem Aufbauen von Ende der achtziger Jahre, in vielem im Vorteil sind, so z.B. in der Einstellung zu den Gewerkschaften von Seiten der Arbeitgeber und der Vorgesetzten, seitens der Behörden und von Seiten der Arbeiter selbst, nicht zuletzt aber auch durch die inzwischen sehr anders gewordene Vereins- und Versammlungsgesetzgebung. […] Einen nicht zu unterschätzenden Gewinn bedeutet für die neuen Gewerkschaften die Einheit in der Gewerkschaftsrichtung und die von vornherein möglich gewesene richtige Wahl der Organisationsform. Viel Zeit, Arbeit und Geld mußten wegen Fehlens dieser Einheit nutzlos vertan werden, weil diese damals eben anders gewesen ist. Vor einer besonderen Entscheidung stehen die von den Arbeitnehmern der Nahrungs- und Genußmittelgewerbe und -Industrien hierher entsandten Delegierten nicht; sie können im Interesse dieser Arbeitergruppen keine bessere Wahl treffen, als sich im vorgesehenen Maßstab zu vereinen. Noch liegt ein Teil Aufbau, dann aber der Ausbau der Gewerkschaft vor Ihnen. Zur Zeit haben Sie nicht mit ernsten umfangreichen Kämpfen zu rechnen. Sie werden aber bestimmt kommen; dazu bedarf es jetzt schon der Vorbereitungen dergestalt, daß Sie die Mitglieder entsprechend schulen und zur Solidarität erziehen.«[68]

Die Gewerkschaft Nahrung Genuß Gaststätten der UGO Berlin hatte einen Verschmelzungsantrag mit der neu gegründeten IG gestellt. Auf dem Gründungskongress wurde aber nur eine Arbeitsgemeinschaft vereinbart. Auch die Vertretung der Frauen in der Organisation wurde nur am Rande besprochen. Wilhelm Weber, der Versammlungsleiter, sprach dies laut Protokoll so an:

»Dann habe ich weiter geschäftsordnungsmäßig noch folgendes zu sagen: Es ist angeregt worden – wo ist der Zettel von der Frau –, daß den Frauen Gelegenheit gegeben wird, mit den anwesenden weiblichen Delegierten und Gastdelegierten auch über Frauenfragen sich zu unterhalten. Die Frauen möchten sich deswegen heute vielleicht am Abend nach Schluß der Tagung zusammensetzen, um ihre Frauenprobleme zu behandeln. Die Kollegin Bade aus Cuxhaven, die ja für die Betreuung der Frauen zunächst in Aussicht genommen ist, wird die Sache in die Hand nehmen. Ich bitte die weiblichen Delegierten, sich an unsere Kollegin Bade zu halten — die Kollegin Bade sitzt dahinten — und sich mit ihr zu verabreden, in welchem Raum Sie sich heute Abend treffen.«[69]

Der Wortlaut lässt auf den Stellenwert des Engagements der Frauen schließen. Es ging auf der Versammlung auch um den Zuständigkeitsbereich der Gewerkschaft und so wurde beschlossen, ausdrücklich die Konsumgenossenschaften als Zuständigkeitsbereich in die Satzung hineinzuschreiben. Es wurden insgesamt zehn Bereiche definiert: Getränkewirtschaft, Getreidewirtschaft, Fleisch- und Fischwirtschaft, Milch- und Fettwirtschaft, Zuckerwirtschaft, Obst- und Gemüsewirtschaft, Tabakwirtschaft, Hotels und Gaststätten, Genossenschaften und Hauswirtschaft.

Männer bezahlten 1 DM Eintrittsbeitrag, Frauen die Hälfte. Bei dem regelmäßigen monatlichen Beitrag gab es diese Unterscheidung nicht, sondern nur einen reduzierten Betrag für Arbeitslose, Invaliden und Lehrlinge. Der Rechtsschutz war in der Satzung vereinbart, eine Nachtragssatzung sollte die Unterstützungsleistungen regeln.

linke Seite:
1. NGG Landes-Frauenkonferenz in Hamburg/ Schleswig-Holstein, Gewerkschaftshaus Kiel, 7. November 1953.

Gustav Pufal

1895 im westpreußischen Konschütz (heute: Kończyce, Polen) geboren, erlernte Gustav Pufal den Beruf des Böttchers. Er arbeitete in der Norddeutschen Reismühle in Hamburg, wo er 1912 dem Verband der Brauerei- und Mühlenarbeiter beitrat. In dieser Vorläuferorganisation der NGG, die 1922 in Verband der Lebensmittel- und Getränkearbeiter umbenannt wurde, engagierte sich das SPD-Mitglied Pufal ab 1925 als ehrenamtliches Vorstandsmitglied. 1927 wurde er Sektionsleiter der Mühlenarbeiter in Hamburg. Nach dem Ende des Zweiten Weltkriegs setzte sich Gustav Pufal 1946/47 als Vorsitzender des wieder gegründeten Verbandes der Nahrungsmittel- und Getränkearbeiter, Nordmark, für die Vereinheitlichung der Gewerkschaftslandschaft ein. Von 1947 bis 1949 war Pufal Vorsitzender der NGG in der britischen Zone.

Während er – wegen der fehlenden demokratischen Legitimation – skeptisch gegenüber einer Annäherung an die NGG in der SBZ war, setzte er sich für eine Vereinigung der NGG-Verbände in den drei westlichen Besatzungszonen ein. Nach seiner Teilnahme an der Konferenz der Landesgewerkschaften im Februar 1948 in Stuttgart, auf der die Entscheidung zur Gründung einer Einheitsgewerkschaft fiel, wurde er Mitglied im Arbeitsausschuss, der die organisatorischen Details der Vereinigung vorbereitete.

Gustav Pufal wurde schließlich auf dem sogenannten Verschmelzungsverbandstag im Mai 1949 in München zum ersten Vorsitzenden der NGG gewählt. Er setzte sich unter anderem für Hamburg als Sitz der Hauptverwaltung ein. In der Debatte um die strukturelle Ausrichtung der Gewerkschaft plädierte er für eine zentralisierte Organisation, um in Tarifverhandlungen eine höhere Schlagkraft zu besitzen. Gustav Pufal starb 1950.

NGG-Funktionäre 1949–1951		
GHV	1. Vorsitzender	**Gustav Pufal (gest. 1950) / Ferdinand Warnecke**
	2. Vorsitzender	**Ferdinand Warnecke / Otto Sonntag**
	Hauptkassierer	**Herbert Stadelmaier**
	Sekretär	**Johannes Gostomski**
	Sekretär	**Friedrich Holler**
Länder	Nordmark	**Johannes Maack**
	Niedersachsen-Bremen	**Wilhelm Weber**
	NRW	**Josef Dozler**
	Bayern	**Georg Fiederl**
	Hessen	**Hans Wiegand / ab 1950 Karl Langenbach**
	Rheinland-Pfalz	**Anton Basting**
	Baden-Württemberg	**Albert Remppel**

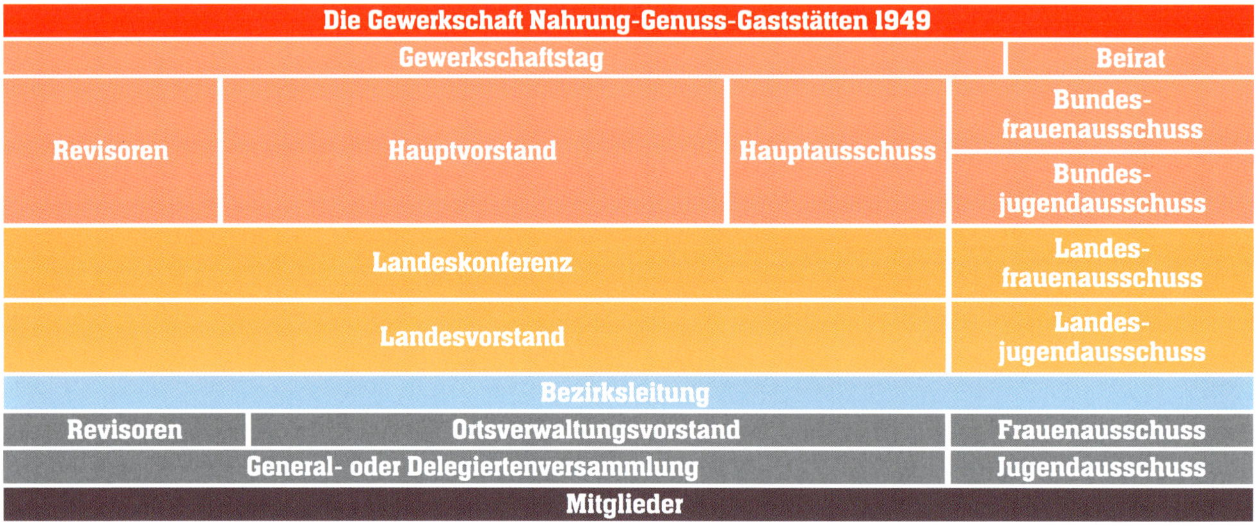

Große Debatten führen die Delegierten zur Genehmigungspflicht bei Streiks und bei Tarifverträgen. Streitpunkt war die Frage, ob die Hoheit bei der Hauptverwaltung oder den Landesleitungen liegen solle. Der Landesleiter Nordmark Johannes Maack aus Lübeck sagte zu diesem Problem:

»Und seid nicht so ängstlich: Wieso ist es dadurch ausgeschlossen, daß ein Ortstarif oder gar ein Betriebstarif abgeschlossen werden kann? Warum denn? Wenn ein Betriebstarif notwendig ist, kann ich mir durchaus vorstellen, daß ein Betriebstarif abgeschlossen wird. Herrgott noch einmal, dann wird er eben abgeschlossen. Wenn es zweckmäßig ist, die Dinge auf örtlicher Basis zu machen, schließen wir einen Ortstarif ab oder einen Bezirkstarif. Ich kann mir vorstellen, daß im Tabakgewerbe, in der Tabakindustrie für die ganze Trizone ein einheitlicher Tarif abgeschlossen werden muß. Das hängt doch von den jeweiligen Verhältnissen und Gegebenheiten ab. Das ändert doch gar nichts daran, daß in allen diesen Dingen selbstverständlich tonangebend und maßgebend die Hauptverwaltung sein muß. Das ist gar nicht anders möglich und kann gar nicht anders gemacht werden.«[70]

Es trafen auch Ost-Berliner Kollegen ein, so Karl Hetzschold, der Sekretär beim Verband der Bäcker und später Gauleiter – also Landesleiter – bis 1933 in Berlin war. Der 77-Jährige sprach ein kurzes Grußwort und wandte sich darin gegen die »Hennecke- und Aktivistenbewegung« in der SBZ, mit der in Akkordschichten völlig utopische Planziele erfüllt werden sollten.

In einer Resolution forderte der Verbandstag auch die Abschaffung der Nacht- und Sonntagsarbeit im Bäcker- und Konditorengewerbe. 156 Delegierte wählten Gustav Pufal zum ersten und Ferdinand Warnecke (1898–1958) zum zweiten Vorsitzenden. Schatzmeister wurde Herbert Stadelmaier (1916–2009). Weiterhin diskutierten die Delegierten, wo die neue Gewerkschaft ihren Sitz haben solle. Vom vorbereitenden Ausschuss war Hamburg vorgeschlagen worden. Es gab allerdings auch Anträge, die NGG nach Frankfurt/Main oder Nordrhein-Westfalen zu legen. In einer knappen Abstimmung votierte die Versammlung für Hamburg als künftigen Verwaltungssitz.

Gründung des DGB

Mit der Gründung der Bundesrepublik sowie der DDR 1949 wurde die politische Teilung Deutschlands zementiert. Vom 12. bis 14. Oktober 1949 fand in München der Gründungskongress des Deutschen Ge-

oben:
Gustav Pufal (2. Reihe, 6. von links) und der neu gewählte Vorstand auf der Gründungsversammlung des DGB im Kongresssaal des Deutschen Museums in München, 13. Oktober 1949.

unten:
Einführung des 14-prozentigen Bieres der Schultheiss Brauerei AG in Berlin, 1. September 1949.

Ferdinand Warnecke

Geboren 1898, trat der gelernte Böttcher Ferdinand Warnecke 1915 dem Zentralverband der Böttcher bei. 1918 wurde er Mitglied der SPD. Er übernahm ab 1920 den Vorsitz der Zahlstelle Hamburg des Böttcherverbandes und wurde 1925 Ortsangestellter in Hamburg.

Nach Ende des Zweiten Weltkriegs beteiligte er sich am Wiederaufbau der Gewerkschaft und war 2. Vorsitzender der NGG Britische Zone (1947–1949) sowie der westdeutschen NGG (ab Mai 1949). Warnecke übernahm das Amt des 1. Vorsitzenden nach dem Tod Gustav Pufals im Juli 1950, wurde aber vor allem wegen seiner Zentralisierungsbestrebungen bereits Ende Mai 1951 abgelöst und zog sich aus dem Vorstand zurück. Warnecke ging daraufhin wieder in die Region und arbeitete von 1951 bis 1954 als Geschäftsführer der Ortsverwaltung Bremen und ab 1954 als Bezirksleiter in Lübeck. Ferdinand Warnecke starb 1958 in Lübeck.

werkschaftsbundes (DGB) statt. Die NGG war Gründungsgewerkschaft. Zum ersten Vorsitzenden des DGB wurde Hans Böckler gewählt. Das Grundsatzprogramm des DGB war 1949 – ähnlich wie das der CDU – noch stark von sozialistischen Ideen beeinflusst, wie etwa der Nationalisierung von Betrieben in Schlüsselindustrien, einer volkswirtschaftlichen Gesamtplanung und Mitbestimmungsrechten der Arbeiter. Auch die Förderung des Wohnungsbaus für Arbeiter wurde im Grundsatzprogramm gefordert. Man könnte fast sagen, dass FDGB und DGB anfangs programmatisch nicht weit auseinander lagen. Wie man die Ziele erreichen wollte, wurde aber sehr unterschiedlich definiert, wie sich zeigen sollte.

Am 17. Juni 1950 starb Gustav Pufal, der seit 1947 für die Integration der drei Vorläuferorganisationen stand. Als dessen Nachfolger bestimmte der Gewerkschaftsbeirat Ferdinand Warnecke zum 1. Vorsitzenden. Zweiter Vorsitzender wurde der Brauer Otto Sonntag, der zuvor Chef der Ortsverwaltung Hamburg gewesen war.

Zum 1. Juli 1950 trat die Berliner NGG-UGO der NGG bei und bildete den Landesverband Berlin. Die wirtschaftliche Situation in dieser Zeit war nicht nur in Berlin problematisch. Insbesondere die Jugendarbeitslosigkeit bereitete Sorgen. Von den 1,9 Millionen Arbeitslosen waren etwa 700 000 Jugendliche. Auch viele Vertriebene waren unter den Arbeitslosen.

rechte Seite:
Maischebottiche in der Schultheiss-Brauerei AG in Berlin-Kreuzberg, 3. Juni 1955.

Mitwirkung oder Mitbestimmung?

In den 1950er-Jahren wurde die Mitbestimmung in den Betrieben zum bestimmenden Thema in der Arbeit der NGG. Daneben entwickelte sich eine Debatte um die Entlohnung von Frauen. Auch die hohe Arbeitslosigkeit war ein großes Problem, vor allem Jugendliche waren beschäftigungslos.

Am 2. Januar 1950 erschien die erste Ausgabe des »Zentralorgans der IG NGG«. Den Titel »Einigkeit« wollte man nicht verwenden, da bereits die Zeitung des DDR-Verbands so hieß. Im Editorial schrieb Gustav Pufal:

»Die Mitbestimmung der Arbeitnehmer in der Wirtschaft, die Demokratisierung der letzteren wird uns von dem Unternehmertum bestritten. Nahrung – Genuß – Gaststätten, drei Begriffe, die zum täglichen Leben gehören. Alle in diesen Wirtschaftszweigen Tätigen sorgen für das tägliche Brot und darüber hinaus für viele andere leibliche Bedürfnisse. Fünf Millionen Gewerkschafter mit ihren Angehörigen fordern ihr Recht auf ausreichende Ernährung und alle sonstigen Lebensbedürfnisse. Wir sind eine maßgebende Macht in der Neuordnung.«[71]

Am 1. Mai 1950 machte die NGG die Mitbestimmung zum Thema des Feiertags. Ein erster Entwurf des Bundeskabinetts unter Konrad Adenauer (1876–1967) war nach Meinung der NGG zu unternehmerfreundlich und enthielt den Passus, dass nur diejenigen Mitglieder des Aufsichtsrats werden konnten, die bereits lange Jahre dem Betrieb angehörten. Die Ausrichtung des Entwurfs verwunderte etwas, denn der Ressortzuständige, Bundesarbeitsminister Anton Storch (1892–1975), war vor 1933 beim ADGB und bis zu seiner Ernennung Leiter der Abteilung Sozialpolitik beim DGB. Bei der Debatte um die Mitbestimmung wurde mit harten Bandagen gekämpft – sogar Papst-Zitate machte sich der Minister in seiner Argumentation zu Nutzen. Der FDGB in der DDR verhöhnte die Verhandlungsposition des DGB mit dem Stalin-Zitat: »Diese Mitbestimmungsrechtler müssen sich sagen lassen, daß sie trotz aller Forderungen auf der Stelle treten, denn eine Arbeiterbewegung im Rahmen des Kapitalismus ohne konsequenten Sozialismus ist keine.«

Der erste Manteltarifvertrag

Mit dem 1949 erlassenen Tarifvertragsgesetz war die vorher bestehende staatliche Schlichtung entfallen. Eine wesentliche Aufgabe der NGG war, auf Basis des Tarifvertragsgesetzes neu zu verhandeln und die noch bestehenden NS-Tarifordnungen durch neue Manteltarifverträge zu ersetzen. Der erste Vertrag dieser Art wurde 1950 mit der Zigarrenindustrie abgeschlossen.

»Kompromißbrot«

Als im Juni 1950 der Korea-Krieg begann, kam es zu Hamsterkäufen, demzufolge erhöhten sich die Preise. Die Preiserhöhungen beim Brot ließen sich aber auch auf Spekulationen zurückführen, weshalb die Subvention von Brot wegfallen sollte. Es kam zu zehnprozentigen Steigerungen des Brotpreises. Der Bundestag beschloss auf Antrag der SPD-Fraktion, die Subventionen weiter laufen zu lassen. Bundeswirtschaftsminister Ludwig Erhard (1897–1977) war davon nicht begeistert. Auch der Mitbestimmung konnte er wenig abgewinnen. So sagte er in einem Interview 1949: »Zuerst muss eine saubere Grenze zwischen Mitwirkung und Mitbestimmung gefunden werden. Mitwirkung ist ein Bestandteil der freien Marktwirtschaft, Mitbestimmung gehört in den Bereich der Planwirtschaft.«[72] Bezüglich des Brotpreises hatte sich Erhard vor dem Plenum des Bundestags wohl derart in Rage geredet und von »Hysterie« gesprochen, dass sich Beobachter nur wundern konnten. Die Bundesregierung entwickelte daraufhin die Idee eines »Konsumbrots«, das die NGG »Kompromißbrot« taufte. Dieses Brot sollte nur 80 Prozent Roggenmehl und 20 Prozent Weizenmehl enthalten und preiswerter zu kaufen sein. Schließlich stimmten auch SPD und KPD dieser Idee zu und so kam das »Kompromißbrot« in den Handel. Der DGB rief seine Mitgliedsgewerkschaften dazu auf, mehr Lohn zu fordern, damit die höheren Lebensmittelpreise auch bezahlt werden konnten.

Eine der ersten Reaktionen der NGG darauf war die Kündigung zahlreicher Tarifverträge zum 30. September 1950.[73] Das Ziel war, die Löhne den Lebenshaltungskosten anzupassen und nur Tarifverträge abzuschließen, die eine knappe Laufzeit von sechs bis neun Monaten hatten. Die ausgehandelten Lohnerhöhungen betrugen durchschnittlich zehn Prozent. Einige Unternehmen, vor allem diejenigen mit wenig organisierten Arbeiterinnen und Arbeitern, weigerten sich jedoch, höhere Löhne zu vereinbaren.

Der Bäckermeister Hesselmann
mit Kommissbroten
in seiner Backstube in Herne,
1. Juli 1953.

rechte Seite:
Brauerei-Beifahrer am Savignyplatz in
West-Berlin beim Geschicklichkeitswettbewerb
des Gaststättengewerbes, 17. September 1950.

Turbulenzen

In der NGG setzten sich die Debatten um die Aufgaben der Landesorganisationen und die Struktur der Gewerkschaft fort. Die Konflikte eskalierten auf dem 1. Ordentlichen Gewerkschaftstag 1951.

Die bereits 1949 auf dem Gründungskongress der NGG begonnene Debatte über die Eigenständigkeit der Landesorganisationen setzte sich in der Amtszeit Ferdinand Warneckes als 1. Vorsitzender fort. Warnecke strebte eine stärkere Zentralisierung der Organisation an, um besonders in der Tarifpolitik der Position der Gewerkschaft durch eine bundesweit einheitliche Linie Nachdruck zu verleihen. Dadurch brachte er jedoch die Landesleiter, die Ortsvorsitzenden und den Hauptausschuss gegen sich auf, da sie sich nicht von der Tarifpolitik ausschließen lassen wollten.

Neben Warneckes zentralistischer Amtsführung musste sich die NGG auch mit einigen »Griffen in die Kasse« beschäftigen sowie mit dem Prozess um die Vormundschaft für den Hamburger Kaffeehausbesitzer Robert Hirte. Im Juli 1950 hatte die NGG wegen einiger Vorfälle in den Betrieben Robert Hirtes bei der Staatsanwaltschaft Stade die Entmündigung Hirtes beantragt. Robert Hirte wurde vorläufig unter Vormundschaft gestellt und in Anwesenheit von NGG-Funktionären in eine Nervenheilanstalt gebracht. Wegen dieses dubiosen Vorfalls wurde der NGG-Abteilungsleiter Gaststätten Alfred Schleicher daraufhin von der NGG entlassen. Neben Alfred Schleicher war auch der zweite Vorsitzende der NGG, Otto Sonntag, involviert, weil er das Schreiben an die Staatsanwaltschaft mitunterzeichnet hatte.

Die Spannungen entluden sich auf dem 1. Ordentlichen Gewerkschaftstag der NGG Ende Mai 1951 in Stuttgart in zahlreichen Protesten gegen Warnecke. Nachdem man ihm dort außerdem noch die mangelhafte Vorbereitung der Veranstaltung vorwarf, wurde er schließlich bei der Wahl zum 1. Vorsitzenden deutlich von Hans Nätscher geschlagen, der sich als Vorsitzender des Hauptausschusses zu einem der Wortführer der Kritik an Warnecke gemacht hatte. Auch bei der Wahl zum 2. Vorsitzenden unterlag Ferdinand Warnecke dem Kieler Bezirksleiter Emil Petersen (1897–1968) und zog daraufhin eine Kandidatur zum Geschäftsführenden Hauptvorstand zurück.

Auf dem Gewerkschaftstag wurde auch über die Verlegung des Sitzes der Hauptverwaltung von Hamburg nach Köln, nahe der neuen Bundeshauptstadt Bonn, abgestimmt, doch mit einer Stimme Mehrheit blieb die Hauptverwaltung in Hamburg. Der Hauptvorstand der NGG sprach sich gegen eine Weiterbeschäftigung von Ferdinand Warnecke in der Hauptverwaltung aus.[74] Nach dieser persönlichen Niederlage arbeitete Warnecke von 1951 bis 1954 als Geschäftsführer der Ortsverwaltung Bremen und ab 1954 als Bezirksleiter in Lübeck. Auf dem Gewerkschaftstag wurden die Unterstützungsleistungen der NGG in der Satzung definiert. So führte die NGG eine Kranken- und Invalidenunterstützung sowie eine Hilfe in Härtefällen und Sterbegeld ein.

Ab 1952 hieß die Zeitung der NGG wieder »Einigkeit«. Hans Nätscher schrieb in seinem Editorial der ersten Ausgabe, dass 1951 schon 30 000 neue Mitglieder gewonnen werden konnten. Er wies außerdem auf das große Thema der Mitbestimmung hin. 1952 hatte sich die NGG um drei große Schwerpunkte zu kümmern: Streit um die Zuständigkeitsgrenzen mit der Gewerkschaft Handel, Banken, Versicherungen (HBV), Nachtbackverbot und die Auseinandersetzung mit ehemaligen NSDAP-Mitgliedern.[75] Der Grenzstreit mit der HBV sollte bis in die neunziger Jahre eine Konstante in der Geschichte der NGG bleiben. Insbesondere bei den »Co op«-Betrieben kam es häufig zu Querelen und handfesten Auseinandersetzungen. Im Juli 1952 hatte die HBV gegen die NGG in West-Berlin intrigiert, weil sie einen Tarifvertrag für die Schlachter-Innungsbetriebe abschließen wollte. 1949 sollte eigentlich ein Schiedsgericht die Streitigkeiten beigelegt haben. Dennoch versuchte die HBV, NGG-Mitglieder zum Übertritt zu bewegen.

In den ihr gehörenden gemeinwirtschaftlichen Unternehmen versuchte die NGG, den eigenen Ansprüchen zu genügen. Als beispielweise 1952 die Bierpreise in Bayern erhöht wurden, protestierte die NGG dagegen und behielt den Bierpreis für die Produkte der ihr gehörenden Gesellschaftsbrauerei Augsburg bei.[76]

Entwurf des Betriebsverfassungsgesetzes

Im Mai 1952 rief der Entwurf der Bundesregierung unter Konrad Adenauer zum Betriebsverfassungsgesetz großen Unmut bei den Gewerkschaften hervor. In einem Artikel in der »Einigkeit« hieß es dazu: »Rückschritt und zugleich auch Fesseln sind festzustellen bei den Vorschriften über die Mitwirkung und Mitbestimmung der Arbeitnehmer im Betrieb. Was in diesem Teil des Entwurfs niedergelegt ist, wurde geboren aus sturem Dilettantismus und dem Bestreben, einen Keil zwischen die Belegschaft und den Betriebsrat zu treiben und beide von den Gewerkschaften zu trennen.«[77] Auch im DGB war durch den unerwarteten Tod seines Gründungsvorsitzenden Hans Böckler (1875–1951) eine große Lücke entstanden. Konnte Böckler bei der Sicherung der Montan-Mitbestimmung gegenüber der Bundesregierung unter dem Bundeskanzler Adenauer noch Kompromisse

NGG-Funktionäre 1951–1954		
GHV	1. Vorsitzender	**Hans Nätscher**
	2. Vorsitzender	**Emil Petersen**
	Hauptkassierer	**Herbert Stadelmaier**
	Redakteur	**Richard Eckart / ab 1953 Willy Sprenger**
	Sekretär	**Johannes Gostomski / ab 1952 Gustav Fink**
	Sekretäre	**Friedrich Holler; Heinrich Ohlemeyer**
Länder	Hamburg-Schleswig-Holstein	**Karl Förster**
	Niedersachsen-Bremen	**Wilhelm Weber / ab 1952 Rudi Krautter**
	NRW	**Josef Dozler**
	Bayern	**Georg Fiederl**
	Hessen	**Karl Langenbach**
	Rheinland-Pfalz	**Anton Basting**
	Baden-Württemberg	**Albert Remppel**
	Berlin	**Robert Rohde**

Hans Nätscher

1896 in Lohr am Main geboren, besuchte Hans Nätscher zunächst eine Volksschule, bevor er 1910 in Würzburg eine Fleischerlehre antrat, die von harten Arbeitsbedingungen und körperlichen Misshandlungen durch den Meister geprägt war. 1914 trat Nätscher sowohl in den Zentralverband der Fleischer als auch in die SPD ein und organisierte eine Ortsgruppe des Zentralverbands. Nach dem Ersten Weltkrieg, in dem er als Soldat diente, wurde er 1920 als Sekretär beim Zentralverband als Bezirksleiter für Nordbayern angestellt und blieb bis 1933 in dieser Funktion. Mit der Machtergreifung der Nationalsozialisten 1933 wurde Nätscher – mit nur kurzen Unterbrechungen – bis 1936 inhaftiert. Er schlug sich danach als Hilfsarbeiter durch, wurde mit Kriegsbeginn 1939 eingezogen und arbeitete später bis Kriegsende als Totengräber bei der Technischen Nothilfe.

Unmittelbar nach der Befreiung 1945 begann er in Nürnberg mit dem Wiederaufbau der Gewerkschaft. Er wurde 1946 Sekretär der Konsumgenossenschaften Nürnberg-Fürth, 1947 Hauptausschussvorsitzender der Bayerischen NGG und übernahm 1949 dieselbe Funktion auf Bundesebene. Von 1951 bis 1962 war Hans Nätscher 1. Vorsitzender der NGG. Während dieser Zeit äußerte er sich auch immer wieder zu politischen Themen. Nätscher vertrat die Auffassung, dass Gewerkschaften trotz der grundsätzlichen Neutralität auch politisch aktiv sein sollten. Nätscher war ab 1951 auch im Vorstand der IUL, deren erster deutscher Präsident er 1958 wurde und bis 1964 blieb. 1980 starb Hans Nätscher in Marktheidenfeld.

erzielen, die in ihrer Bedeutung noch heute mit dem Stinnes-Legien-Abkommen 1918 verglichen werden, standen mit dem Entwurf nun die Zeichen auf Konfrontation: Die DGB-Gewerkschaften organisierten große Demonstrationen gegen den Gesetzentwurf, es war sogar von einem Generalstreik die Rede. Auch der NGG-Vorsitzende Hans Nätscher hatte diesen befürwortet, damit deutlich würde, dass die Gewerkschaften keine leeren Drohungen aussprachen.

Im Mai 1952 verabschiedete der Bundestag jedoch das Gesetz, ohne dass die Änderungswünsche der Gewerkschaften berücksichtigt wurden. Der angekündigte Generalstreik blieb dennoch aus. Kritische Töne über die Strategie des DGB wurden laut, der Nachfolger von Hans Böckler, der DGB-Vorsitzende Christian Fette, wurde auf dem nächsten Bundeskongress abgewählt.

Im September 1952 tagte die IUL auf Einladung der NGG in Hamburg. Erstmals nahmen amerikanische und kanadische Delegierte daran teil. Beschlossen wurde auf dem Kongress, dass die IUL sich weiterhin für das Nachtbackverbot und die Reduzierung von Traglasten einsetzen solle.

ZENTRALORGAN DER INDUSTRIEGEWERKSCHAFT

Nahrung Genuß Gaststätten

NUMMER 12 | JAHRGANG 2 | HAMBURG, 15. JUNI 1951

Mit neuer Kraft weiter

Gewerkschaftstag wählte Hans Nätscher, Nürnberg, als 1. Vorsitzenden und Emil Petersen, Kiel, als 2. Vorsitzenden

Einführung der Invaliden- und Altersunterstützung wurde beschlossen

Hans Nätscher

GEBET DER FREIEN

VON STEPHAN VINCENT BENET

Das Präsidium des Gewerkschaftstages der NGG, 15. Juni 1951.

Streiks in der DDR

Auf seinem Bundeskongress 1950 beschloss der FDGB, dass er in seinen Strukturen künftig dem »demokratischen Zentralismus« folgen werde und die SED als führende Kraft in der DDR anerkannte. Unter SED-Chef Walter Ulbricht (1893–1973) wurde in der DDR die Gesellschaft und Wirtschaft nach stalinistischen Maßstäben weiterentwickelt.

Dazu gehörten auch der FDGB und die ihm zugeordneten Einzelgewerkschaften. Der FDGB nahm auch mit eigenen – jedoch mit der SED abgestimmten – Kandidaten an den Volkskammerwahlen teil.

1951 löste in der DDR der Betriebskollektivvertrag den Tarifvertrag ab. Der Betriebskollektivvertrag verpflichtete zur Teilnahme am sozialistischen Wettbewerb und konnte nur innerhalb der Planauflagen und Rahmenkollektivverträge wirksam werden. Die Betriebskollektivverträge wurden nicht unter Tarifparteien verhandelt, sondern waren das Anhängsel an den staatlichen Planauflagen. Sie verstanden sich auch als Mittel der Planerfüllung. So war darin auch der Akkordlohn vorgesehen. Die Abrechnung erfolgte in den Teams, wie man heute sagen würde, damals hießen sie Brigaden. Der Betrieb erhielt eine feste Lohnsumme, bei Ausfällen wurde der Lohn reduziert.

Als die Betriebskollektivverträge auf Widerstand bei den Beschäftigten stießen, sollte der FDGB Überzeugungsarbeit leisten. Dies gelang nicht in allen Betrieben. So wurde in einer Zuckerfabrik in Zeitz der Betriebskollektivvertrag von der Belegschaft abgelehnt. In den Leuna-Werken bei Halle beispielweise kam es zu offenen Protesten. Vor allem kritisierte die Belegschaft, dass mit dem Betriebskollektivvertrag Zuschläge und Prämien wegfielen. Die »technisch begründeten Arbeitsnormen«, die den Leistungslöhnen zugrunde lagen, waren nach den Leistungen der Aktivisten ermittelt worden, die jedoch unter besonders günstigen Produktionsbedingungen arbeiteten und nicht von Stromausfall, Materialmangel oder anderen Widrigkeiten betroffen waren.

In der DDR waren Versorgungsengpässe alltäglich. Nach der Einführung der Betriebskollektivverträge sollte der Aufbau des Sozialismus in der DDR beschleunigt werden. Aus diesem Grund erhöhte die

linke Seite:
Propagandalosungen »Lang lebe der grosse Stalin/ Der Bannerträger des Friedens/ Der ganzen Welt der Beste/ Freund des deutschen Volkes« an der Konsumzentrale Leipzig, um 1952.

SED die Normen. Außerdem beschloss sie weitere politische »Säuberungen«. 1952 hatte Stalin angeordnet, dass die DDR eine Armee aufstellen sollte. Die rekrutierten Männer fehlten natürlich entsprechend in der Produktion.

Außerdem beschloss die SED auf ihrer 2. Parteikonferenz, dass man nun den Sozialismus aufbauen wolle. Die meisten Betriebe waren durch den Krieg und auch durch die Reparationsleistungen an die Sowjetunion in einem schlechten Zustand. Investitionen waren kaum möglich.

Um diesem Ziel Sozialismus so schnell wie möglich näher zu kommen, setzte die SED die durch die Bodenreform zu Land gekommenen »Neubauern« unter Druck, in die Landwirtschaftlichen Produktionsgenossenschaften (LPG) einzutreten, und bekämpfte nach sowjetischem Vorbild »Kulaken«, das waren eigentlich Großbauern, die sich weigerten, ihre Landwirtschaft in eine LPG einzubringen. Allein aus der Landwirtschaft gingen deswegen 2500 Bauern 1952 in den Westen, im ersten Quartal 1953 waren es sogar rund 6600. Die DDR-Konsumgenossenschaften wurden aufgerufen, den genossenschaftlichen Handel auf den Dörfern aufzubauen. Die Konsumgenossenschaften waren bis in die 1960er-Jahre nach Orten und auch nach Kreisen organisiert. Obwohl das SED-Politbüro Leitsätze für die ideologische Arbeit in den Konsumgenossenschaften formuliert hatte, blieben in der Praxis Freiräume außerhalb der SED-Politik für die Konsumgenossenschaften.

Erhöhung der Arbeitsnormen

Die SED beschloss, die Arbeitsnormen um zehn Prozent anzuheben. Daraufhin kam es zu einzelnen Arbeitsniederlegungen. Im Dezember 1952 streikten beispielsweise Gleisbauarbeiter wegen unzumutbarer Arbeitsbedingungen und in der Halleschen Lowa Waggonfabrik wegen der ungerechten Verteilung der Weihnachtsprämie.

Im Januar 1953 entschied das Politbüro der SED, »Lehren aus dem Prozess gegen das Verschwörerzentrum Slánský« zu ziehen. Gemeint war damit die Aufdeckung von »zionistischen Agenten«, die angeblich »Staatsfeinde« waren. Rudolf Slánský (1901–1952), Generalsekretär der KP der Tschechoslowakei, war mit zehn weiteren Angeklagten in einem Schauprozess 1952 zum Tode verurteilt und hingerichtet worden.

In der DDR beschloss die SED-Führung, vor allem gegen Genossen vorzugehen, die in der West-Emigration gewesen waren und irgendeine Verbindung zu Juden hatten. Der erste Verhaftete war Paul Merker, der Widersacher Fritz Saars beim Zentralverband der Hotel-, Restaurant- und Café-Angestellten. Merker, der aus der Emigration in Mexiko in die DDR gekommen war, sprach sich – entgegen der Doktrin – für Wiedergutmachungszahlungen an enteignete jüdische Verfolgte aus. Die SED verachtete Privateigentum und hatte bereits mit Sequester, Bodenreform und der Etablierung von Volkseigentum radikale Enteignungen vorgenommen. Diese hätten bei einer Restitution wieder rückgängig gemacht werden müssen.

Nachdem Stalin am 5. März 1953 gestorben war, korrigierte der Ministerrat der Sowjetunion seinen Kurs am 2. Juni 1953. Merkers Prozess wurde verschoben und erst 1955 verurteilte man ihn zu acht Jahren Zuchthaus. Die SED sollte nun im Juni 1953 das Tempo zum »Aufbau des Sozialismus« drosseln und einen »neuen Kurs« einschlagen. Die Normen wurden allerdings nicht nach unten korrigiert. Der FDGB-Chef Herbert Warnke (1902–1975) schrieb am 8. Juni 1953 an Walter Ulbricht, dass die Arbeiter in der DDR sehr unzufrieden waren.[78] Warnke, der bis 1928 Betriebsratsvorsitzender bei der Werft Blohm & Voss gewesen war, kritisierte die Normerhöhungen als häufig nur pauschal und teilweise ungerecht und machte Ulbricht darauf aufmerksam, dass es enorme Versorgungsdefizite gab und dass das Werkküchenessen häufig miserabel war. Auch trafen einige Preiserhöhungen – wie etwa für den öffentlichen Nahverkehr – die Bevölkerung schwer. Ulbricht schien diesen Brief zu ignorieren, die Normen blieben, wie sie waren.

Bauarbeiter, die auf der Berliner Stalinallee an einem der Vorzeigeprojekte der DDR arbeiteten, unternahmen am 13. Juni 1953 eine Dampferfahrt. Dieser Betriebsausflug von 500 bis 600 Beschäftigten mit Frauen und Kindern endete an diesem Sonnabendabend in der Gaststätte »Rübezahl« am Großen Müggelsee. Dort beschlossenen sie, am nächsten Montag, den 15. Juni, in den Streik zu treten. Als am Montag, den 15. Juni 1953, ein Artikel in der FDGB-Tageszeitung »Tribüne« erschien, in dem der stellvertretende FDGB-Vorsitzende Otto Lehmann schrieb: »Die Beschlüsse über die Erhöhung der Normen sind in vollem Umfang richtig«, kam es zu den ersten Demonstrationen in Berlin. Diese breiteten sich rasant aus.

Ernst Scharnowski, der DGB-Chef von West-Berlin, munterte die Ost-Berliner in einer Radioansprache auf, die Streikenden zu unterstützen. Es folgte »Zuckerbrot und Peitsche«: Die SED-Führung nahm die Normerhöhung zurück, die sowjetische Armee fuhr ihre Panzer auf. Es kam zu Verhaftungen und es starben über 120 Menschen. Insgesamt streikten am 17. Juni 1953 fast 500 000 Arbeiterinnen und Arbeiter in der DDR. Abends wurde die Ausgangssperre verhängt.

Kritik am FDGB

Nach dem 17. Juni 1953 gab es kaum Kritik an der SED-Politik, wohl aber – seitens der Partei – am FDGB. Einigen FDGB-Funktionären wurde vorgeworfen, die Forderungen der Streikenden unterstützt zu haben. Es wurde unterstellt, der FDGB leide unter einer »sektiererischen Unterwanderung«.

Daraufhin wurden Funktionäre der IG Nahrung und Genuß, der IG Bau/Holz, der IG Metall und fünf weiteren Gewerkschaften aus ihren Leitungspositionen entfernt, nachdem sie nach stalinistischen Prinzipien »Selbstkritik« geübt hatten. Bei der IG Nahrung Genuß Gaststätten wurde als Vorsitzender Ernst Schilling (1901–1954) von Willy Klevesath abgelöst. Bei der IG Handel kam es zu ernsthaften Auseinandersetzungen, die auf einen Artikel in der FDGB-Zeitung »Tribüne« vom 7. Juli 1953 zurückgingen. Darin hatte sich der Zentralvorstand der IG Handel hinter die Forderungen der Belegschaften gestellt. In einem Programm forderte die Gewerkschaft beispielsweise von den Konsumgenossenschaften, dass Halbtagskräfte im Arbeitsplan nicht wie bisher als Volltagskräfte zu zählen seien, dass endlich die miserablen hygienischen Zustände der Arbeitsräume beseitigt werden müssten und ein neues Lohn- und Gehaltsabkommen abzuschließen wäre.[79] Diese Kritik wurde nun den Gewerkschaftern quasi als Konterrevolution vorgehalten. Die Parteiführung gestand dem FDGB aber nun zu, dass die Einzelgewerkschaften in die Aufstellung der Pläne einbezogen würden. Die vom FDGB vergeblich formulierten Mitbestimmungsrechte der Betriebsgewerkschaftsleitungen blieben jedoch weiterhin unberücksichtigt. Die DDR-Gewerkschaften sollten nun – nach dem Tod Stalins und den Erfahrungen des Arbeiteraufstands – in die Aufstellung der diversen Pläne miteinbezogen werden. 1956 wurde dem FDGB die Sozialversicherung übertragen. Diese umfasste neben Kranken- auch die Rentenversicherung und Unterstützung bei Invalidität und war eine Pflichtversicherung.

Nach dem gescheiterten Aufstand 1953 streikten in der DDR nur noch wenige Arbeiter. Aktuelle Forschungen haben ergeben, dass es in den 1960er-Jahren noch 50 bis 100 Streiks jährlich gegeben hat. Als einzige Möglichkeit, Einfluss auf die Organisation des Arbeitslebens zu nehmen, etablierte sich das Eingabenwesen. Die erste Verordnung dazu löste Petitionsausschüsse ab und wurde bereits am 6. Februar 1953 in Kraft gesetzt.

Destillierkolonne im Öl- und Fettwerk Magdeburg, um 1950.

oben links:
Volksaufstand in der DDR am 17. Juni 1953 in Leipzig. Sowjetischer Panzer vor dem Gebäude des Georgi-Dimitroff-Museums, dem ehemaligen Reichsgerichtsgebäude und heutigen Sitz des Bundesverwaltungsgerichts.

oben rechts:
Plakat der IG Nahrung und Genuß im FDGB, 1950.

unten links:
Herstellung von Birnenkompott im VEB Leipziger Feinkostfabrik, September 1953.

unten rechts
Einfache Walzenmühle im Öl- und Fettwerk Magdeburg, um 1950.

© NGG

»Gleichberechtigung mit Notausgang«

Für die Gewerkschaften in der Bundesrepublik waren die Unternehmen der Gemeinwirtschaft ein Teil ihres Selbstverständnisses. In den 1950er-Jahren erfolgte die Neuorganisation der Gemeinwirtschaft. Außerdem konnte die NGG bei der Entlohnung der Frauen einige Erfolge vorweisen und die Struktur der Tarifverträge verbessern.

In der Tarifpolitik hatte die NGG bereits begonnen, die Abschaffung der Ortsklassen zu verhandeln. Mit diesen wurden und werden Tariflöhne in der Bundesrepublik unterschiedlich gewichtet. So gibt es bis heute Orte, in denen wesentlich weniger verdient wird, weil die Lebenshaltungskosten dort geringer sind. Außerdem sollten die Frauenlohngruppen abgeschafft werden.

1955 erließ das Bundesarbeitsgericht ein Urteil, dass es gleichen Lohn für die gleiche Arbeit für Männer und Frauen geben müsse. Elisabeth Ostermeier, seit 1954 als erste Frau Hauptvorstandsmitglied der NGG, überprüfte sofort alle betrieblichen Tarifverträge und stellte dabei fest, dass in der Süßwarenindustrie die Frauen in der höchsten Altersgruppe weniger verdienten als der jüngste ungelernte Mann.[80] Immerhin waren 40 Prozent der Mitglieder der NGG weiblich, ihr Verdienst aber lag im Durchschnitt um 37 Prozent unter dem der Männer. Im September 1955 fand die erste Frauenkonferenz der NGG in Bielefeld statt. Elisabeth Ostermeier berichtete in ihrer Rede in Bielefeld: »Bei der Firma Maggi besteht ein Haustarif, der die bislang übliche Formulierung enthält, also Gelernte, Ungelernte usw. unter Abschnitt 5 wie üblich ›Frauen‹. Durch Verhandlung war es nicht möglich, diesen Absatz zu beseitigen. Es wurde deshalb von uns eine Feststellungsklage auf Nichtigkeit dieses Absatzes eingereicht, die von dem zuständigen Arbeitsgericht zu unseren Gunsten entschieden wurde. In der mündlichen Begründung führte der Richter folgendes aus: ›Eine Abschlagsklausel, die nur Frauen betreffe, verstoße gegen das Grundgesetz und sei nichtig. Bezüglich der Bewertung spezifizierter Frauenarbeit sei zu sagen: Selbst wenn eine solche im Betrieb Maggi vorkomme, was jedoch zu bezweifeln sei, müsse diese auf jeden Fall höher bezahlt werden, als mit dem niedrigsten Tariflohn. Die Frau beweise nämlich schon dadurch, dass sie spezielle Arbeiten verrichte, die der Mann nicht tun könne oder tue,

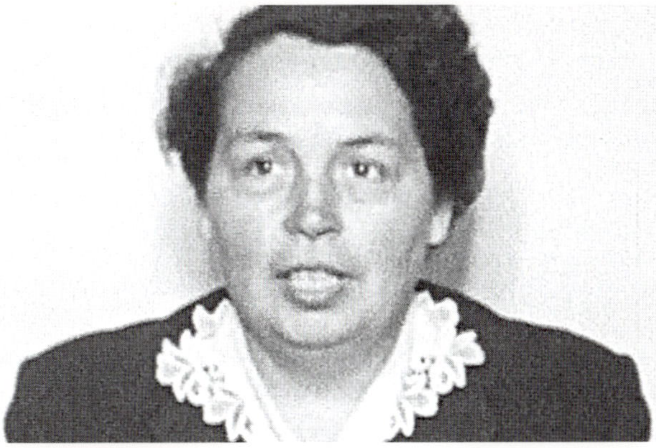

© NGG

Elisabeth Ostermeier

1913 in Kanzlershof, Kreis Harburg, geboren, besuchte Elisabeth Ostermeier die Volks- und Haushaltungsschule und arbeitete als Verkäuferin in der Konsumgenossenschaft »Produktion«. Sie wurde 1927 Mitglied im Zentralverband der Angestellten und trat 1931 in die SPD ein, nachdem sie schon als 13-Jährige bei der Sozialistischen Arbeiterjugend Mitglied war. Unter den Nationalsozialisten entlassen, arbeitete sie ab 1933 als Brotfahrerin bei einer Bäckerei, die von einem ehemaligen sozialdemokratischen Funktionär geführt wurde. So hielt sie unter den Sozialdemokraten Kontakt. 1936 entdeckte die Gestapo die Widerstandsgruppe und verhaftete sie und ihren Mann. Elisabeth Ostermeier verbrachte mehrere Monate Einzelhaft im Gefängnis in Hildesheim.

1946 wurde Elisabeth Ostermeier in die Hamburger Bürgerschaft gewählt, der sie 32 Jahre lang angehörte. 1950 ging sie als Frauensachbearbeiterin in die Hauptverwaltung der NGG in Hamburg und wurde vier Jahre später 1954 als erste Frau überhaupt in den Geschäftsführenden Hauptvorstand der NGG gewählt, dem sie bis 1970 angehörte. Ihre Fachbereiche waren Frauen, Jugend und Berufsausbildung. Elisabeth Ostermeier engagierte sich nach ihrem Ausscheiden in der Seniorenarbeit. Sie starb 2002 in Hamburg.

dass sie für diese Arbeiten geschickter sei als der Mann oder ihm sonst etwas voraus habe, was als Äquivalenz für die männliche Muskelkraft oder andere männliche Vorzüge diene.‹«[81] Der spätere DGB-Vorsitzende Ludwig Rosenberg, damals noch Vorstandsmitglied des DGB, unterstützte die Frauen und sagte auf der Frauenkonferenz: »Alle Erklärungen dieses Unrechts sind nichts weiter als der Versuch einer Begründung für eine Gleichberechtigung mit Notausgang.«[82] Elisabeth Ostermeier kritisierte in Bielefeld aber auch die große Überstundenbereitschaft der weiblichen Beschäftigten, weil diese es sehr schwer mache, eine 40-Stunden-Woche glaubwürdig zu fordern. Ende der 1950er-Jahre wurde der Prämienlohn bei den Unternehmern populär, weil es kaum noch Potential gab, um die Produktivität zu steigern. Statt nun in neue Fabriken und mehr Arbeitskräfte zu investieren, gingen die Unternehmen dazu über, mit dem Leistungslohn die Arbeitskraft stärker auszuschöpfen. Für den Prämienlohn gab es kaum tarifvertragliche Regelungen, die NGG versuchte, stattdessen mit Arbeitszeitverkürzungen entgegenzuwirken.

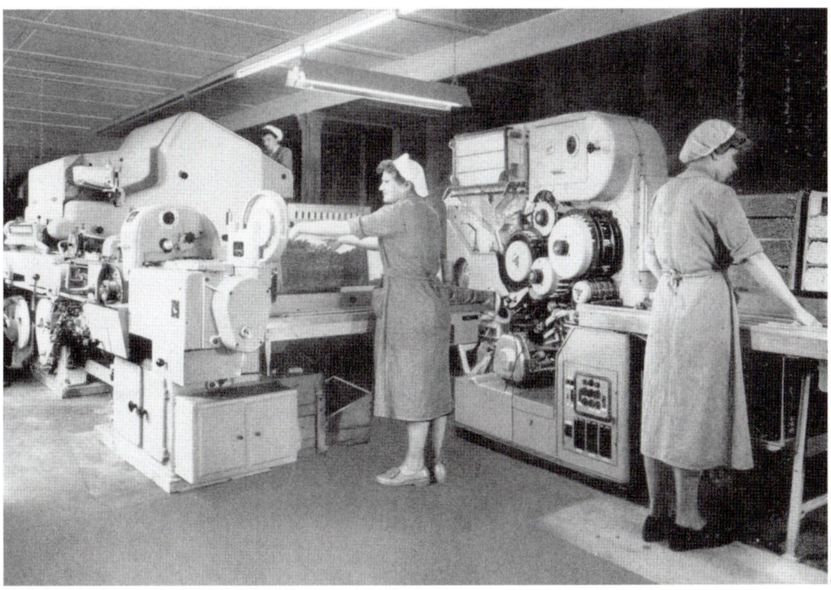

© NGG/DGB

linke Seite:
Elisabeth Ostermeier besichtigt die Hauptverwaltung der Gewerkschaft Nahrung-Genuß-Gaststätten, undatiert.

diese Seite:
Zigaretten-Filter-Zusammensetzmaschine der Austria Tabakwaren München, um 1955.

NGG-Funktionäre 1954–1958		
GHV	1. Vorsitzender	**Hans Nätscher**
	2. Vorsitzender	**Emil Petersen**
	Hauptkassierer	**Herbert Stadelmaier**
	Redakteur	**Willy Sprenger**
	Sekretär	**Gustav Fink**
	Sekretärin	**Elisabeth Ostermeier**
Länder	Hamburg-Schleswig-Holstein	**Karl Förster**
	Niedersachsen-Bremen	**Rudi Krautter**
	NRW	**Josef Dozler**
	Bayern	**Heinz Ulbrich**
	Hessen, Rheinland-Pfalz	**Karl Langenbach**
	Baden-Württemberg	**Albert Remppel**
	Berlin	**Robert Rohde**

© NGG/Friedrich W.

© NGG

oben:
Günter Döding
(1. Reihe, 2. von links) beim
NGG-Jugendleiterlehrgang
in Hustedt, 1957.

unten:
Grundsteinlegung des neuen Bürohauses
für die Hauptverwaltung der Gewerkschaft
Nahrung-Genuß-Gaststätten in Hamburg,
22. Mai 1956. Vorn links Hans Nätscher.

rechte Seite:
Hauptverwaltung der GEG,
später »Co op«, in Hamburg
am Besenbinderhof 52, 1969.

Neuanfang bei der Gemeinwirtschaft

In der Weimarer Republik waren die Gewerkschaften stark im Wohnungsbau engagiert. Die dafür gegründeten Genossenschaften und die Dewog wurden ab 1939 von der DAF in »Neue Heimat«-Gesellschaften überführt, die in den einzelnen Gauen organisiert waren. Gesellschafter war die Vermögensgesellschaft der DAF.

Diese Gesellschaften wurden aufgrund der nach dem Krieg erlassenen Rückerstattungsgesetze 1952 an den DGB zurückübertragen. Dabei wurde die Struktur der »Neuen Heimat« übernommen und die bis 1939 bestehenden Genossenschaften nicht revitalisiert. Auch die NGG investierte in die »Neue Heimat«, anfänglich mit einem Darlehen, später als Mitgesellschafter.[83] Angesichts der Wohnungsnot in der jungen Bundesrepublik war es für die NGG selbstverständlich, die Bereitstellung von günstigem Wohnraum zu unterstützen.

Die Bank für Gemeinwirtschaft bestand seit 1950 wieder als Eigentum der Gewerkschaften und der Konsumgenossenschaften. Sie war aus der von der DAF ebenfalls enteigneten Bank der Arbeiter, Angestellten und Beamten hervorgegangen, die ab 1933 Bank für deutsche Arbeit hieß. Auch sie beteiligte sich an der Finanzierung der »Neuen Heimat«.

Die NGG strengte selbst verschiedene Rückerstattungsverfahren für das Vermögen ihrer Vorläufergewerkschaften an. Diese Verfahren dauerten mitunter bis in die 1960er-Jahre. Eduard Backert, der frühere Vorsitzende des VNG, hatte dazu aus dem in der SBZ/DDR liegenden Zepernick bei Berlin über verschlungene Wege Unterlagen und Informationen in den Westen geschickt, um die Ansprüche zu belegen. 1949 erhielt die NGG so auch die Gesellschaftsbrauerei Augsburg zurück, zu der 18 eigene Gaststätten gehörten.

Neuanfang der Konsumgenossenschaften

Mit der Großeinkaufsgesellschaft Deutscher Konsumgenossenschaften (GEG) konnte die NGG Ende 1950 ein Abkommen schließen, das die GEG verpflichtete, auf die Tarifverträge einen Aufschlag von acht Prozent zu zahlen. Die GEG litt besonders unter der deutschen Teilung, weil einige der größten Betriebe nun in der DDR lagen. Deshalb erwirtschaftete die GEG auch geringere Gewinne.

Die Konsumgenossenschaften mussten erst einmal neu gegründet und Mitglieder gewonnen werden. Dies gestaltete sich schwierig, weil auch viele Verteilerstellen privatisiert worden waren. Sie nahmen deshalb Abstand davon, nur an Mitglieder zu verkaufen, und vergrößerten damit ihren Absatzmarkt. Jedoch wurde ihnen die Rückvergütung an Mitglieder und die Annahme von Spareinlagen bald verboten – entscheidende Bestandteile der Grundidee der Einkaufsgemeinschaft. Beides war in der DDR erlaubt. Dort waren die Konsumgenossenschaften bereits 1945 von der sowjetischen Besatzungsmacht zugelassen worden und konnten das Vermögen der DAF-Versorgungsringe übernehmen. Die Konsumgenossenschaften sollten vor allem die Bevölkerung auf dem Lande versorgen.

Beim DGB gab es Überlegungen, ähnlich dem Feriendienst des FDGB, Reisen für die Mitglieder anzubieten, man sah sich jedoch außerstande, diese selbst zu organisieren, und schloss deshalb einen Kooperationsvertrag mit einer Arbeitsgemeinschaft der größten Reisebüros, die dann Arbeitsgemeinschaft der Gesellschaftsreisen hieß. Sie bot ab 1950 Ferienfahrten für Gewerkschafter an. In einem Artikel im Zentralorgan der NGG hieß es dazu: »Wenn von verschiedenen Seiten dieses Vorhaben des DGB mit den KdF-Fahrten in der Nazizeit verglichen wird, so kann hierfür nur Unkenntnis oder Böswilligkeit die Ursache sein.«[84] Daneben betrieben die Gewerkschaften auch noch Erholungsheime, wie sie auch schon in der Weimarer Republik bestanden hatten.

Die »Neue Heimat« als Konzern

Ab 1954 fasste der DGB seine Wohnungsbauaktivitäten unter dem Dach der »Neuen Heimat« zusammen. Mit dieser Zentralisierung entstand ein gemeinwirtschaftlicher Konzern, der sich selbst finanzieren und günstige Mietwohnungen bauen sollte. Diese Bautätigkeit war auch dringend nötig, denn es bestand Wohnungsnot. Es entstanden zahlreiche Siedlungsbauten etwa in München-Bogenhausen und der Neuen Vahr in Bremen.

1958 beschloss der NGG-Hauptvorstand, sich nach Prüfung der wirtschaftlichen Situation an der »Neuen Heimat« zu beteiligen. Doch regte sich bald darauf schon die erste Kritik an den gemeinwirtschaftlichen Unternehmen und 1959 machte »Der Spiegel« die »Neue Heimat« zu seiner Titelstory »Die Bauland-Fresser«: »So entstand ein gewerkschaftlicher Großkonzern mit über 1300 Angestellten, dessen Verschachtelung dieselben Grundzüge aufweist wie etwa der Mannesmann-Konzern, den die Gewerkschaften wegen seiner perfekten Konstruktion scharf angegriffen haben. Der Gewerkschaftskonzern hat gegenüber Mannesmann und anderen privatwirtschaftlichen Mammutgesellschaften den Vorteil, keine Körperschaft-, Gewerbe- und Vermögensteuer zahlen zu müssen. Auch für ihren Grund- und Hausbesitz genießt die ›Neue Heimat‹ Steuerprivilegien: die obligate Grunderwerbsteuer wird auf ein Minimum reduziert und die Grundsteuer ermäßigt; denn alles, was Plett [Heinrich Plett (1908–1963), der Vorstandsvorsitzende der »Neuen Heimat«] unter dem Dach seiner Holdinggesellschaft zusammenfügte, gilt als gemeinnützig, und gemeinnützige Unternehmen brauchen nur Umsatzsteuer zu zahlen.«[85]

Das Konzept der Gemeinwirtschaft wurde damals nicht infrage gestellt, sondern lediglich die Ausdehnung der Bauaktivitäten der »Neuen Heimat« durch die Übernahme anderer Baugesellschaften. 1958 berichtete NGG-Hauptkassierer Herbert Stadelmaier von finanziellen Problemen bei der Gesellschaftsbrauerei Augsburg, wo die NGG 10 000 DM nachfinanzieren musste. Zusammen mit den bereits vergebenen Zuschüssen belief sich das Darlehen für die Gesellschaftsbrauerei damit auf über 60 000 DM.[86]

Die GEG, die Großeinkaufsgesellschaft der Konsumvereine, hatte unter der deutschen Teilung und der vorausgegangenen Währungsreform besonders zu leiden: Sie verlor die größten Konsumgenossenschaften in Dresden, Berlin und Leipzig als Abnehmer für ihre Produkte und außerdem verschiedene Werke wie die Konservenfabrik in Stendal.[87] Die Rendite sank, die Produktionskosten erhöhten sich.

oben:
Karte mit 32 GEG-Betrieben in der Bundesrepublik Deutschland, um 1955.

unten:
Luftaufnahme der Hufeisensiedlung in Berlin-Neukölln (Britz) der GEHAG GmbH, die von 1925 bis 1931 unter Mitarbeit von Martin Wagner erbaut wurde, 1931.

Die Mangel-Gewerkschaft

Im April 1958 schloss sich in der DDR die IG Nahrung, Genuß, Gaststätten mit der Gewerkschaft Handel zur IG Handel, Nahrung und Genuß (HNG) zusammen. Dabei kamen nun die Beschäftigten aus Branchen zusammen, die sowohl besonders von der Mangelwirtschaft betroffen waren als auch im Durchschnitt niedrige Löhne hatten.

Bei beiden Gewerkschaften waren Frauen die Vorsitzenden: bei der IG Handel Margarete Götzelt (1909–1984) und bei der IG Nahrung Genuß Gaststätten Charlotte Welm (geboren 1923). In der »Argumentation zur Bildung der Gewerkschaft Handel, Nahrung und Genuss« hieß es: »Durch die Vereinigung beider Gewerkschaften und den Zusammenschluss mit den jetzt in der Industriegewerkschaft Örtliche Wirtschaft organisierten Lebensmittelarbeitern zur neuen Gewerkschaft Handel, Nahrung und Genuss wird eine starke und kampfkräftige Gewerkschaftsorganisation geschaffen, die in sich mehr als 730000 Mitglieder vereinigt. […] Kolleginnen und Kollegen! Wir rufen euch auf, die Vereinigung unserer Organisationen mit dem Ziel durchzuführen – in der Verwirklichung des Aktionsprogramms der Sozialistischen Einheitspartei Deutschlands – zum V. Parteitag neue große Erfolge für unsere gemeinsame sozialistische Sache zu erreichen.«[88]

Charlotte Welm übernahm den Posten der ersten Vorsitzenden der HNG, Margarete Götzelt wurde zweite Vorsitzende. Charlotte Welms Biographie wurde nach ihrer Wahl von der Kader-(Personal)Abteilung des Bundesvorstands des FDGB überprüft.[89] Ihre Heirat mit Heinz Welm hatte Zweifel an ihrer korrekten politischen Einstellung erzeugt, weil ihre Schwiegereltern in der Bundesrepublik lebten. Die Kaderabteilung und die Verantwortlichen des ZK der SED drängten darauf, dass Charlotte Welm nicht länger Vorsitzende sein sollte und statt ihrer Roman Chwalek (1898–1974), bis 1954 Eisenbahnminister der DDR, diese Funktion übernehmen sollte. Dies geschah jedoch nicht, da zwischenzeitlich auch Roman Chwalek in Ungnade gefallen war und nun beim Verband deutscher Konsumgenossenschaften, dem Dachverband der Konsumgenossenschaften in der DDR, Unterschlupf gefunden hatte.

Ende der 1950er-Jahre verbesserte sich die wirtschaftliche Situation in der DDR. Damit konnten, 13 Jahre nach Kriegsende, am 28. Mai 1958 die Lebensmittelmarken in der DDR abgeschafft werden. Weil damit aber zugleich die Rationierung wegfiel, stiegen die Preise.

HNG und NGG

Ein eigenes Kapitel der gewerkschaftlich-politischen Arbeit ist der über viele Jahre andauernde Versuch der HNG im FDGB, Einfluss auf die NGG-West zu nehmen. In den Protokollen der NGG und einigen Artikeln in der »Einigkeit« berichtete man über die anhaltenden Anläufe des FDGB, einen direkten Kontakt mit der NGG herzustellen. Die NGG wehrte sich heftig dagegen, da man eine pure politische Agitation befürchtete. In der DDR reagierte man beleidigt. Die HNG in Ost-Berlin versuchte vor dem Mauerbau, »Patenbetriebe« in West-Berlin zu besuchen. Diese Besuche standen unter dem Motto »Aktionen für den Frieden«. Bis 1961 wurden regelrechte Einsatzpläne entworfen. In einer Stellungnahme der HNG Groß-Berlin kritisierte diese das von einem »Alfred Rosenberg« auf dem 5. DGB-Kongress vorgetragene Wirtschaftsprogramm. Ludwig Rosenberg, ab 1962 DGB-Vorsitzender, der als Sozialdemokrat und aus einer jüdischen Familie stammend nach England vor den Nationalsozialisten geflohen war, mit dem NS-Ideologen Alfred Rosenberg zu verwechseln, war dem Anliegen der Zusammenarbeit jedoch sicher nicht förderlich.

Besonders problematisch war – wie immer – die Lage in Berlin. Der dortige DGB-Landesbezirksvorsitzende Ernst Scharnowski erwirkte im DGB einen Unvereinbarkeitsbeschluss gegen die gleichzeitige Mitgliedschaft von SED- und FDGB-Mitgliedern in einer DGB-Gewerkschaft in West-Berlin.

linke Seite:
Auszeichnung von Aktivisten in Donaths »Neue Welt« in Dresden-Tolkewitz, um 1955.

diese Seite:
Plakat zur Zentralen Delegiertenkonferenz der HNG, 1959.

© Staatsarchiv Hamburg

»Keine Experimente. Keine Atomrüstung«

Die NGG unterstützte die Proteste gegen eine Wiederbewaffnung der Bundesrepublik und die Stationierung von Atomwaffen. Sie beteiligte sich an Demonstrationen und Warnstreiks. An der DGB-Kampagne zur Arbeitszeitverkürzung hatte die NGG großen Anteil und konnte für die Zigarettenindustrie vor allen anderen Branchen die 40-Stunden-Woche tariflich festschreiben.

Der Bundestag beschloss 1955, eine eigene Armee, die Bundeswehr, aufzubauen. 1957 gewann die CDU erneut die Bundestagswahlen und Konrad Adenauer blieb Bundeskanzler. Unter dem Slogan »Keine Experimente« hatte die CDU einen großen Wahlerfolg errungen. Kurz danach wurden Pläne bekannt, die US-Truppen in Europa mit Trägersystemen für atomare Waffen auszustatten. Die NGG stellte sich gegen eine Wiederaufrüstung und warnte vor allem vor den Atomwaffen. Auf dem 3. Gewerkschaftstag der NGG in Frankfurt am Main 1958 forderten die Delegierten, dass die Gewerkschaft weiterhin die Initiative »Kampf dem Atomtod« unterstütze, die 1957 nach der Göttinger Erklärung entstanden war. Bundeskanzler Konrad Adenauer hatte versucht, die Bevölkerung von den Atomwaffen zu überzeugen, indem er sie als »Weiterentwicklung der Artillerie« bezeichnete.[90] Viele Ortsausschüsse der Kampagne »Kampf dem Atomtod« bestanden aus Sozialdemokraten und Gewerkschaftern. Am 1. Mai 1958 versammelten sich in Hamburg 150000 Menschen zu einem Protest gegen den Bundestagsbeschluss, die Bundeswehr mit Atomwaffen auszurüsten. Unter dem Slogan »Keine Experimente. Keine Atomrüstung.« demonstrierten sie friedlich, zudem kam es auch zu Warnstreiks. Die CDU argumentierte gegen die Kampagne nicht inhaltlich, sondern diskreditierte die Akteure als »kommunistisch« gesteuert. Die Proteste wurden sukzessive weniger.

Die Delegierten des NGG-Gewerkschaftstages stimmten auch für eine Volksbefragung und die Schaffung einer atomwaffenfreien Zone in Europa. Außerdem beschlossen sie, dass die NGG auch nicht anerkannten Kriegsdienstverweigerern Rechtsschutz gewährte. Dafür wurde sogar die Satzung geändert.

Bei den gemeinwirtschaftlichen Unternehmungen gab es 1960 einige Veränderungen: So erhöhte die NGG ihre Beteiligung an der Bank für Gemeinwirtschaft auf ein Aktienkapital von 1,8 Millionen DM.[91]

NGG-Funktionäre 1958–1962		
GHV	1. Vorsitzender	**Hans Nätscher**
	2. Vorsitzender	**Alfred Schattanik**
	Hauptkassierer	**Herbert Stadelmaier**
	Redakteur	**Willy Sprenger**
	Sekretär	**Gustav Fink**
	Sekretärin	**Elisabeth Ostermeier**
Länder	Hamburg-Schleswig-Holstein	**Karl Förster**
	Niedersachsen-Bremen	**Rudi Krautter**
	NRW	**Artur Teubler**
	Bayern	**Heinz Ulbrich**
	Hessen, Rheinland-Pfalz, Saar	**Karl Langenbach**
	Baden-Württemberg	**Albert Remppel**
	Berlin	**Rudi Scharfe**

Verkauft wurde dagegen noch im gleichen Jahr die Gesellschaftsbrauerei Augsburg an die Löwenbrauerei AG. Herbert Stadelmaier erläuterte den Verkauf vor dem Hauptvorstand der NGG und teilte mit, dass die NGG dafür 2,25 Millionen DM erhalten habe. Vorrangig bei den Verhandlungen mit Löwenbräu waren die sozialen Gesichtspunkte, so dass alle Arbeitnehmer übernommen werden konnten. Auch die Tarifvereinbarungen, die unter anderem eine 42-Stunden-Woche vorsahen, blieben erhalten.[92]

Politische Diskussionen in der NGG

Die DGB-Gewerkschaften protestierten 1961 gegen den Mauerbau. Daran eskalierten auch Konflikte innerhalb der NGG. Der Geschäftsführer der Ortsverwaltung Mannheim, August Locherer (1902–1998), Mitglied der KPD, lieferte sich auf dem 4. Ordentlichen Gewerkschaftstag der NGG in Essen im September 1962 mit Hans Nätscher, der nach drei Amtsperioden nicht mehr zur Wiederwahl antrat, und dem späteren DGB-Kreisvorsitzenden in Hamburg, Hans Saalfeld, hitzige Redegefechte über die Haltung der NGG gegenüber der DDR und dem Bau der Mauer. Zum Antrag der Ortsverwaltung Hamburg, sich für die sofortige Aussetzung des Schießbefehls an der innerdeutschen Grenze einzusetzen, sagte Locherer:

»Und wenn wir in dieser Frage die Bilanz ziehen, wenn wir [...] nach mindestens 14 Jahren dieser Angst, dieser Furcht, dieser Nervosität, in der wir seit dieser Zeit leben, wo jeder Angst haben muss, dass es morgen oder übermorgen – oder man weiß den Zeitpunkt überhaupt nicht – wieder losgeht; wenn wir uns dann überlegen [...], was wir in dieser Frage getan haben, um [...] auch nur diese Gefahr zu verringern, dann [...] ist es [...] genauso herzlich wenig, wie es uns gelungen ist, die Stärke der Arbeitnehmer in der Bundesrepublik zu erhöhen und den Gewerkschaften den Rückhalt, d.h. die Kraft zu geben, die ihnen eigentlich zusteht. [...] Wir werden weder die Wiedervereinigung, noch werden wir die Erhaltung des Friedens schaffen, wenn wir weiterfahren in der Schwarz-Weiß-Malerei der Gegensätze zwischen Ost und West [...] und den Weg, vor dem ich seit zwölf Jahren warne, nämlich den Weg des Nichtsprechenwollens, den Weg des Auseinanderlebens, den Weg des Diffamierens weiter beschreiten, werden wir in zwölf Jahren, wenn es noch möglich ist, genau an der selben Stelle stehen (Unruhe, Zwischenrufe wie ›Die Mauer muss weg!‹ – Glocke des Präsidenten) [...] hätte man dafür gesorgt, dass die Mauer nicht kommt, dann wäre es zweckmäßiger gewesen (Unruhe, Lachen) als wie jetzt zu sagen ›Sie muss weg!‹ (Zwischenrufe) – und ihr habt Recht, wenn ihr sagt, sie muss weg. (Zwischenrufe, Unruhe). Aber was haben wir getan, dass sie nicht kommt? [...] Wir haben nichts getan, dass sie nicht kommt [...]«[93]

linke Seite:
Der Arbeitsausschuss »Kampf dem Atomtod« unter der Schirmherrschaft des Hamburger Bürgermeisters Max Brauer hatte zum Generalstreik gegen die atomare Aufrüstung der Bundeswehr aufgerufen, Hamburg, 17. April 1958.

© NGG

Alfred Schattanik

1901 im oberschlesischen Gleiwitz (heute Gliwice, Polen) als Sohn einer Arbeiterfamilie geboren, arbeitete er als gelernter Dreher, Elektriker und Elektrokaufmann. 1919 engagierte er sich zunächst im Deutschen Metallarbeiter-Verband und wurde 1921 in Gleiwitz dessen 2. Bevollmächtigter. Nach dem Besuch der Heimvolkshochschule Tinz bei Gera wurde er Geschäftsführer des sozialdemokratischen »Einheitsverbands sozialistischer Handels- und Gewerbetreibender und sonstiger freier Berufe« in Leipzig. Nach dem Krieg beteiligte sich Schattanik am Aufbau der Gewerkschaften in Leipzig, geriet aber 1949 als Sozialdemokrat in Konflikt mit der SED und ging in den Westen. 1950 begann er seine Tätigkeit als Sachbearbeiter für Getreidewirtschaft in der NGG-Hauptverwaltung. 1958 wurde er zum 2. Vorsitzenden gewählt und 1962 Nachfolger des aus Altersgründen ausscheidenden Hans Nätscher im Amt des 1. Vorsitzenden. Er war Vorstandsmitglied der IUL und schied 1966 aus Altersgründen aus. Alfred Schattanik starb 1988 in Hamburg.

Auf diesem Kongress wurde der bisherige zweite Vorsitzende Alfred Schattanik zum Nachfolger Nätschers gewählt, viele waren aber der Überzeugung, dass Locherer, der vor 1993 als ehrenamtliches Mitglied dem VNG-Hauptvorstand angehörte, NGG-Vorsitzender geworden wäre, hätte er sich von der KPD losgesagt.

Arbeitszeit und Ortsklassen

Im Tarifrecht gelangen der NGG ab den 1950er-Jahren einige Erfolge. Mit der Zigarettenindustrie wurde bereits 1952 im Manteltarifvertrag eine Wochenarbeitszeit von 42,5 Stunden vereinbart – vier Jahre, bevor der DGB 1956 seine große Kampagne mit dem bekannten Plakat »Samstags gehört Vati mir« zur Arbeitszeitverkürzung initiierte. 1957 gelang der NGG ein tarifpolitisches Novum, als für Schichtarbeiter in der Zigarettenindustrie die 40-Stunden-Woche eingeführt werden konnte. Ab 1959 galt diese Regelung für alle Arbeiter in der Zigarettenindustrie. Die NGG konnte damit als erste Gewerkschaft die Wochenarbeitszeit von 40 Stunden durchsetzen.

Neben den zu reformierenden Ortsklassen wurden auch die Lohngruppen diskutiert. Dass man diese ändern müsste, war dringend nötig geworden, da im Laufe der Zeit viele Produktionsschritte mechanisiert worden waren. Die NGG analysierte die Arbeitsplätze nach ihren Erfordernissen und Belastungen. Diese Analysen konnten ab 1963 langsam in die Tarifverhandlungen eingebracht werden.

Außerdem gelang es der NGG, erste Rationalisierungsschutzabkommen abzuschließen und tariflich zu regeln, dass Arbeiter bei Rationalisierungen im Betrieb eine bestimmte Zeit lang vor Verdienstausfall geschützt blieben, wenn sie – wie beispielweise in der Brauwirtschaft – über 40 Jahre alt und mindestens fünf Jahre im Betrieb waren. 1970 schloss die NGG ein solches Abkommen mit dem Deutschen Brauerbund. Es galt für 85 000 Arbeitnehmer im Braugewerbe.[94] In der Presserklärung der NGG hieß es: »Mit diesem Abkommen bekennen sich die Tarifpartner in der Brauwirtschaft zur sozialen Verantwortung gegenüber den Beschäftigten. Dem technischen Fortschritt soll kein Hindernis in den Weg gelegt werden. Aus der Rationalisierung, auch im Zuge von Fusionen und Übernahmen – aber sollen den Arbeitnehmern keine materiellen Nachteile entstehen.«[95] Bereits 1969 konnte für die Margarine-Industrie ein neuer Manteltarifvertrag abgeschlossen werden, der ebenfalls einen Rationalisierungsschutz vorsah.[96]

August Locherer

1902 in Mannheim geboren, arbeitete August Locherer von 1920 bis 1933 als Müller. Außerdem war er 1926 Betriebsratsvorsitzender bei den Rheinmühlenwerken und Beisitzer im Hauptvorstand des Verbandes der Nahrungsmittel- und Getränkearbeiter. 1933 wurde er aus politischen Gründen entlassen und 1934 zum ersten Mal inhaftiert.

Als Mitglied der illegalen Sozialistischen Arbeiterpartei Deutschlands engagierte sich Locherer im Widerstand. Er wurde erneut verhaftet und 1939 wegen »Vorbereitung zum Hochverrat« zu zwei Jahren Zuchthaus verurteilt. Danach arbeitete er wieder als Müller, wurde aber 1943 zur Wehrmacht eingezogen. Er geriet in jugoslawische Kriegsgefangenschaft und schloss sich nach seiner Rückkehr nach Mannheim im Oktober 1946 der KPD an.

Von 1959 bis zum Ruhestand 1967 war August Locherer Geschäftsführer der NGG in Mannheim. Bei Tarifverhandlungen konnte Locherer überdurchschnittliche Löhne in den Mannheimer Mühlen durchsetzen. Von 1947 bis 1977 saß er im Mannheimer Gemeinderat. Die »Einigkeit« gratulierte August Locherer 1962 mit den Worten »Auf Tagungen ist Kollege August Locherer oftmals das Salz in der Suppe, die Diskussion belebend und befruchtend« zum 60. Geburtstag.

Nachdem die KPD 1956 verboten worden war, kandidierte Locherer auf den Listen der Deutschen Friedensunion, der Demokratischen Linken und später der DKP. August Locherer verstarb 1998 in Mannheim.

NGG-Funktionäre 1962–1966		
GHV	1. Vorsitzender	**Alfred Schattanik**
	2. Vorsitzender	**Herbert Stadelmaier**
	Hauptkassierer	**Otto Hackmack**
	Redakteur	**Willy Sprenger**
	Sekretär	**Gustav Fink**
	Sekretärin	**Elisabeth Ostermeier**
Länder	Hamburg-Schleswig-Holstein	**Karl Förster**
	Niedersachsen-Bremen	**Rudi Krautter**
	NRW	**Artur Teubler**
	Bayern	**Heinz Ulbrich**
	Hessen, Rheinland-Pfalz, Saar	**Karl Langenbach**
	Baden-Württemberg	**Albert Remppel**
	Berlin	**Rudi Scharfe**

Chronik von 1945 bis 1967

Juni 1945 Gründung des Verbandes der Nahrungs- und Genußmittelarbeiter in der Sowjetischen Besatzungszone (SBZ) in Berlin. Die ersten gewerkschaftlichen Aktionen dienten der besseren Versorgung der vom Krieg gezeichneten Menschen. Zugleich übernahmen die Betriebsräte und die Gewerkschaften die »Entnazifizierung« der Mitarbeiter in den Betrieben.

6. August 1945 Zulassung von Gewerkschaften in der Britischen Besatzungszone.

Februar 1946 Gründung des Freien Deutschen Gewerkschaftsbundes (FDGB) in der Sowjetischen Besatzungszone.

16. Juni 1946 Gründung der IG Nahrung und Genuß (SBZ). Der erste Vorsitzende des Zentralvorstandes wurde Rudolf Richter, er amtierte bis 1949.

28. Juli 1946 Erster Verbandstag der NGG Nordrheinprovinz Düsseldorf, da überregionale Zusammenschlüsse aus den verschiedenen Besatzungszonen nur teilweise erlaubt waren. Die westfälischen Bezirke stimmten für die Vereinigung mit der Nordrheinprovinz, die im November 1946 schließlich vollzogen wurde. Etwa zeitgleich erfolgte im Norden die Vereinigung der Verbände von Hamburg und Schleswig-Holstein.

2. Dezember 1946 Beschluss Großbritanniens und der USA zur Schaffung der Bizone in Deutschland.

April/Mai 1947 Streiks und Demonstrationen im Ruhrgebiet wegen schlechter Ernährungslage.

30. Juli 1947 Gründungsverbandstag der Industriegewerkschaft Nahrung-Genuß-Gaststätten in der Britischen Zone, zu ihr gehörten neben dem Berufsverband der Hotel-, Restaurant- und Caféangestellten der Industrieverband für die gesamte Tabakindustrie und die Verbände aus Nordrhein-Westfalen, Niedersachsen, Bremen, Hamburg und Schleswig-Holstein. Sitz des neuen Verbandes war Hamburg, der erste Vorsitzende wurde Gustav Pufal. Ende 1947 hatte die Gewerkschaft ca. 120 000 Mitglieder.

20. Juni 1948 Währungsreform in den westlichen Besatzungszonen mit Einführung der D-Mark.

23. Juni 1948 Währungsreform in der SBZ.

24. Juni 1948 Beginn der Berlin-Blockade.

1949 Ernst Schilling wurde Vorsitzender der IG Nahrung und Genuß der DDR.

1949 Einführung von Lohnausgleichskassen in der Zigarrenindustrie für über 55-jährige Arbeiter.

12. Mai 1949 Ende der Berlin-Blockade.

23. Mai 1949 Verabschiedung des Grundgesetzes der Bundesrepublik Deutschland in Bonn.

24. Mai 1949 Verschmelzungsverbandstag der einzelnen (west-)zonalen Landesgewerkschaften der Nahrungs- und Genussmittelindustrie in München zur Einheitsgewerkschaft Nahrung-Genuss-Gaststätten für die drei westlichen Besatzungszonen. Gustav Pufal wurde erster NGG-Vorsitzender und amtierte bis zu seinem Tod im Juni 1950.

14. August 1949 Konrad Adenauer von der CDU/CSU wurde bei der ersten Bundestagswahl zum Bundeskanzler gewählt und blieb bis 1963 im Amt.

7. Oktober 1949 Gründung der Deutschen Demokratischen Republik (DDR).

12. bis 14. Oktober 1949 Gründungskongress des Deutschen Gewerkschaftsbundes in München. Die NGG war eine von 16 Gewerkschaften, die sich in diesem Dachverband organisierte.

17. Juni 1950 Ferdinand Warnecke folgte Gustav Pufal als Vorsitzender der NGG in der BRD, er wurde beim ersten ordentlichen Gewerkschaftstag im Mai 1951 abgewählt.

25. Juli 1950 Walter Ulbricht wurde Generalsekretär des Zentralkomitees (ZK) der Sozialistischen Einheitspartei Deutschlands (SED). Er blieb bis 1971 erster Sekretär des ZK der SED, wie das Amt seit 1953 hieß.

2. August 1950 1. Zentral-Delegiertenkonferenz der IG Handel als Gründungskonferenz und Umbenennung in Gewerkschaft Handel.

11. Januar 1951 Umbenennung der IG Nahrung und Genuß in IG Nahrung, Genuß, Gaststätten auf der Zentraldelegiertenkonferenz in Meißen.

28. Mai 1951 Hans Nätscher wurde auf dem ersten ordentlichen Gewerkschaftstag zum Vorsitzenden der NGG gewählt und amtierte bis 1962.

14. November 1952 Inkrafttreten des Betriebsverfassungsgesetzes gegen den Widerstand des DGB, da das Gesetz die Mitbestimmung der Betriebsräte eingrenzte und sie von den Gewerkschaften unabhängig machte.

1953 Willi Klevesath wurde Vorsitzender der IG Nahrung, Genuß, Gaststätten in der DDR bis 1954.

Dezember 1954 Charlotte Mayhöfer (verh. Welm) wurde Vorsitzende der IG Nahrung, Genuß, Gaststätten der DDR. Nach der Neugründung als Gewerkschaft Handel, Nahrung und Genuß 1958 war sie Vorsitzende der neuen Organisation. Ihre Amtszeit dauerte bis 1984 mit zweijähriger Unterbrechung 1965 bis 1967.

1955/1956 Überführung der Deutschen Handelszentrale Kulturwaren und Bürobedarf (IG Bau/Holz) und des Gaststätten- und Hotelgewerbes (IG Nahrung-Genuß-Gaststätten) in die Gewerkschaft Handel.

1957 In der Bundesrepublik wurde regelmäßig 48 Stunden pro Woche gearbeitet. 1957 erreichte die NGG, dass für Zigarettenarbeiter im Schichtbetrieb die 40-Stunden-Woche eingeführt wurde.

1958 Während der Tarifverhandlungen der NGG mit den Bäckereien wurde ein »Tarifarbeitskreis« im Hauptvorstand eingerichtet. Umbenennung 1970 in »Tarifpolitischer Ausschuss«.

1958 Gründung der IG Handel, Nahrung, Genuss (HNG) in der DDR auf Beschluss des ZK der SED und des Bundesvorstands des FDGB. Die HNG war ein Zusammenschluss der Gewerkschaft Handel mit der IG Nahrung-Genuss-Gaststätten und der IG Örtliche Wirtschaft. Charlotte Welm wurde am 24. April 1958 Vorsitzende der neuen Gewerkschaft.

30. Oktober 1958 Die Aufhebung des noch aus der NS-Zeit stammenden Maschinenverbots in der Zigarrenproduktion führte zum Stellenabbau. Die Zigarette verdrängte die Zigarre.

1960 Reform der Lohnklassen. Die NGG versuchte, die Bezahlung nach Akkord einzugrenzen. Ansonsten stiegen die Löhne in der Nahrungs- und Genussmittelindustrie an.

13. August 1961 Bau der Berliner Mauer.

10. September 1962 Alfred Schattanik, seit 1962 2. Vorsitzender, wurde auf dem Essener Gewerkschaftstag zum neuen 1. Vorsitzenden der NGG gewählt.

15. Oktober 1963 Nachdem Konrad Adenauer 14 Jahre Bundeskanzler gewesen war, wurde Ludwig Erhard sein Nachfolger.

Juni 1965 Heinz Hertel wurde Vorsitzender der Gewerkschaft HNG bis 1967.

11. September 1966 Herbert Stadelmaier wird Vorsitzender der NGG auf dem Gewerkschaftstag in Bremen. Er wurde zweimal wiedergewählt und amtierte bis 1978.

1. Dezember 1966 Nach dem Rücktritt Ludwig Erhards wurde Kurt Georg Kiesinger Bundeskanzler.

August 1967 Charlotte Welm wurde erneut Vorsitzende der HNG.

rechte Seite:
Delegation der NGG bei der HNG in Ost-Berlin, September 1977.

© Archiv der sozialen Demokratie der Friedrich-Ebert-Stiftung

Ostpolitik in der Tabuzone

Mit Willy Brandts Wahl zum Bundeskanzler kam es nicht nur auf der höheren politischen Ebene zu Annäherungsversuchen zwischen Ost und West, sondern auch zwischen dem FDGB und den DGB-Gewerkschaften waren nun Kontakte und auch gegenseitige Besuche möglich.

In der DDR waren Eingaben fast die einzige Möglichkeit für die Bürger, Zustände zu kritisieren und dabei davon ausgehen zu können, dass sich um die Beschwerden auch meistens gekümmert wurde. Dem FDGB kam dabei bereits seit 1951 eine zentrale Bedeutung zu, denn die Eingaben seiner Mitglieder musste er beantworten. Die IG Handel Nahrung Genuß (HNG) erhielt zahlreiche Eingaben über fehlende Lebensmittel und andere Versorgungsengpässe. Außerdem beschwerten sich Gewerkschafter, dass sie aufgrund der mangelhaften Versorgung überhaupt nicht den Plan erfüllen konnten, was vor allem im Einzelhandel ein dauerhaftes Problem war. In Konfliktkommissionen sollten arbeitsrechtliche Streitfälle geschlichtet werden. Die HNG führte aber auch Prozesse für ihre Mitglieder gegen deren Betriebe vor den Kammern für Arbeitsrechtssachen.[97] Dies war im Gesetzbuch der Arbeit (ab 1961) beziehungsweise dem Arbeitsgesetz (ab 1977) geregelt. Dabei ging es beispielsweise um die Zahlung von Prämien und auch Arbeitszeiten, die gerichtlich geprüft wurden. Die Konsumgenossenschaften erhielten in der DDR ab 1963 mehr Spielräume, ab 1965 übernahm der Verband deutscher Konsumgenossenschaften die »Konsument«-Kaufhäuser, betrieb sogar einen Versandhandel und organisierte seine Produktionsbetriebe in Kombinaten neu.[98]

Als 1969 Willy Brandt Bundeskanzler der Bundesrepublik Deutschland wurde, prägte die sozial-liberale Koalition seiner Regierung den Begriff der »Ostpolitik«. Der DGB hatte bereits seit 1964 das Kontaktverbot zum FDGB etwas gelockert. Die »Ostarbeit« beim DGB war personell nur dünn besetzt, zudem arbeitete einer der beiden Mitarbeiter auch für das Ministerium für Staatssicherheit der DDR.

Im FDGB-Bundesvorstand beschäftigte dagegen die »Abteilung für Westarbeit« 62 Mitarbeiter. Diese sollten vor allem Schulungen für westdeutsche Gewerkschaftsmitglieder organisieren. Die Nachfrage dafür war allerdings nur gering.

Bundesfrauen-
kongress der NGG
in Heilbronn,
28. bis 30. Mai 1960.

NGG-Funktionäre 1966–1970		
GHV	1. Vorsitzender	**Herbert Stadelmaier**
	2. Vorsitzender	**Günter Döding**
	Hauptkassierer	**Otto Hackmack**
	Redakteur	**Willy Sprenger**
	Sekretär	**Gustav Fink**
	Sekretärin	**Elisabeth Ostermeier**
Länder	Hamburg-Schleswig-Holstein	**Karl Förster**
	Niedersachsen-Bremen	**Rudi Krautter**
	NRW	**Artur Teubler**
	Bayern	**Heinz Ulbrich**
	Hessen, Rheinland-Pfalz, Saar	**Karl Langenbach, ab 1968 Erich Herrmann**
	Baden-Württemberg	**Hermann Wente**
	Berlin	**Rudi Scharfe**

© Landesarchiv Berlin

Herbert Stadelmaier

1916 in Klein Flottbeck (heute Hamburg-Altona) geboren, absolvierte Herbert Stadelmaier nach der Mittleren Reife eine kaufmännische Lehre in einer Maschinenfabrik und Mühlenbauanstalt, in der er anschließend als Expedient arbeitete. Im Nationalsozialismus wurde Stadelmaier zum Reichsarbeitsdienst einberufen, anschließend zum Wehrdienst verpflichtet und war fünf Jahre Soldat im Zweiten Weltkrieg. Nach Kriegsende kehrte Stadelmaier im Oktober 1945 nach Hamburg zurück und wurde dort Mitglied der SPD sowie der NGG-Ortsgruppe Hamburg, in der er sich als Jugendleiter und Kassierer engagierte.

Bei der Gründung der NGG in der Britischen Zone Ende Juli/Anfang August 1947 wählte der Verbandstag Stadelmaier als Hauptkassierer in den Geschäftsführenden Hauptvorstand. In diese Position wurde er auch bei der Gründung der westdeutschen NGG im Mai 1949 auf dem »Verschmelzungsverbandstag« von München gewählt.

Im Jahr 1962, nach dreizehn Jahren im Amt des Hauptkassierers, wurde Stadelmaier auf dem Gewerkschaftstag in Essen 2. Vorsitzender und vier Jahre später, 1966, schließlich 1.Vorsitzender auf dem Bremer Gewerkschaftstag. Sowohl 1970 als auch 1974 wurde er wiedergewählt. In Stadelmaiers Amtszeit wurden 1970 auf dem Berliner Gewerkschaftstag neue Hauptziele der »Qualitativen Tarifpolitik« formuliert und in den folgenden Jahren in verschiedenen Maßnahmen, die sich der reformerischen Bewegung der »Humanisierung der Arbeit« zurechnen lassen, tarifvertraglich verankert. Er setzte sich sowohl für eine Regelung von bezahlten (Fort-) Bildungsmaßnahmen als auch für eine überbetriebliche Ertragsbeteiligung für Arbeitnehmer ein. In seiner Zeit als NGG-Vorsitzender engagierte sich Stadelmaier auch international bei der Gewerkschaftsföderation IUL, zeitweilig als deren Vizepräsident, vor allem aber bei dem 1959 von ihm mitbegründeten Europäischen Gewerkschaftsausschuss Nahrung-Genuß-Gaststätten, dessen Präsident er ab 1975 war.

1978 verzichtete Herbert Stadelmaier aus Altersgründen auf eine erneute Kandidatur und wurde von Günter Döding im Amt des 1. Vorsitzenden abgelöst. Herbert Stadelmaier starb 2009.

Im September 1970 beschloss der NGG-Hauptvorstand, eine Delegation in die CSSR zu schicken. Eine dreiköpfige Delegation der sowjetischen Lebensmittelarbeitergewerkschaft war bereits im Juni 1970 durch die NGG empfangen worden. Sie hatte die Absicht, diverse Fabriken zu besichtigen – unter anderem die GEG Fleischwarenfabrik in Stuttgart und die Margarine-Union in Hamburg.[99] Im Bericht der NGG über den Besuch der drei Gewerkschafterinnen aus der Sowjetunion heißt es: »In Nürnberg wurde ein Kinobesuch (›Der Mann, das unbekannte Wesen‹ von Oswalt Kolle) auf Wunsch der sowjetischen Kolleginnen nach 20 Minuten unterbrochen. Dieser Einbruch in die Tabu-Zone ist von ihnen nicht verkraftet worden. In anschließenden Diskussionen stellte sich dann heraus, daß in der UdSSR anscheinend weder in der Öffentlichkeit noch in der Familie und in der Schule über Probleme der Aufklärung bzw. der Empfängnisverhütung (Pille) gesprochen noch geschrieben wird.«[100] Wer bei der NGG auf die Idee gekommen war, mit einer Delegation aus der Sowjetunion ausgerechnet einen Aufklärungsfilm im Kino anzusehen, ist nicht mehr ermittelbar.

1977 reiste Herbert Stadelmaier in die DDR.[101] Er wurde am 26. September 1977 auf dem Bahnhof Friedrichstraße in Ost-Berlin von Charlotte Welm begrüßt. Stadelmaier und seine Kollegen besichtigten das Berliner Getränkekombinat, den Palast der Republik, das Backwarenkombinat Dresden, die Radeberger-Exportbierbrauerei und die Zigarettenwerke Dresden.

© Landesarchiv Berlin, F Rep. 290 (06), Nr. 0142165/Fotograf Ludwig Ehlers

Reformen in der BRD – und bei der NGG

Nicht nur die Ostpolitik der Brandt-Regierung veränderte den Aktionsradius der Gewerkschaften und damit auch den der NGG. Die sozialliberale Koalition erarbeitete im Januar 1971 für das Betriebsverfassungsgesetz einen Änderungsvorschlag.

Zum Vorschlag für ein neues Betriebsverfassungsgesetz hieß es im April 1971 in der »Einigkeit«: »BVG – Hoffen wir das Beste«. Auch die anderen DGB-Gewerkschaften mühten sich um Änderungen an dem Entwurf, etwa, dass Gewerkschaften ungehinderten Zugang zu den Betrieben erhielten und leitende Angestellte in die Mitbestimmung im Betrieb einbezogen wurden.

Als das neue Gesetz im November 1972 mit 266 zu 212 Stimmen bei vier Enthaltungen im Bundestag verabschiedet wurde, resümierte die »Einigkeit«, es seien nicht alle Wünsche erfüllt wurden, so gäbe es noch immer keine paritätische Mitbestimmung, letztlich sei das Gesetz aber doch ein Schritt in die richtige Richtung. Da seien beispielsweise das Anhörungsrecht des Betriebsrats bei Kündigungen oder die neu geschaffene Möglichkeit, dass der Betriebsrat bei der Einführung neuer Technik oder Arbeitsmethoden einen Sozialplan erstellen konnte und wirtschaftliche Nachteile der Arbeitnehmer ausgeglichen werden mussten. Auch die Jugendvertreter in den Betrieben erhielten durch das neue Betriebsverfassungsgesetz umfangreichere Rechte. Für die neuen Aufgaben musste die NGG die Schulung der Betriebsräte ausbauen. Außerdem engagierte sich die NGG bei dem Bau eines Schulungszentrums, dem Bildungszentrum Oberjosbach, das bis heute vom »Verein Bildung und Beruf« betrieben wird. Leiter des Zentrums wurde Horst Brehm, der auch zahlreiche Schulungsmaterialien verfasste.

Im Januar 1973 kündigte Willy Brandt ein Mitbestimmungsgesetz an, knapp ein Jahr später lag der Entwurf dazu vor, an dem sich eine heftige Diskussion um die geplante Sondervertretung der leitenden Angestellten entzündete. Auch sollten Personengesellschaften von dem Gesetz unberührt bleiben. Dies blieb auch in dem schlussendlich 1976 verabschiedeten Gesetz so. Letztlich bot es jedoch auch Chancen für die NGG, denn erstmals mussten 30 große Unternehmen wie Maggi, Unilever und Maizena Mitbestimmung zulassen. Damit konnte die NGG 1978 von 156 möglichen Mandaten 117 Mandate in Aufsichtsräten besetzen. Dennoch mussten Kompromisse eingegangen werden, wie etwa das doppelte Stimmrecht für den Vorsitzenden des Aufsichtsrats. Die Arbeitgeber lehnten das Gesetz rundheraus ab und klagten dagegen vor dem Bundesverfassungsgericht. Die Klage wurde jedoch 1979 abgewiesen. Trotzdem blieb die Situation schwierig, denn jedes Unternehmen regelte letztlich die Struktur und die Aufgaben seiner Organe selbst. So versuchten die Unternehmen durch eine phantasievolle Gestaltung ihrer Satzungen und Geschäftsordnungen, die geforderte Mitbestimmung zu reduzieren. Außerdem wurden mitunter Unternehmensteile und Betriebsstätten verkauft, so dass die für das Mitbestimmungsgesetz relevante Größe von 2000 Mitarbeitern unterschritten wurde und damit das Gesetz wirkungslos blieb. Beispielsweise verkaufte Südmilch eine Tochtergesellschaft für Eiscreme und Tiefkühlkost an die Schöller-Gruppe, die gleichfalls nicht unter die Mitbestimmung fiel. Die NGG klagte gegen Schöller vor dem Landgericht Nürnberg, um feststellen zu lassen, wie ein Aufsichtsrat gebildet werden müsste.

Eine weitere Idee der Unternehmer, Mitbestimmung zu verhindern, bestand darin, Vertretern der Arbeitnehmer in den Aufsichtsräten Informationen mit dem Hinweis auf »Insider-Regeln« vorzuenthalten.[102]

© NGG

Horst Brehm

1936 in Urexweiler geboren, machte er in Saarbrücken eine Lehre zum Süßwarenlaboranten, engagierte sich in der SPD und der saarländischen NGG und vertrat die NGG-Jugend von 1958 bis 1961 im Hauptvorstand. Nach seinem Besuch der Akademie der Arbeit begann Brehm zunächst als Bildungsreferent beim DGB und wechselte nach einer Stippvisite im NGG-Landesbezirk Hessen/Rheinland-Pfalz/Saar in den Bezirk Trier, wo er bis Oktober 1976 als Geschäftsführer wirkte. Von November 1976 bis zu seinem Ruhestand 1996 war Horst Brehm Leiter des neu errichteten Bildungszentrums Oberjosbach.

linke Seite:
Willy Brandt beim NGG-Gewerkschaftstag in Berlin, 6. September 1970.

unten:
Delegation des Bundesvorstandes des DGB unter Leitung des Vorsitzenden Heinz Oskar Vetter beim Besuch in der DDR, 8. bis 12. November 1976.

© SAPMO, Bundesarchiv, Bild Y12/A1910/ FDGB

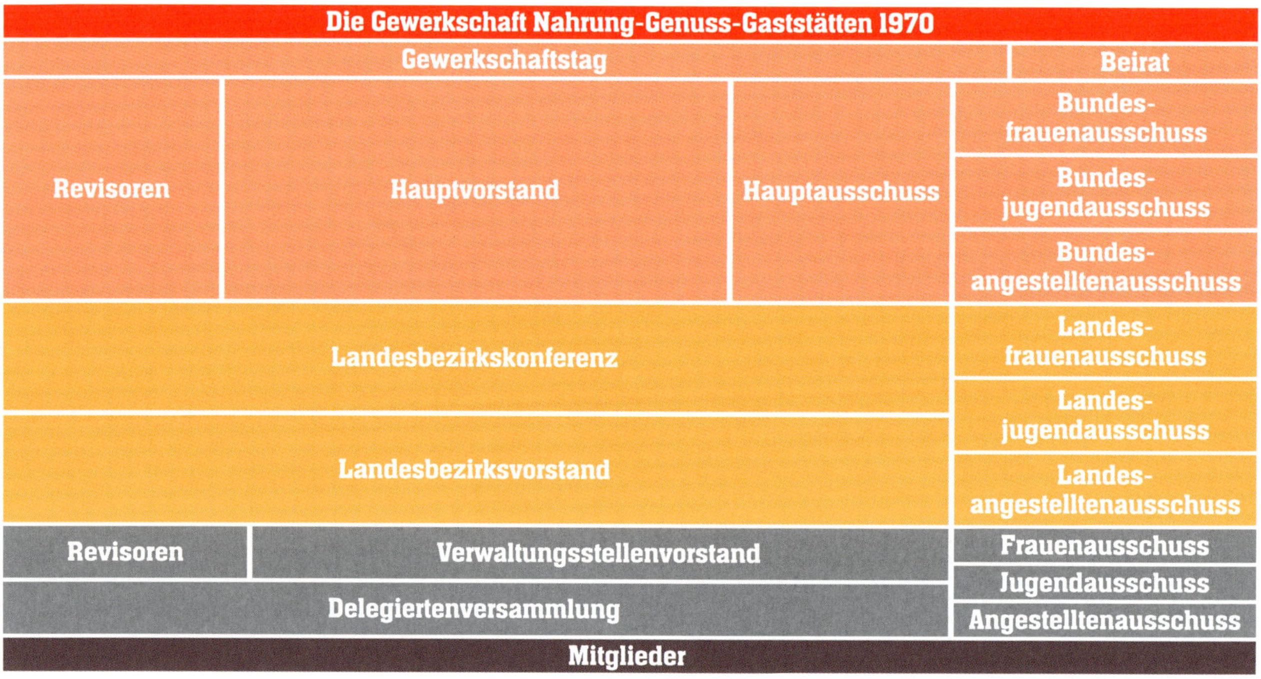

Mitgliederentwicklung der NGG in den einzelnen Branchen

	1950	1955	1960	1965	1970
Getränkewirtschaft	37.200	52.090	63.215	73.749	62.733
Getreidewirtschaft	37.600	40.098	35.356	32.408	26.674
Fleisch- und Fischwirtschaft	20.300	23.750	24.269	20.923	21.177
Milch- und Fettwirtschaft	20.800	23.040	22.740	24.439	22.171
Zuckerwirtschaft	25.800	27.629	30.634	30.111	24.325
Obst- und Gemüsewirtschaft					2.971
Tabakwirtschaft	44.100	44.839	34.536	23.670	16.922
Hotel- und Gaststättengewerbe	25.800	22.511	20.344	19.014	17.024
Genossenschaften		20.288	25.235	21.176	17.379
Keiner Wirtschaftsgruppe zugeordnet	45.800	34.789	31.260	27.502	29.176
Bundesgebiet Gesamt	**257.400**	**289.034**	**287.589**	**272.992**	**240.552**

NGG-Funktionäre 1970–1974

GHV	1. Vorsitzender	**Herbert Stadelmaier**
	2. Vorsitzender	**Günter Döding**
	Hauptkassierer	**Wolfgang Weber**
	Redakteur	**Willy Sprenger**
	Sekretärin	**Ruth Köhn**
Landesbezirke	Hamburg-Schleswig-Holstein	**Günter Lepnies**
	Niedersachsen-Bremen	**Rudi Krautter**
	NRW	**Artur Teubler**
	Bayern	**Heinz Ulbrich**
	Hessen, Rheinland-Pfalz, Saar	**Erich Herrmann**
	Baden-Württemberg	**Hermann Wente**
	Berlin	**Rudi Scharfe**

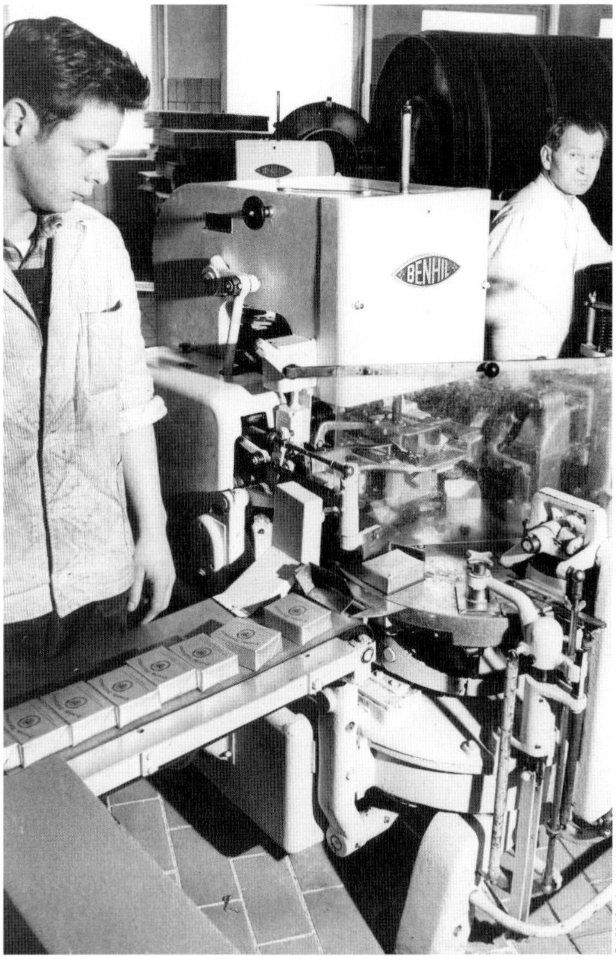

© NGG / Germin

Verpackung von Butter in der »Milchversorgung Heilbronn«, um 1960.

Für den internen Umgang mit den Aufsichtsratsmandaten hatte die NGG beschlossen, dass die Tantiemen der von der NGG gestellten Aufsichtsratsmitglieder komplett als Gehaltsausgleichszahlungen abzuführen seien.[103] Tage- und Sitzungsgelder sollten den Aufsichtsratsmitgliedern verbleiben. Die NGG gab dann die Tantiemen an die gewerkschaftseigene Hans-Böckler-Stiftung weiter.

Neue Satzung der NGG

Zur Reform bei der NGG gehörte auch eine ab dem 1. Januar 1971 geltende neue Satzung und neue Unterstützungsleistungen. Die Ortsverwaltungen und die Bezirke wurden zu Verwaltungsstellen zusammengelegt. Ende 1973 bestanden 70 Verwaltungsstellen und sieben Landesbezirksverwaltungen, die insgesamt 259431 Mitglieder betreuten. Bei den Mitgliedern stieg der Anteil der Rentner kontinuierlich an und so mussten auch zur finanziellen Absicherung der Gewerkschaftsarbeit einige Veränderungen erfolgen, wie beispielsweise die Beitragskassierung. Durch diese Beitragsreform von 1970 – die Einführung des Ein-Prozent-Beitrages – konnten die Finanzen wieder stabilisiert werden. Diese Maßnahme hatte kaum negative Auswirkungen auf die Mitgliederentwicklung, die Zahl der Austritte war gering. Nachdem die Lohnbüros der Betriebe die wöchentliche Lohnauszahlung auf die monatliche Entlohnung umgestellt hatten, veranlasste die NGG eine ebenfalls monatliche Bezahlung der Beiträge. Die ständig steigende Anzahl der Arbeitnehmer, die mit der Umstellung auf den Monatslohn ihren Lohn beziehungsweise ihr Gehalt bargeldlos erhielten, führte auch zu einer Modernisierung der Beitragskassierung, die bis 1979 auf die Zentrale Datenverarbeitung (ZDV) umgestellt wurde.[104] Damit verschwanden die bis dahin üblichen Beitragsmarken. Über 72 Prozent der Mitglieder bezahlten ihre Beiträge nun im Lastschriftverfahren.[105] Die Betreuung durch einen lokalen Kassierer entfiel und damit auch der regelmäßige persönliche Kontakt zwischen Beitragskassierer und Mitgliedern.

Im Zuge einer effektiven Pressearbeit erschien die Herausgabe einer Zeitschrift für die gesamtgewerkschaftlichen Interessen sinnvoll, doch eine Zeitung für alle Gewerkschaften war illusorisch. Alternativ dazu legte die NGG 1973 ihre Redaktion der »Einigkeit« mit der der Gewerkschaft Textil und Bekleidung (GTB) zusammen. Der Beginn einer Annäherung, dem 1978 eine Kooperationsvereinbarung beider Gewerkschaften folgte, in der gemeinsame Bildungstätigkeiten und eine Abstimmung für Betriebsratswahlen – auch gegenüber dem DGB – geregelt wurden.

»Abfindungen ersetzen nicht Arbeitsplätze«

Seit 1974 schloss die NGG Einheitliche Einkommenstarifverträge für Arbeiter und Angestellte ab und nahm dabei den konkreten Arbeitsplatz mit seinen spezifischen Anforderungen in den Fokus. Der erste Vertrag dieser Art überhaupt wurde mit der Brauindustrie in einem Bundesrahmenabkommen abgeschlossen. Die Gewerkschaften diskutierten verschiedene Modelle zur Bekämpfung der hohen Arbeitslosigkeit. Als Alternative zur favorisierten Arbeitszeitverkürzung entwickelte die NGG 1981 die Vorruhestandsregelung für Beschäftigte ab 58 Jahren, die als »Döding-Plan« bekannt wurde.

Von 1969 bis 1974 war die Anzahl der Beschäftigten in der westdeutschen Brauindustrie von 86 889 auf 84 505 zurückgegangen. Die Konzentration in dieser Branche war im vollen Gange. Der NGG gelang es trotzdem 1974, den ersten Einheitlichen Bundesrahmentarifvertrag überhaupt für die Brauereien zu vereinbaren, der ein gemeinsames Regelwerk für Angestellte und Arbeiter vorsah. Bereits 1970 hatte der Gewerkschaftstag der NGG einen Antrag für einen einheitlichen Tarifvertrag angenommen. Die Verhandlungen mit den Brauerei-Arbeitgebern begannen schon 1972, es wurde eine Bundeskommission gebildet, die in unterschiedlicher Besetzung zusammenkam. Im Dezember 1973 stimmte auch der Hauptvorstand der NGG dem Vertrag zu, der dann am 1. Januar 1974 in Kraft trat und damit der erste Tarifvertrag in der Bundesrepublik war, in dem die Festsetzung des Tarifeinkommens nach festen Kriterien gelang. Dieser Vertrag beendete bei den Angestellten die Staffelung des Gehalts nach Lebensalter und nahm das tatsächliche Arbeitsgebiet mit seinen jeweiligen Anforderungen zur Grundlage der Eingruppierungen.

Leichtlohngruppen als Frauentarife

Ruth Köhn, damals Mitglied des Geschäftsführenden Hauptvorstands, verfasste 1975 die Broschüre »Der Lohn der Frau unter die Lupe genommen«. Darin beschrieb sie die unhaltbare Situation, in der Leichtlohngruppen automatisch als die entsprechende Kategorie für Frauen interpretiert wurden. Seit 1955 hatten sich nach dem Bundesarbeitsgerichtsurteil die Frauentarife nicht mehr halten lassen. Trotz deren Abschaffung waren Frauen meist in niedrigeren Gruppen eingeordnet, als sie aufgrund ihrer Arbeit hätten sein dürfen. Erst 1965 konnte man die Lohngruppen so einteilen, dass Frauen in bessere Gruppen kamen.

Die NGG hatte die gängigen Eingruppierungen bei der Süß- und Fleischwarenindustrie untersucht und musste feststellen, dass 50 Prozent der Mitarbeiter falsch eingruppiert waren, dies betraf fast nur Frauen. Ruth Köhn schrieb: »In den Betrieben werden die Bezeichnungen ›leichte Hilfstätigkeit‹ oder ›einfache Arbeiten‹ so gedeutet, wie es für das Unternehmen billiger ist. Meist verstehen selbst Arbeitnehmer darunter Arbeiten, die von Frauen verrichtet werden. Und ›leicht‹ ist eben alles, was gewichtsmäßig leicht ist. ›Schwer‹ beginnt erst bei 20 kg, selbst wenn dieses Gewicht nur wenige Male am Tag bewältigt wird. Deshalb müssen bessere Begriffsdefinitionen in die Lohngruppenkataloge aufgenommen werden. Aber das ist etwas, wo sich die Arbeitgeberverbände bei den Verhandlungen mit aller Kraft widersetzen.« Sie forderte eine Überarbeitung der Belastungskriterien: »Die bisher im Rahmen der Arbeitsbewertung angewendeten Methoden zur Beurteilung der Belastungshöhe als Grundlage zur Lohnfindung waren einseitig energetisch orientiert. Es kamen bestenfalls Umgebungseinflüsse hinzu. Die technische Entwicklung hat die Arbeitsvorgänge weitestgehend verändert. Informatorische Belastungen (Sinne und Nerven), Monotonie, Taktgebundenheit, Überwachungsfunktion u.a. sind hinzugekommen, die meist unter- oder nicht bewertet werden.« Diese Problematik ist bis heute aktuell.

linke Seite:
Protestveranstaltung der NGG vor dem Werkstor der Schokoladenfabrik Moritz-Schokoladen Hans Lippke und Sohn in der Boschstraße 15, Hamburg, 13. Oktober 1966.

diese Seite:
Arbeiterinnen bei der Herstellung von Zitronat während des Kandierprozesses im VEB Lausitzer Früchtekombinat in Sohland, März 1964.

© NGG

Ruth Köhn

1926 in Berlin geboren, lernte Ruth Köhn nach dem Krieg Stenotypistin, arbeitete in einer Berliner Süßwarenfabrik und besuchte das Abendseminar der Hochschule für Politik in Berlin. Sie trat 1948 in die NGG ein, ging 1949 zur West-Berliner NGG (UGO) und übernahm dort verschiedene Aufgaben. 1951 wurde sie Sekretärin für die Fachgruppe Süßwaren, Tabak und Milchwirtschaft sowie Frauen, Jugend und Bildung. Zwischen 1970 und 1988 war sie Mitglied des Geschäftsführenden Hauptvorstands der NGG und zunächst zuständig für Jugend, Berufsausbildung und Frauen, anschließend für Sozialpolitik, Frauen, Arbeitsrecht und Internationales. Sie war im Bundesfrauenausschuss tätig und kämpfte dort unter anderem für eine gerechte Bezahlung nach Tätigkeit und nicht nach Geschlecht. Von 1980 bis 1992 war sie Mitglied des Verwaltungsrats bei der Bundesanstalt für Arbeit (BA) und zwischen 1980 und 1993 Mitglied der Vertreterversammlung der Bundesversicherungsanstalt für Angestellte (BfA). Sie ist außerdem langjähriges Mitglied der SPD und war bis 1998 für die NGG tätig. Ruth Köhn ist immer noch in der NGG-Seniorengruppe Berlin-Brandenburg aktiv.

Mehr Technik, mehr Konzerne

Mit der Maxime des permanenten Wachstums würde sich die Arbeitslosigkeit nach Ansicht der Gewerkschaften nicht quasi von selbst reduzieren. Aufgrund der weiteren Technisierung der Arbeit rechnete man in wenigen Jahren sogar mit weiteren 500 000 Arbeitslosen. Bereits in der Rückschau ließ sich ein kontinuierlicher Abbau von Arbeitsplätzen erkennen: Die Zahl der Beschäftigten allein im Nahrungs- und Genussmittelgewerbe nahm von 1970 bis 1979 von 587 000 auf 489 000 kontinuierlich ab. Dies war ein Rückgang um 16,7 Prozent. Im gleichen Zeitraum erhöhten sich die Umsätze (nominal) von 76 Milliarden DM auf 133 Milliarden (Zunahme: 74,1 Prozent). Gleichzeitig stieg die Produktivität – das Produktionsergebnis je Arbeiterstunde – um mehr als 60 Prozent.[106]

Das Interesse an einer Gewerkschaftsmitgliedschaft blieb in dieser Zeit, auch wegen der unverzichtbaren Arbeit der Vertrauensleute, groß. 1978 hatte die NGG 263 114 Mitglieder, davon 72 369 Frauen. Für die Vertrauensleute bot die NGG besondere Schulungen und Publikationen an.

Ein Grund für die Mitgliedschaft in der NGG war auch die zunehmende Konzentration der Betriebe, womit eine bessere Mitbestimmung möglich wurde. Auch in den NGG-Branchen nahm dieser Prozess zu, große transnationale Konzerne begannen die Branche zu bestimmen, wobei ihr Einfluss in der Zigaretten-, Eiscreme-, Ölmühlen- und Margarineindustrie am stärksten war. Auf dem 8. Ordentlichen Gewerkschaftstag der NGG 1978 wies ein Delegierter auf ein besonders drastisches Beispiel der Arbeitsplatzvernichtung durch einen transnationalen Konzern, in diesem Falle einen Kekshersteller, hin: »Wir haben das mit XOX-Nabisco erlebt. XOX-Nabisco hat ihre Betriebe in Celle und Kleve einfach dichtgemacht. 940 Kolleginnen und Kollegen lagen auf der Straße. Bei den Sozialplanverhandlungen waren wir eingeschaltet. Abfindungen aber [...] ersetzen keine Arbeitsplätze.«[107]

Auf diesem NGG-Gewerkschaftstag 1978 in Mannheim verabschiedete sich Herbert Stadelmaier in den Ruhestand. Zum 1. Vorsitzenden wurde der bisherige 2. Vorsitzende Günter Döding gewählt. Erich Herrmann und Werner Weber kamen neu in den NGG-Vorstand. Herrmann wurde 2. Vorsitzender, Ruth Köhn und Wolfgang Weber wurden wiedergewählt.

In seiner Abschiedsrede betonte Herbert Stadelmaier die Bedeutung der europäischen Interessenvertretung für die Arbeitnehmer. 60 Prozent der deutschen Nahrung- und Genussmittelindustrie seien von internationalem Kapital beherrscht. Er führte aus: »Die gegenwärtige Arbeitslosigkeit ist nicht wie früher das Ergebnis kurzfristiger konjunkturbedingter Schwierigkeiten.« Stattdessen würden der technische Fortschritt und Fusionen dafür sorgen, dass Arbeitsplätze überflüssig werden. Außerdem kritisierte Stadelmaier, dass Gesundheitskampagnen gegen Bier und Süß-

NGG-Funktionäre 1974–1978

GHV	1. Vorsitzender	**Herbert Stadelmaier**
	2. Vorsitzender	**Günter Döding**
	Hauptkassierer	**Wolfgang Weber**
	Redakteur	**Willy Sprenger**
	Sekretärin	**Ruth Köhn**
Landesbezirke	Hamburg-Schleswig-Holstein	**Günter Lepnies**
	Niedersachsen-Bremen	**Rudi Krautter**
	NRW	**Artur Teubler, ab 1976 Walter Schmidt**
	Bayern	**Heinz Ulbrich**
	Hessen, Rheinland-Pfalz, Saar	**Erich Herrmann**
	Baden-Württemberg	**Hermann Wente**
	Berlin	**Horst Helterhof**

© NGG / Germin

waren zu einem Rückgang des Verzehrs führten. Ein Erfolg war hingegen, dass 74 Prozent aller Arbeitnehmervertreter in den Aufsichtsräten von 25 Unternehmen Mitglieder der NGG waren.

Neue Flaschenanlage der Bavaria-St. Pauli-Brauerei in Hamburg mit einer Leistung von 32 000 Flaschen pro Stunde. Auf dem Abwärtsförderer gelangten nun die etikettierten Flaschen auf zwei Bahnen vom 2. in den 1. Stock zum Einpacker, 1964.

Die internationale Gewerkschaftsarbeit wurde intensiviert. In der IUL war die NGG in unterschiedlichen Gremien vertreten. Für Nestlé, Unilever, Oetker und W.R. Grace hatte die IUL mit der NGG europäische Konzernbetriebsräte gegründet. Die britische Tabakarbeitergewerkschaft hatte initiiert, dass 1973 die Arbeitsgruppe für die Tabakindustrie der IUL einen

Weltrat einrichtete. Der Konzernbetriebsrat bei Nestlé war der beständigste innerhalb der Lebensmittelindustrie. Auch im 1958 gegründeten Europäischen Gewerkschaftsausschuss Nahrung-Genuss-Gaststätten, der heutigen EFFAT, war die NGG Mitglied.

»Humanisierung der Arbeit«

Auf dem Gewerkschaftstag 1978 verabschiedeten die Delegierten eine Resolution gegen die oft unsachlich geführten Gesundheitskampagnen gegen den Tabak- und Alkoholkonsum. Außerdem forderten sie die »Humanisierung der Arbeit«. Damit waren weniger Schichtarbeit, bessere Organisation der Abläufe, weniger körperlich anstrengende Tätigkeiten, Mindesttaktzeiten am Fließband und auch mehr Urlaub gemeint. Diese Punkte sollten auch bei der Tarifpolitik berücksichtigt werden. Die Arbeit barg prinzipiell gesundheitliche Gefahren, etwa durch schwere Lasten oder stark gekühlte oder stark aufgeheizte Arbeitsräume. Sie konnte aber auch lebensgefährlich sein. So kam es beispielweise am 6. Februar 1979 in der Bremer Rolandmühle zu einer verheerenden Mehlstaubexplosion, bei der 14 Menschen getötet und 17 verletzt wurden. Ausgelöst von einem Kabelbrand gab es zwei Explosionen, deren Druckwellen ein Mehlsilo und andere Gebäude zerstörten. Die NGG unterstützte die Hinterbliebenen der Mitglieder finanziell.[108] In der »Einigkeit« erschienen die Namen der Verunglückten und Vermissten. Unter den Toten war auch das Betriebsratsmitglied Walter Kück, seit 1953 NGG-Mitglied.[109]

Der Arbeitsschutz bei den Betrieben innerhalb der NGG-Branchen war zu dieser Zeit mangelhaft organisiert. Nur bei etwa 40 Prozent der Betriebe existierten Gremien, die sich um den Arbeitsschutz kümmern sollten. Die NGG bot ihren Betriebsräten Schulungen zum Arbeitsschutz. Aufgrund der Finanzierung aus dem Bundeshaushalt war auch der Arbeitgeberverband der Gastwirtschaft und Hotellerie – der Dehoga – bereit, mit der NGG ab 1979 ein Konzept zur »Humanisierung des Arbeitslebens« zu erarbeiten. Dafür mussten zunächst die Bedingungen in der Branche untersucht werden. Die Ergebnisse belegten unregelmäßige Arbeitszeiten, überdurchschnittlich viel Nacht-, Wochenend- und Feiertagsarbeit, niedrigere Löhne und Gehälter als in anderen Berufen, körperliche Schwerstarbeit und unzureichende Sicherheitsbedingungen am Arbeitsplatz. Dagegen unterbreitete die NGG Vorschläge – wie Abbau des Teildienstes, Ruhepausen mit Sitzplätzen und eine klügere Bauweise von Restaurants – um das Laufpensum des Personals zu reduzieren.

diese Seite:
Prüfung der Gerstenkeimung im Malzkasten einer Mälzerei, um 1960.

rechte Seite:
Günter Döding spricht auf einer Veranstaltung der zu Unilever gehörenden Margarine-Union AG, 25. Mai 1971.

1978 gab es bei ca. 1,6 Millionen Arbeitnehmern in den NGG-Branchen etwa 160 000 Arbeits- und Wegeunfälle und gemeldete Berufskrankheiten, allein in Fleischereibetrieben über 56 000. Forschungen zur »Humanisierung des Arbeitslebens« wurden auch aus dem Bundeshaushalt finanziert. 1981 veröffentlichte die Bundesanstalt für Arbeitsschutz und Unfallvermeidung beispielsweise Vorschläge für die Milderung der Lärmbelästigung in der Getränkeabfüllung.

© NGG

»Reizwort« und »Kampfziel«

Neben der Eingruppierung der Löhne war die Arbeitszeit ein wichtiges Thema für die Tarifpolitik der NGG. Bereits 1974 konnte die NGG in der Milchindustrie die 40-Stunden-Woche vereinbaren. Lohnerhöhungen nach der Index-Klausel, die die Löhne nach dem Lebenshaltungskostenindex regulierte, lehnte die NGG ab.

Mitte der 1970er-Jahre stiegen die Arbeitslosenzahlen kontinuierlich an. Auch die NGG befand sich daher aufgrund der wirtschaftlichen Krisensituation wie alle anderen Gewerkschaften in einer tarifpolitischen Defensive. Es ging immer mehr darum, Arbeitsplätze überhaupt zu erhalten, und nicht darum, mehr Lohn und bessere Bedingungen zu verhandeln. Arbeitszeitverkürzungen erschienen den Gewerkschaften ein probates Gegenmittel zu sein. Die NGG wollte vor allem, dass ältere Beschäftigte weniger arbeiten mussten.

1977 beschlossen die Delegierten des Gewerkschaftskongresses der IG Metall gegen die Meinung ihres Vorstands, dass die 35-Stunden-Woche als »gewerkschaftliches Kampfziel« gelten sollte. Die erste DGB-Gewerkschaft, die diese Forderung in ihrem Programm aufstellte, war jedoch die IG Chemie Papier Keramik, deren Kongress bereits 1976 einen entsprechenden Beschluss fasste, und die die 35-Stunden-Woche auch als Antrag auf den DGB-Bundeskongress 1978 einbrachte. Günter Döding unterstützte diesen Antrag und rechnete den DGB-Delegierten auf seiner Rede am 24. Mai 1978 vor, dass bei einer Reduzierung der wöchentlichen Arbeitszeit auf 35 Stunden 260 000 zusätzliche Arbeitskräfte benötigt würden. Er sprach sich gleichzeitig gegen eine Beteiligung der Beschäftigten am Unternehmenserfolg mit dem »Investivlohn« anstelle von höheren Tarifabschlüssen aus.[110]

Ab 1978 konnte die NGG in Tarifverträgen für ältere Arbeitnehmer eine verkürzte Arbeitszeit vereinbaren. Zuerst gelang dies bundesweit im Juni 1978 in der Zigarettenindustrie. Arbeitnehmer mit vollendetem 60. Lebensjahr und zehnjähriger Betriebszugehörigkeit konnten bis zum frühestmöglichen Rentenbezug entweder von der Arbeit freigestellt werden – bei Fortzahlung von 75 Prozent ihrer Bruttobezüge einschließlich Jahressonderzahlung – oder bei herabgesetzter Wochenarbeitszeit auf 20 Stunden mit vollem Arbeitsentgelt beschäftigt werden.[111]

NGG-Funktionäre 1978–1982		
GHV	1. Vorsitzender	**Günter Döding**
	2. Vorsitzender	**Erich Herrmann**
	Hauptkassierer	**Wolfgang Weber**
	GHV-Mitglied	**Werner Weber**
	GHV-Mitglied	**Ruth Köhn**
Landesbezirke	Hamburg-Schleswig-Holstein	**Günter Lepnies**
	Niedersachsen-Bremen	**Rudi Krautter**
	NRW	**Walter Schmidt**
	Bayern	**Oskar Gensberger**
	Hessen, Rheinland-Pfalz, Saar	**Werner Jordan**
	Baden-Württemberg	**Hermann Wente**
	Berlin	**Horst Helterhof**

Tarifvertrag ohne Reizwort

Im September 1978 folgte der Manteltarifvertrag mit den Brauereien und Mälzereien in NRW und wenig später in Niedersachsen. Die Verhandlungen mit dem Brauerbund in NRW über diesen Tarifvertrag für 17000 Brauer hatten sich sehr schwierig gestaltet und so stimmte auch eine deutliche Mehrheit von 85 Prozent der NGG-Mitglieder bei der Urabstimmung für Arbeitskampfmaßnahmen. Der Arbeitgeberverband lehnte die Wochenarbeitzeitsverkürzung für Beschäftigte ab dem 56. Lebensjahr komplett ab. Es kam zu einzelnen Warnstreiks, einige Arbeitgeber drohten mit Aussperrungen. Daraufhin wurde ein Kompromiss ausgehandelt, der aber überraschend von der Mehrheit der Arbeitgeber abgelehnt wurde. Überraschend war, dass die Arbeitgeber damit ihre eigene Verhandlungskommission vorführten. Das war auch das Ergebnis der Lobbyarbeit von Unternehmen aus anderen Branchen, die einen Tabubruch bei der Arbeitszeit fürchteten. Der Brauerbund handelte also nicht mehr nur für sich selbst, sondern auch für andere Industriezweige.

Schließlich griff der Minister für Arbeit und Soziales von NRW, Friedhelm Farthmann (geboren 1930), ein und vermittelte. Unterdessen war es zu weiteren Streiks gekommen. Statt auf die ursprünglich vereinbarte reduzierte Wochenarbeitszeit einigte man sich bei den Verhandlungen unter Friedhelm Farthmanns Leitung auf einen weiteren Kompromiss, der – wie die Wochenzeitschrift »Die Zeit« damals berichtete – das »Reizwort Arbeitszeitverkürzung« aussparte und stattdessen mehr Urlaubstage für Beschäftigte vorsah, die bereits seit zehn Jahren im Betrieb und über 60 Jahre alt waren. Auch für die anderen Arbeitnehmer gab es mehr Urlaub. Dieser Kompromiss war von nachhaltigem Erfolg – weitere Branchen übernahmen diese Regelungen.

Vorzeitiger Ruhestand

Der Abbau von Arbeitsplätzen blieb tarifpolitisch für die NGG eine große Herausforderung. Die NGG versuchte, mit einer Regelung für ältere Beschäftigte eine sozialverträglichere Lösung zu finden. Bislang hatten einige Unternehmen und auch Betriebsräte den »59er-Trick« angewandt, bei dem Arbeitnehmer mit 59 Jahren entlassen und dann nach einem Jahr Arbeitslosigkeit Rentner werden konnten. Die Kosten wurden auf die Rentenkasse abgewälzt.

In der Zigarettenindustrie hatte die NGG mit ihrem Ansatz Erfolg. So titelte am 6. Juli 1981 das »Handelsblatt« »NGG wieder Vorreiter« und berichtete über den neuen Manteltarifvertrag in der Zigarettenindustrie: »Frauen und Schwerbehinderte in der Zigarettenindustrie können künftig mit 58 entscheiden, ob sie bis zum Bezug der Rente wöchentlich 40 oder 20 Stunden bei vollem Gehalt weiterarbeiten bzw. aus dem Erwerbsleben ausscheiden und 75% ihrer Bezüge erhalten wollen. Dies ist der Kern eines jetzt zwischen der deutschen Zigarettenindustrie und der Gewerkschaft NGG abgeschlossenen Manteltarifvertrages. Für Männer gilt bereits seit 1978, daß sie nach der Vollendung ihres 60. Lebensjahres einen Antrag auf Rente stellen können. […] Darüber hinaus erhält der Betriebsrat eine verbesserte Mitbestimmung bei personellen Angelegenheiten. Danach hat der Betriebsrat Anspruch auf mindestens jährliche Information über langfristige Tendenzen in der technischen Ausrüstung, Rationalisierungsvorhaben und damit zusammenhängende Personalfragen. Konkrete Rationalisierungsmaßnahmen sind rechtzeitig vorher mit dem Betriebsrat zu besprechen.«[112]

Ruth Köhn kommentierte das hinter dem Manteltarifvertrag stehende NGG-Konzept gegenüber dem Wirtschafts- und Sozialwissenschaftlichen Institut des DGB so: »Dieses Konzept haben wir natürlich bei weitem nicht durchgesetzt. In erster Linie gelang es uns nicht, die vorgesehenen Fonds zu gründen, da auch der Arbeitgeber-Verband Nahrung und Genuß sich nach dem Tabu-Katalog richtete und solche Fond-Bildung nicht zuließ. Sie aber erschien uns die Einrichtung, um eine Finanzierung auch für kleinere und mittlere Betriebe möglich zu machen. Abgesehen von den Forderungen nach Freizeit statt Erschwerniszuschläge und betriebliche Maßnahmen zur Arbeitsplatzsicherung und Humanisierung, die wir durch einige Tarifverträge in kleinen Schritten angegangen haben, müssen wir berichten, daß es uns nur in der Zigarettenindustrie gelungen ist, annähernd an unser Konzept heranzukommen. Aber wir haben bereits in weiteren über 60 Verträgen Regelungen vereinbart, die eine Arbeitszeitverkürzung für ältere Arbeitnehmer vorsehen. [...] Die Auswirkungen auf den Arbeitsmarkt kann man natürlich noch nicht absehen. Ich würde jedoch nicht aussagen wollen, daß sie sehr gering einzuschätzen sind und der personelle Ausgleich bei Arbeitszeitverkürzung nur unzureichend geregelt ist.«[113]

Damit griff Ruth Köhn einen Punkt auf, der die Tarifpolitik stark beeinflusste: Die Arbeitslosigkeit reduzierte sich nicht durch eine Konjunkturbelebung, sondern wurde in der Rezession Anfang der 1980er-Jahre zu einem bleibenden Phänomen. Insofern waren solche Tarifverträge auch ein Beitrag der NGG, die Massenarbeitslosigkeit zu bekämpfen.

© NGG

Günter Döding

1930 in Isenstedt (Westfalen) geboren, arbeitete Günter Döding nach Abschluss der Mittleren Reife als Bergmann und Zigarrensortierer. Er studierte an der Sozialakademie in Dortmund und kam 1953 als Gewerkschaftssekretär zur NGG in Wuppertal.

Als Jugendsekretär im Landesbezirk Nordrhein-Westfalen wurde er 1956 in den Hauptvorstand der NGG übernommen und leitete dort das Referat Tabakwirtschaft. Ab 1966 war er zwölf Jahre lang hinter Herbert Stadelmaier 2. Vorsitzender der NGG, bevor er 1978 zum 1. Vorsitzenden gewählt wurde.

Während seiner Amtszeit als NGG-Vorsitzender war Günter Döding Präsident der IUL (1981-1989). Im Jahr 1987 erhielt er für seine Leistungen als Gewerkschaftsfunktionär das Große Bundesverdienstkreuz mit Stern.

Vor allem die von ihm mitentwickelte Vorruhestandsregelung war eine »tarifpolitische Pioniertat«. Darüber hinaus setzte sich Döding unter anderem für eine »Ökosteuer« und ein arbeitnehmerfreundliches Arbeitszeitgesetz ein. Innerhalb der Gewerkschaft intensivierte er die Bildungsarbeit und den Ausbau der Organisation durch mehr Vertrauensleute. Dödings Verwicklung in die »Co op-Affäre« führte 1989 zum abrupten Ende seiner Amtszeit. Er trat im Frühjahr 1989 aus gesundheitlichen Gründen vom Amt des 1. Vorsitzenden zurück, setzte sich zur Ruhe und zog sich aus der Öffentlichkeit zurück. Günter Döding verstarb im Jahr 2005.

Der »Döding-Plan«

Neben Konzepten für die Reduzierung der Wochenarbeitszeit entwickelte die NGG das Modell für ältere Arbeitnehmer weiter und konzipierte den Vorruhestand ab einem Alter der Beschäftigten von 58 Jahren. Günter Döding unterbreitete dem Hauptvorstand der NGG im Dezember 1981 den Vorschlag, dass Arbeitnehmer mit 58 Jahren und 75 Prozent des Bruttolohns in den Ruhestand gehen sollten. Für jeden Ruheständler sollte ein neuer Mitarbeiter eingestellt werden. Die auf diese Weise beim Arbeitslosengeld eingesparten Summen würden zu zwei Dritteln in einen Fonds eingezahlt und der Rest sollte von den Arbeitgebern finanziert werden. Dieser Vorschlag wurde wenig später als »Döding-Plan« bezeichnet und vom SPD-Bundesarbeitsminister Herbert Ehrenberg (geboren 1926) aufgegriffen. Damit wäre die Lücke zwischen Tarifvereinbarung und Gesetz geschlossen worden. Doch ein entsprechendes Gesetz scheiterte an der Ablehnung der FDP. Aber auch innerhalb der DGB-Gewerkschaften wurde der Vorruhestand kritisiert: Die IG Metall beispielsweise blieb gegenüber der »Tarifrente«, wie der »Döding-Plan« auch genannt wurde, skeptisch, weil sie damit den Gesetzgeber in die Tarifverträge eingreifen sah. Auch die Finanzierung fand man problematisch. Andererseits kostete auch ein Arbeitsloser damals pro Jahr fast 25 000 DM.[114]

1983 schlossen sich vier DGB-Gewerkschaften, die IG Chemie, die IG Bergbau, die IG Bau und die Gewerkschaft Textil und Bekleidung, mit der NGG zur inoffiziellen »Fünfer-Bande« zusammen und erklärten, dass der Vorruhestand eine Form der Arbeitszeitverkürzung sei und nicht gegen die Verkürzung der Wochenarbeitszeit ausgespielt werden sollte. Die IG Metall und andere DGB-Gewerkschaften waren erbost, sie setzten sich für die 35-Stunden-Woche ein. In der Debatte um die beiden Konzepte zur Arbeitszeitverkürzung fielen harte Worte. So bezeichnete der neue IG-Metall-Vorsitzende Hans Mayr die Vorruhestandsregelung als »Scheiße.«[115]

Die Regierung unter Helmut Kohl und einige Arbeitgeberverbände versuchten, den »Döding-Plan« als Konkurrenz zur 35-Stunden-Woche darzustellen. Letztlich favorisierte die Regierung Kohl die Vorruhestandsvariante, weil sie individuell zu regeln wäre, einen Wiedereinstellungsmechanismus enthielte, kleinere Betriebe ausgenommen wären und eine staatliche Beteiligung vorgesehen seien. 1984 verabschiedete der Bundestag eine abgespeckte Variante des »Döding-Plans« als Rahmengesetz. Es war bis 1988 befristet und es wurde erwartet, dass 475 000 Beschäftigte davon Gebrauch machten und 250 000 Arbeitslose statt ihrer eingestellt würden. Diese Erwartungen erfüllten sich nicht.

Bis Ende 1985 waren nur 50 000 Arbeitnehmer in den Vorruhestand gegangen und 24 140 Arbeitsplätze konnten neu besetzt werden. Abgesehen davon konnten in Tarifverträgen Vorruhestandsregelungen durchgesetzt werden.

Bei den hessischen Mineralbrunnenbetrieben traten 600 Mitarbeiter 1984 in den Streik, um für eine bessere tarifliche Regelung zu kämpfen. Immerhin führten die Streiks zu einer Tarifempfehlung im Mai 1984, die vorsah, dass Arbeitnehmer nach zehnjähriger Betriebszugehörigkeit mit 58 Jahren entscheiden konnten, ob sie in Rente gehen wollten. Die Regelung, frei gewordene Arbeitsplätze neu zu besetzen, konnte erstmals mit der Zuckerindustrie vereinbart werden. In dem bundesweiten Tarifvertrag wurde es den Beschäftigten nach dem 58. Lebensjahr ermöglicht, freiwillig vorzeitig aus dem Erwerbsleben auszuscheiden, gleichzeitig wurde eine Wiederbesetzung der entsprechenden Arbeitsplätze gesichert.

NGG-Funktionäre 1982–1986

GHV	1. Vorsitzender	**Günter Döding**
	2. Vorsitzender	**Erich Herrmann**
	Hauptkassierer	**Wolfgang Weber**
	GHV-Mitglied	**Werner Weber**
	GHV-Mitglied	**Ruth Köhn**
Landesbezirke	Hamburg-Schleswig-Holstein	**Günter Lepnies**
	Niedersachsen-Bremen	**Heinz-Günter Niebrügge**
	NRW	**Walter Schmidt**
	Bayern	**Erwin Berger**
	Hessen, Rheinland-Pfalz, Saar	**Werner Jordan**
	Baden-Württemberg	**Hermann Wente**
	Berlin	**Horst Helterhof**

Demonstration der NGG für die Fünf-Tage-Woche im Bäckereigewerbe, 1980.

linke Seite:
Demonstration gegen die Übernahme der Brauerei Hacker-Pschorr München durch die Schörghuber UG, vor 1979.

Die Gemeinwirtschaft im Umbruch

In den 1980er-Jahren zeigte sich, dass die Strukturveränderungen in der Wirtschaft auch vor den gemeinwirtschaftlichen Unternehmen wie der »Co op« und der »Neuen Heimat« nicht Halt machten.

Die GEG beschloss 1969, sich in »Co op« umzubenennen und zu expandieren. Es wurde eine Holding gegründet, die »Co op« Zentrale AG geschaffen und nicht rentable Geschäfte geschlossen.

Die HAPRO (Handels- und Produktions AG) umfasste alle Produktionsbetriebe der früheren GEG und gehörte ab 1980 dem Bund deutscher Konsumgenossenschaften und den außerhalb des Konzerns stehenden »Co op«-Einzelhandelsunternehmen. Der Einzelhandel befand sich in einem Strukturwandel. Die Zahl der Unternehmen und der Beschäftigten ging zurück, während die Kosten stiegen. Der »Wandel im Handel« bestand auch in der Veränderung des Einkaufsverhaltens. Immer mehr Verbraucher fuhren mit dem Auto zu großen Supermärkten, anstatt in mehreren kleineren Geschäften zu Fuß einzukaufen. Die Verkaufsflächen wurden immer größer. Der Einzelhandel wurde zum Konzerngeschäft. Damit gewannen auch der Einkauf und die Zusammenarbeit mit den Lieferanten an Bedeutung. Da »Co op« selbst produzierte, hätte dies unproblematisch sein müssen. Jedoch gab es ja weitere Einzelhandelskonzerne. Bei der Konkurrenz indes »sparte« man bei den Kosten für das Personal, bei »Co op« hatte die NGG für den Produktionsbereich gute Bedingungen verhandelt, die Gewerkschaft Handel, Banken und Versicherungen war für die »Co op«-Einzelhandelsgeschäfte zuständig.

1980 wurden die Tochtergesellschaften der »Co op« an die Zentrale verpachtet. Größter Aktionär der »Co op« Zentrale AG war wiederum die Beteiligungsgesellschaft für Gemeinwirtschaft AG (BGAG), die Vermögensverwaltung der DGB-Gewerkschaften. Damit gehörte ein Teil von »Co op« auch der NGG, die ohnehin aufgrund ihres Organisationsbereichs für die meisten »Co op«-Beschäftigten zuständig war. Das hieß, dass die Produktionsbetriebe nicht mehr den Tochtergesellschaften oder der Holding gehörten.

Die NGG im Aufsichtsrat

Die Veränderungen in der »Co op«-Struktur zogen einige Konflikte nach sich, in die auch die NGG in-

linke Seite:
Annegret Rabethge und Betriebsratsvorsitzender Heinz Mävers vor dem Informationsbrett der Vertrauensleute der NGG in der Fleischwarenfabrik Oldenburg, ein Unternehmen von »Co op«, um 1980.

volviert war, weil ihre Vertreter in den Aufsichtsräten der »Co op«-Betriebe saßen. Ein Beispiel für diese Auseinandersetzungen war die ASKO AG, die in Saarbrücken ursprünglich als Konsumgenossenschaft gegründet worden war und sich als erste Konsumgenossenschaft 1972 in eine Aktiengesellschaft umwandelte. ASKO betrieb Kaufhäuser und Selbstbedienungsläden und geriet mit der »Co op«-Holding in Konflikt, weil die Produkte nur noch als »Co op«-Marken angeboten werden sollten. Die ASKO hatte sich dagegen gewehrt, von »Co op« verpflichtet zu werden, alle Geschäfte mit dem »Co op«-Logo zu versehen. Zeitgleich hatte die Bank für Gemeinwirtschaft das Kreditvolumen für die ASKO mehr als halbiert. Außerdem war die ASKO aus dem Delkredereverband – also aus der Einkaufsgesellschaft der »Co op« – hinausgeworfen worden. Daraufhin suchte die ASKO nach einer neuen Einkaufsorganisation und entschied sich für die von Rewe, die zwar auch eine Genossenschaft, aber außerhalb von »Co op« ist. Dass sich nun Konzernbestandteile bei »Co op« untereinander bekämpften, war nach Ansicht der NGG völliger Unsinn, weil natürlicherweise Synergieeffekte in einem Konzern und nicht Konkurrenz entstehen sollten.

Da die »Co op« von umfangreichen Darlehen abhängig war, hätte der Konzern umso mehr darauf achten müssen, effizient zu sein. Die NGG-Vertreter in den Tochtergesellschaften fragten immer wieder nach, warum die ASKO nun mit Rewe und nicht mehr »Co op« kooperierte.[116]

Erich Herrmann (geboren 1928), 2. Vorsitzender der NGG und Mitglied im Aufsichtsrat der ASKO, protestierte im Mai 1982 in einem Brief an den Aufsichtsratsvorsitzenden der ASKO gegen die Entscheidung für Rewe: »Aus alldem folgt, daß die Beschlüsse des Aufsichtsrates nicht rechtmäßig zustandegekommen sind. Wir widersprechen ihnen deshalb und behalten uns gerichtliche Schritte im Einzelnen vor.«[117]

Die ASKO wehrte sich. So schrieb der Betriebsratsvorsitzende und stellvertretende Vorsitzende des Aufsichtsrats der ASKO, Hans Ernst, der seit Kriegsende NGG-Mitglied und Mitglied im Hauptvorstand war, einen Brief an Günter Döding.[118] Er beschwerte sich darin über Erich Herrmanns Verhalten und verlangte Herrmanns Ausschluss aus dem Aufsichtsrat. Bei »Co op« war die NGG traditionell sehr stark vertreten, wobei es immer wieder zu Spannungen mit der Gewerkschaft Handel, Banken und Versicherungen (HBV) kam. Es gab regelmäßig Konflikte um die Verteilung der Mandate im Aufsichtsrat, auch kriti-sierte die Gewerkschaft Handel, Banken und Versicherungen mehrfach, dass die Unternehmensberatung McKinsey 1982 den Auftrag bekommen hatte, einige »Co op«-Tochtergesellschaften einer Kostenana-lyse zu unterziehen.[119] 1983 wollte die Gewerkschaft Handel, Banken und Versicherungen die gesamte Belegschaft eines Rewe-Betriebes »übernehmen« und gleichzeitig noch einen Tarifvertrag aushandeln, der die Entlohnung stark reduziert hätte. Erich Herrmann schrieb für den Hauptvorstand der NGG an den Hauptvorstand der Gewerkschaft Handel, Banken und Versicherungen am 21. Juli 1983: »Vielmehr haben unsere Mitglieder die ständigen HBV-Querelen satt und uns unmißverständlich erklärt, daß im Falle eines Rückzuges unserer Gewerkschaft sie den Zustand wieder herstellen würden, der vor unserem Engagement in diesem Bereich bestand, nämlich Nichtmitgliedschaft oder allenfalls DAG-Eintritt.«[120]

Der »Neue Heimat«-Skandal

Das gewerkschaftliche Wohnungsunternehmen »Neue Heimat«, das gerade in der Nachkriegszeit für die Entstehung günstigen Wohnraums gesorgt hatte, gründete zahlreiche Tochtergesellschaften, die beispielsweise in Einkaufszentren investierten. Neue Wohnungen waren nicht mehr nötig und so sah man sich nach anderen Geschäftsfeldern um. Viel Personal und geringes Eigenkapital waren betriebswirtschaftlich bedenklich, entsprachen aber dem Selbstver-

© Hamburgisches Architekturarchiv, Bestand Neue Heimat FH 1.04.83

ständnis als einem Unternehmen der Gemeinwirtschaft. Die Rezession führte zu einem Rückgang der Bautätigkeit. Die DGB-Gewerkschaften beschlossen Kapitalerhöhungen und die Aufdeckung stiller Reserven, um die »Neue Heimat« zu unterstützen. Bei den Beteiligungen im Ausland, vor allem in Frankreich und Lateinamerika, sammelten sich zahlreiche leerstehende Grundstücke an, die aufgrund der Wirtschaftskrise nicht bebaut wurden, also »totes Kapital« waren.

In einer Analyse ermittelten die Wirtschaftsberater von McKinsey, dass der Personalaufwand der »Neuen Heimat« über 27 Prozent über dem Branchenniveau lag.[121] Jedoch konnte die »Neue Heimat« für Kommunen im Wettbewerb mit anderen Baugesellschaften günstiger bauen. Dieser Wettbewerbsvorteil führte aber dazu, dass die »Neue Heimat« nun auch von Hochschulbau bis Stadterneuerung tätig war.

Am 8. Februar 1982 veröffentlichte »Der Spiegel« einen Artikel mit dem Titel »›Neue Heimat‹: Die dunklen Geschäfte von Vietor und Genossen«, in dem kriminelle Machenschaften von Managern aufgedeckt wurden. Eine Flut weiterer Artikel folgte. Die »Neue Heimat« wies zunächst alle Vorwürfe zurück, die Vorstandsmitglieder Vietor, Iden und Vormbrock wurden aber entlassen. Mit Buchungstricks in der Bilanz wurden Verluste verschleiert und Gewinne umgebucht. Aus den Berichten des Untersuchungsausschusses des Bundestags geht hervor, dass die Gesellschafterversammlungen und Aufsichtsratssitzungen mitunter nur wenige Minuten dauerten. Wesentlich für die Krise bei der »Neuen Heimat« war das betrügerische Verhalten des Vorstands. Es stellte sich heraus, dass durch umfangreiche Fehlinvestitionen im Ausland, leerstehende Gebäude, unbebauten Grundbesitz und mit den an Sozialstandards orientierten Mieten nichts verdient werden konnte, hohe Schulden waren die Folge.

© Bundesarchiv, B 145 Bild-F074340-0035/Fotograf Lothar Schaack

linke Seite:
Die Großsiedlung Osterholz-Tenever in Bremen, die von 1974 bis 1977 von der »Neuen Heimat« erbaut wurde.

diese Seite:
Am 19. Januar 1987 übergab Heinz Günther Hüsch (CDU, rechts), dem Präsidenten des Deutschen Bundestages, Dr. Philipp Jenninger (links), den öffentlichen Bericht sowie die Minderheitenvoten des 3. Untersuchungsausschusses »Neue Heimat«. Ebenfalls anwesend: der stellvertretende Vorsitzende des Ausschusses Gernot Fischer (SPD, 2. von rechts), der Ausschusssekretär, RD Reckzie (3. von rechts) und Bundestagsdirektor Dr. Joseph Bücker (2. von links).

1982 war die NGG über ihre Vermögensverwaltung Aktionärin bei der »Neuen Heimat«. Neben direkten Beteiligungen hatte die NGG auch Darlehen gewährt.[122] Der Skandal um die »Neue Heimat« wirkte sich daher auch auf die finanzielle Situation der NGG aus. Der Geschäftsführende Hauptvorstand beschloss im Sommer 1982 zu prüfen, ob die NGG auf Schadensersatz klagen könne.

Dem NGG-Vorsitzenden Günter Döding wurde von der Zeitschrift »Stern« vorgeworfen, er habe seine Aufsichtsratsvergütungen nicht abgeführt, was aber nicht stimmte. Denn die NGG hatte ihre Vertreter in den Aufsichtsräten schon seit dem Gewerkschaftstag 1978 dazu verpflichtet und kontrollierte die Abführung penibel. Deshalb erwirkte die NGG eine einstweilige Verfügung, der »Stern« musste sich später entschuldigen.

Der drohende Konkurs der »Neuen Heimat« sollte durch den Verkauf von Wohnungen an eine neu gegründete Tochtergesellschaft der Beteiligungsgesellschaft für Gemeinwirtschaft AG (BGAG), die Vermögensverwaltung der DGB-Gewerkschaften, abgewendet werden. 63 000 Wohnungen waren bis Ende 1985 verkauft, die Konzernschulden sanken. Damit waren die Schwierigkeiten allerdings noch nicht beseitigt. Im Gegenteil: Auch die anderen gemeinwirtschaftlichen Unternehmen wurden in den Strudel hineingezogen. Nach zahlreichen Diskussionen hatten sich die DGB-Gewerkschaften entschieden, die »Neue Heimat« weiterhin als gemeinwirtschaftliches Engagement zu betrachten. Eine Auflösung des Konzerns oder ein kompletter Verkauf wurde nicht in Betracht gezogen.

»Co op«-Verkauf 1985

Die Beteiligungsgesellschaft für Gemeinwirtschaft AG (BGAG) brauchte neues Kapital für die »Neue Heimat« und verkaufte 1985 ihre »Co op«-Aktien. Käufer war eine Tochtergesellschaft des Bundes deutscher Konsumgenossenschaften, finanziert vom Schweizerischen Bankverein. Wie bereits mehrfach erwähnt, war die NGG mit »Co op« eng verbunden, viele Fortschritte in der Tarifpolitik waren mit »Co op« erzielt worden, in den regionalen Gesellschaften und bei der Zentrale saßen NGG-Vertreter als Arbeitnehmervertreter im Aufsichtsrat. Bei »Co op« spielten die Gewerkschaften zwar nun keine Eigentümerrolle mehr, blieben aber mit ihren Aufsichtsratsposten eine Kontrollinstanz.

Mit Genehmigung des Aufsichtsrats hatte der Vorstandschef Bernd Otto 1984 im Ausland investiert, allerdings auf eine Weise, dass die Gewinne in seine Tasche flossen, was aber nicht bemerkt worden war. Mit dem Börsengang 1986 wurden bereits die ersten kritischen Stimmen laut, die bemängelten, dass die Konzernabschlüsse nicht nachvollziehbar und lückenhaft seien. Mitbewerber von »Co op« wunderten

diese Seite:
Hauptverwaltung der GEG, später »Co op«, in Hamburg am Besenbinderhof 52, 1969.

rechte Seite:
Warnstreik bei der Kronenbrauerei, zu dem die NGG ihre Mitglieder bei den Dortmunder Brauereien aufrief, 24. Oktober 1985.

sich öffentlich, wie man bei steigenden Kosten und sinkendem Umsatz den Gewinn steigern könne. Im September 1986 beschlossen die Gewerkschaften, die »Neue Heimat« an den Berliner Großbäcker Heinz Schiesser zu verkaufen, den Günter Döding aus Tarifverhandlungen kannte und empfahl.

Als Schiesser mit 1,3 Milliarden DM Zuschuss der BGAG die »Neue Heimat« für 1 DM im Oktober 1986 kaufte, waren offenbar die Gläubigerbanken nicht einbezogen worden, jedenfalls ließen sie den Verkauf platzen. Die BGAG musste an Schiesser Schadensersatz und eine Abfindung zahlen. Der ganze Vorgang geriet zum kompletten Debakel.

Mit dem Verkauf der Mehrheitsbeteiligung an der Bank für Gemeinwirtschaft an die Aachener und Münchner Versicherung versuchte die Beteiligungsgesellschaft für Gemeinwirtschaft AG, Ende 1986 an Kapital zu kommen, um einen Konkurs der »Neuen Heimat« zu verhindern. Damit der Verkauf von den Kartellbehörden genehmigt wurde, musste die Beteiligungsgesellschaft für Gemeinwirtschaft AG auch die Anteile an der Versicherung »Volksfürsorge« abkaufen und auch die Anteile übernehmen, die die »Volksfürsorge« an der Bank für Gemeinwirtschaft hielt.

»Es gibt keinen Königsweg, sondern nur Trampelpfade«

Für die NGG in der Bundesrepublik waren der »Neue Heimat«-Skandal und die »Co-op«-Affäre der Beginn einer meist auch öffentlich geführten Debatte über die Rolle der Gemeinwirtschaft. 1986 hatten die Delegierten des Gewerkschaftstags der NGG beschlossen, dass sie für einen Ausstieg aus der Atomenergie eintreten würden. Dieser »Linksruck« wurde auch in der DDR genau beobachtet.

Trotz der Strukturprobleme im eigenen Land blieb der HNG noch Zeit, sich über die Entwicklung der NGG in der Bundesrepublik zu informieren. Den Gewerkschaftstag der NGG im September 1986 in Hamburg hatte zwar die HNG-Vorsitzende Hannelore Schulz nicht selbst besucht, ließ sich aber berichten und resümierte: »Mit dem Gewerkschaftstag wird eine Positionsverschiebung nach Links deutlich, der seinen Ursprung im starken Druck der Basis hat. Auf dem Gewerkschaftstag wurde der Vorruhestand viel kritisiert, er habe nichts gebracht. Die Unternehmer lehnen massenhaft die Vorruhestandregelung ab. Die Gewerkschaft wird dem Vorruhestand künftig nicht mehr den Vorrang einräumen. Als eine ›Nachbesserung‹ zu den gewerkschaftlichen Aktivitäten schenken sie der Wochenarbeitszeitverkürzung größere Aufmerksamkeit als bisher. [...] Die Antragskommission verhandelte den Ausstieg aus der Kernenergie. Damit geht die Gewerkschaft NGG weiter als der DGB. Gegen die Empfehlung der Antragskommission sprach sich der Gewerkschaftstag aus – zum Teststopp für Atomwaffen, – zum Abbau der Atomraketenversuche. [...] Die Vorschläge der Sowjetunion wurden begrüßt. Das ist vor allem auf den Druck der Basis zurückzuführen. Ein klares Bekenntnis zur Solidarität zu Südafrika und Chile wurde zum Ausdruck gebracht. Es wurde ein Beschluß zur Abschaffung der Berufsverbote gefaßt. Das Verbot für die Organisierung neofaschistischer Aktionen wurde ausgesprochen. Zum Wahlergebnis: Neu in den Hauptvorstand wurden gewählt: Wolfgang Weber und Helmut Manz. [...] Helmut Manz wird als ehrlicher Gewerkschafter eingeschätzt. Er ist kein Linker. Döding hat seine sozialpartnerschaftliche Linie durchgehalten. [...] Im Grundsatzdokument des DGB wird die freiheitlich-sozialistische Strömung als Wurzel bezeichnet. Döding ist als Gewerkschafter sehr anpassungsfähig. In seiner Abschlußrede formulierte er folgenden Gedanken ›Für mich brachte der Kongress manche Lernstunde besonders zu Frieden und Abrüstung und zur Einheitsgewerkschaft.‹«[123]

Die NGG war die erste Gewerkschaft in einem Reigen von Gewerkschaftskongressen 1986, die im Vorfeld der Bundestagswahl im Januar 1987 stattfanden. Auf dem Gewerkschaftstag der NGG in Hamburg waren in der Tat »politische Weichen gestellt« worden, wie ein Bericht in der »Einigkeit« titelte. Allerdings lag Hannelore Schulz in bester Tradition der Namensverwechslungen aus früheren Zeiten mit den Namen der neu gewählten Hauptvorstandsmitglieder falsch: Wolfgang Weber war ausgeschieden, aber Werner Weber wurde neuer Hauptkassierer.[124]

Richtig war indes, dass die NGG als erste deutsche Gewerkschaft den Ausstieg aus der Atomkraft beschlossen hatte. Die Delegierten forderten auch, dass die NGG mehr für die Präsenz ihrer Vertrauensleute in der Öffentlichkeit sorgen sollte. Es waren über 15 000 Vertrauensleute neu gewählt worden. Ende 1985 hatte die NGG insgesamt 267 158 Mitglieder. Über 3,7 Millionen Menschen waren in den NGG-Branchen tätig.[125] Für neue Mitglieder gab es also Potential.

Statistisch gesehen hatte die NGG zwischen 1982 und 1986 an jedem Werktag drei Tarifverträge abgeschlossen. Die Presse thematisierte in ihrer Berichterstattung zum Gewerkschaftstag die Aktionen der NGG gegen »Panscher«, also Lebensmittelverunreinigungen, die in der NGG-Kampagne »Gesunde Lebensmittel in einer gesunden Umwelt« gebündelt worden waren. Außerdem berichteten die Medien über die Ankündigung des DGB-Vorsitzenden Ernst Breit, »Wahlprüfsteine« an die Parteien bei der Bundestagswahl zu verschicken. Auch das Thema »Neue Heimat« wurde auf dem Gewerkschaftstag besprochen: Wolfgang Weber warf in seiner Abschiedsrede der Bundesregierung vor, sie hätte der »Neuen Heimat« nicht genug Zeit zur Sanierung gelassen.

Ein Bericht in der »Frankfurter Allgemeinen Zeitung« fasste die Diskussionen auf dem NGG-Gewerkschaftstag zusammen: »Den Forderungen, sich eindeutig für die 35-Stunden-Woche auszusprechen, wurde vom Vorstand entgegengehalten: ›Es gibt keinen Königsweg, sondern nur Trampelpfade. Was für eine Branche genau richtig ist, kann für eine andere falsch sein.‹ Mit Rahmenregelungen wolle man den Wünschen der Arbeitnehmer Rechnung tragen, wobei Döding vorschwebt: Jeder Arbeitnehmer soll ein Arbeitszeitkonto bekommen; über die Verteilung der betrieblichen Arbeitszeiten und die Personalstärke soll der Betriebsrat mitbestimmen.«[126]

Außerdem beschloss der Gewerkschaftstag, das alte sanierungsbedürftige Gebäude der Hauptverwaltung der NGG durch einen geräumigeren Neubau in Hamburg-Altona zu ersetzen.

NGG-Funktionäre 1986–1990		
GHV	1. Vorsitzender	**Günter Döding, ab 1989 Erich Herrmann**
	2. Vorsitzender	**Erich Herrmann**
	Hauptkassierer	**Werner Weber**
	GHV-Mitglied	**Helmut Manz**
	GHV-Mitglied	**Ruth Köhn, ab 1988 Jutta Kaminsky**
Landesbezirke	Hamburg-Schleswig-Holstein	**Uwe Heeschen, ab 1988 Reiner Wittorf**
	Niedersachsen-Bremen	**Heinz-Günter Niebrügge**
	NRW	**Walter Schmidt**
	Bayern	**Erwin Berger**
	Hessen, Rheinland-Pfalz, Saar	**Werner Jordan**
	Baden-Württemberg	**Norbert Kipf**
	Berlin	**Horst Helterhof**

rechte Seite:
Signet von »Co op« aus dem Geschäftsbericht 1982.

© Archiv der sozialen Demokratie der Friedrich-Ebert-Stiftung, Bestand NGG

Skandal und Rücktritt

Im Oktober 1988 präsentierte »Der Spiegel« seine Rechercheergebnisse zu »Co op« und ließ die dubiosen Auslandsaktivitäten auffliegen. Wenige Wochen zuvor hatte die NGG bei »Co op« einen Tarifvertrag verhandelt, der eine besondere Frauenförderung vorsah.

Der Vertrag hatte eine Laufzeit von sechs Jahren und galt für 2800 Beschäftigte, davon 55 Prozent Frauen. Frauen sollten in der Personalplanung stärker berücksichtigt und nach ihrer Rückkehr aus dem Mutterschutz an den Arbeitsplatz besonders gefördert werden. Bisher hatte die NGG Rahmen- oder Betriebsvereinbarungen über die Frauenförderung mit einer Reihe von Großunternehmen – für rund 35000 Frauen – abgeschlossen, in denen eine Weiterbildung vorgesehen war.[127] Günter Döding hatte nach den Presseberichten eine außerordentliche Aufsichtsratssitzung von »Co op« für den 28. Oktober 1988 einberufen lassen. Ein »Co op«-Sprecher kommentierte diese Aufsichtsratssitzung gegenüber der »Frankfurter Allgemeinen Zeitung«: »Es sei zwar richtig, daß die Verschuldung hoch sei. Nach dem Abschluß eines Konsortialkredits über 425 Millionen DM mit einer Laufzeit von zehn Jahren unter Führung der Amsterdam-Rotterdam Bank und des Schweizerischen Bankvereins stünden derzeit aber keine Verhandlungen über weitere Konsortialkredite an.« Die Zeitung berichtete weiter: »Der Kredit war erst zum Wochenbeginn zur Verfügung gestellt worden. Mit ihm soll die Finanzierung der 324 angemieteten Filialbetriebe Schade + Füllgrabe, Georg Schätzlein, Meierei C. Bolle sowie Bolle und Safeway mit zusammen 2 Milliarden DM Umsatz sichergestellt werden. Die Co op-Gruppe zählt mit einem Umsatz von rund zwölf Milliarden DM zu den fünf größten Handelsunternehmen in der Bundesrepublik.«[128]

Anders als die »Neue Heimat« war »Co op« kein partiell gemeinnütziges Unternehmen, sondern komplett gewerblich tätig. Der »Co op«-Skandal hatte für die NGG weitreichende Konsequenzen: Günter Döding wurde als stellvertretender Aufsichtsrat von »Co op« in den Medien hart attackiert, die Debatte um die gewerkschaftlichen Aktivitäten in der Wirtschaft wurde wieder neu entfacht. Im Februar 1989 durchsuchten die Staatsanwaltschaft Frankfurt am Main und Beamte des Bundeskriminalamts bundesweit Verwaltungsgebäude der »Co op« und Wohnungen der ehema-

© NGG

Erich Herrmann

1928 in Steinheim am Main als Sohn eines gewerkschaftlich engagierten Bäckers geboren, absolvierte Erich Herrmann die Volksschule und machte von 1942 bis 1944 eine Lehre zum Industriekaufmann in einer Maschinenfabrik in Offenbach am Main. Im Dezember 1944 wurde er zum Wehrdienst verpflichtet und geriet nach Kriegsende in russische und amerikanische Gefangenschaft, aus der Herrmann aber jeweils fliehen und im Juli 1945 nach Offenbach zurückkehren konnte. Dort arbeitete er von 1945 bis 1947 in seiner früheren Stelle als kaufmännischer Angestellter und trat 1946 der SPD sowie der Sozialistischen Jugend Deutschlands »Die Falken« bei. Herrmann kam 1948 als Ortssekretär für Offenbach und als Landesjugendvorsitzender zur NGG. Ab 1953 war er Leiter des NGG-Bezirks Frankfurt am Main und ab 1966 Landesvorsitzender der NGG Hessen/Rheinland-Pfalz/Saar. Er wirkte unter anderem an der Vereinheitlichung der Tarifverträge für Arbeiter und Angestellte mit und erreichte die Übernahme jenes Geländes vom DGB, auf dem 1977 das Bildungszentrum Oberjosbach eröffnet wurde. Im Jahr 1978 wurde Herrmann 2. Vorsitzender der Gewerkschaft NGG unter Günter Döding. In dieser Position war er in den folgenden Jahren unter anderem an der Entwicklung und Umsetzung der »qualitativen Tarifpolitik« und der Vorruhestandsregelung beteiligt. In der internationalen Gewerkschaftsbewegung engagierte er sich als Teil der Exekutive der IUL und in deren Europäischem Ausschuss EAL (1978–1991). Zudem saß Herrmann zwischen 1976 und 1992 in den Aufsichtsräten verschiedener Unternehmen, wie beispielsweise Nestlé, Südzucker oder Reemtsma.

Als Günter Döding im Mai 1989 als 1. Vorsitzender zurücktrat, übernahm Erich Herrmann auf Wunsch des Beirates dessen Funktion bis zur Wahl eines Nachfolgers im September 1990. Im darauffolgenden Jahr verabschiedete er sich schließlich von der NGG in den Ruhestand.

ligen Vorstandsmitglieder.[129] Der Börsenhandel der »Co op«-Aktie wurde daraufhin wieder ausgesetzt. Eine Wirtschaftsprüfungsgesellschaft ermittelte den Status des gesamten Konzerns und benannte einen Sanierungsbedarf von 1,949 Milliarden DM, davon 900 Millionen DM als Risikovorsorge. Zur Rettung der »Co op« sollte sie nicht liquidiert, sondern weitergeführt werden und das Produktionsunternehmen – die »Co op« Industrie AG – an die Bank für Gemeinwirtschaft und die DG Bank verkauft werden. Dem stimmten die 130 Banken und Kreditversicherer zu und verzichteten dafür auf einen Teil ihrer Forderungen.

Im Februar 1989 unternahm Günter Döding unter dem öffentlichen Druck in den Räumen der NGG-Hauptverwaltung einen Suizidversuch, der die gesamte Organisation in tiefe Bestürzung versetzte. Der Hauptvorstand der NGG hielt jedoch zu seinem 1. Vorsitzenden und verteidigte ihn gegenüber allen Angriffen.

Dennoch stellte sich die tragische Entscheidung Dödings trotz seiner rechtzeitigen glücklichen Rettung als eine nachhaltige Zäsur für die NGG dar: Im April 1989 legte Günter Döding sein Amt im Aufsichtsrat von »Co op« nieder und trat kurz darauf auch als 1. Vorsitzender der NGG zurück. Am 17. Mai 1989 fand eine Sitzung des NGG-Hauptvorstands in Frankfurt am Main unter kommissarischer Leitung von Erich Herrmann statt. Auf dieser Sitzung des Hauptvorstands war auch Günter Döding anwesend, um persönlich über eine Stiftung zu berichten, die für ihn von der »Co op« errichtet worden war.[130] Über diese Stiftung informierte auch ein Artikel von Erich Herrmann in der »Einigkeit«:

> »Er [Günter Döding] habe sich vor Jahren an einer Stiftung beteiligt, die gewerkschaftliche und politische Ziele, insbesondere in den Entwicklungsländern, unterstütze. Mit dieser persönlichen Hilfe habe er auf unkonventionellem Wege Hilfen geben wollen, wo Gewerkschaften nicht direkt helfen können. Nur ein Teil der Mittel habe dafür eingesetzt werden können. Der überaus größere Anteil sei nicht in Anspruch genommen worden, weil sich Förderungsprojekte nicht verwirklichen ließen. Darum sei die Stiftung seit längerer Zeit nicht mehr tätig gewesen und werde abgewickelt.«[131]

NGG INFO co op

für Arbeitnehmer in der co op-Gruppe Nr. 2/1982

NGG-KONGRESS 82

Bilanz des Erfolges

Der 9. ordentliche Gewerkschaftstag der NGG, der vom 5.—10. September 1982 in Nürnberg stattfand, konnte eine sehr positive Leistungsbilanz zur Kenntnis nehmen. So hat die NGG auf dem von ihr beschrittenen Weg einer qualitativen Tarifpolitik neue Möglichkeiten aufgezeigt.

Die Initiativen der NGG zur Umverteilung der Arbeit fanden dann auch die Zustimmung zahlreicher Spitzenpolitiker, die den NGG-Kongreß besuchten.

Der SPD-Vorsitzende Willy Brandt stellte sich voll und ganz hinter die Initiativen der NGG, die er als ungemein hilfreich und zeitgemäß zur Bewältigung der Massenarbeitslosigkeit bezeichnete. Der damalige Bundesarbeitsminister Westphal, der den NGG-Vorschlag ebenfalls begrüßte, kündigte noch für dieses Jahr eine Kabinettsvorlage an, die die gesetzlichen Rahmenbedingungen schaffen sollen, ohne die das NGG-Konzept nicht verwirklicht werden kann. Es bleibt zu hoffen, daß die zwischenzeitlich gebildete neue Bundesregierung diese Absichten fortsetzt.

Für die CDU sprach der Bundestagsabgeordnete Wolfgang Vogt zu den Delegierten unseres Kongresses. Auch Wolfgang Vogt betonte, daß die NGG mit ihrer Tarifpolitik Zeichen gesetzt habe, die die arbeitsmarktpolitische Diskussion auch innerhalb der CDU nachhaltig beeinflußt habe.

Auch die Delegierten des Kongresses billigten einstimmig die NGG-Initiativen und sprachen allen Mitgliedern des Geschäftsführenden Hauptvorstandes auch für die kommenden 4 Jahre das Vertrauen aus.

Höchster Mitgliederstand

Einen kräftigen Mitgliederzuwachs hat die Gewerkschaft NGG von Ende 1978 bis Ende 1981 zu verzeichnen (der sich auch in diesem Jahr weiter fortsetzt): Trotz der seit Jahren rückläufigen Beschäftigtenzahlen in der Nahrungs- und Genußmittelindustrie konnte die Zahl der NGG-Mitglieder von 244801 am 31. 12. 1978 auf 263114 (Stichtag 31. 12. 1981) gesteigert werden. Damit hat unsere Organisation heute den höchsten Mitgliederstand in ihrer Geschichte.

links:
NGG Info für »Co op«-Mitarbeiter.

rechts:
Signet für Konsumgenossenschafts-Personal um 1950.

Der Hauptvorstand der NGG beschloss, den Beirat der NGG darüber entscheiden zu lassen, wie die Neuwahl nach dem Rücktritt Günter Dödings erfolgen sollte. Der 2. Vorsitzende Erich Herrmann war bereits 61 Jahre alt und signalisierte ebenso wie der Hauptkassierer Werner Weber auf dem Gewerkschaftstag 1990 nicht mehr zu kandidieren. Bereits im Vorjahr hatte der Beirat aufgrund des altersbedingten Ausscheidens von Ruth Köhn die Kollegin Jutta Kaminsky in den GHV gewählt. Sowohl sie als auch das fünfte GHV-Mitglied Helmut Manz wiesen mit ihrer kurzen Amtszeit zu wenig Erfahrung auf, um in der desolaten Situation die Verantwortung als 1. Vorsitzende zu übernehmen.

Der Beirat legte deshalb auf einer Sondersitzung am 13. Juni 1989 fest, dass keine direkte Nachwahl für Günter Döding erfolgen, sondern der 2. Vorsitzende Erich Herrmann zusammen mit den noch amtierenden Mitgliedern des GHV bis zur turnusmäßigen Wahl des neuen Hauptvorstands auf dem 11. Ordentlichen Gewerkschaftstag der NGG im September 1990 die Geschäfte führen sollte. So wurde auch genügend Zeit für die Suche nach einer neuen Führungsmannschaft gewonnen.

Am 13. September 1989 verschickte die NGG ein Flugblatt an alle bei »Co op« Beschäftigten und kritisierte darin, dass die Gläubigerbanken das Sanierungskonzept zunächst nicht unterstützten. Die »Co op« beantragte daraufhin das Vergleichsverfahren. Die Wirtschaftsprüfer waren zuvor wieder aktiv gewesen und rechneten nun mit aktuelleren Zahlen: Die Schulden beliefen sich inzwischen auf 2,7 Milliarden DM. Die Bank für Gemeinwirtschaft und die DG Bank waren Eigentümer des Produktionsunternehmens der »Co op«, offen blieb, wie es mit der Handelsfirma weitergehen sollte. Schließlich ließen sich auch die anderen Banken überzeugen und der Vergleichsantrag wurde zurückgezogen.

1989 wurde ein weiteres Flaggschiff der Gemeinwirtschaft verkauft, die Versicherung »Volksfürsorge«. Die DGB-Holding veräußerte sie an die Aachener und Münchner Versicherung, den gleichen Versicherungskonzern, an den drei Jahre zuvor schon einige Anteile an der Bank für Gemeinwirtschaft verkauft worden waren.

© SAPMO, Bundesarchiv, Bild Y12/A358

Rationalisierung als Papiertiger

In der DDR wurde einerseits ein Arbeitskräftemangel beklagt, andererseits jedoch waren viele Arbeitskräfte auch ineffizient eingesetzt, so dass einige Ökonomen sogar von einem Arbeitskräfteüberschuss sprachen. Rationalisierung wurde zur Lösung des Problems erklärt. Das Chemie-Kombinat in Schwedt an der Oder entwickelte die »Schwedter Initiative«, die unter dem Motto »weniger produzieren mehr« auch auf andere Branchen ausgeweitet werden sollte.

Die HNG hatte beispielweise mit dem Backwarenkombinat Frankfurt (Oder) 1983 vereinbart, dass bei Übernahme der »Schwedter Initiative« Prämien gezahlt würden. In der Praxis hieß das für das Backwarenkombinat, dass mehr für die hochpreisigen Delikat-Geschäfte produziert wurde, dass die Betriebe selbst in ihren Fabriken neue Produktionseinrichtungen bauten, mehr in Schichten gearbeitet und das Leergut besser überwacht werden sollte. Damit wurden nach der Vereinbarung von 1983 nur 16 Arbeitsplätze eingespart.[132] Auf diese Weise wurde zwar der »Lohnfonds«, so hieß das den Betrieben zentral zugewiesene Budget für das Personal, entlastet, die Arbeit an sich wurde jedoch nicht effizienter. Die »Schwedter Initiative« blieb ein Papiertiger.

Als Michail Gorbatschow 1985 Generalsekretär der Kommunistischen Partei der Sowjetunion wurde, leitete er mit »Glasnost« und »Perestroika« Reformen in Partei und Öffentlichkeit ein, die auch der schlechten wirtschaftlichen Entwicklung geschuldet waren. Die DDR-Regierung und SED-Parteispitze unter Erich Honecker (1912–1994) lehnte Reformen ab, unter anderem mit dem berühmt gewordenen Satz »Den Sozialismus in seinem Lauf hält weder Ochs noch Esel auf.«[133]

Kein Knäckebrot

Dabei war und blieb die Versorgungslage in der DDR schlecht. Als Gewerkschaft war die HNG verpflichtet, sich um Eingaben zu den von ihr betreuten Wirtschaftszweigen zu kümmern und, sofern möglich, Lösungen zu finden. Beispielsweise beklagte sich eine Frau aus Dresden im November 1987 telefonisch über den Mangel an Knäckebrot. Die Dresdnerin bezog sich auf ein Interview, das die seit 1984 amtierende Vorsitzende der HNG, Hannelore Schulz (geboren 1943), der Zeitschrift »Lebensmittelindustrie«

linke Seite:
Bildunterschrift: Maschinen in der Konsum-Teigwarenfabrik Magdeburg für die Herstellung von Makkaroni und Spaghetti, um 1977.

oben und unten links:
Kaufhalle einer Konsumgenossenschaft in der DDR, unbekannter Ort, um 1976.

unten rechts:
Maschinen in der Konsum-Teigwarenfabrik Magdeburg für die Herstellung von Makkaroni und Spaghetti, um 1977.

Urlaubersiedlung im FDGB-Erholungsheim Klink, 1989.

© SAPMO, Bundesarchiv, Bild Y12/A1914/FDGB

gegeben hatte. Darin behauptete sie, dass man ausreichend Knäckebrot in der DDR kaufen könne. Die Dresdnerin monierte nun telefonisch, dass man die Versorgungslage in Berlin nicht zum Maßstab für die ganze DDR nehmen dürfe und dass in Dresden seit Monaten kein Knäckebrot in den Geschäften zu finden sei.[134] Innerhalb von zwei Wochen bekam sie eine Einladung vom Bezirksvorstand Dresden. Unterdessen sammelte die HNG Informationen zur Knäckebrot-Produktion und stellte dabei fest, dass knapp 2 000 Tonnen jährlich zur Bedarfsdeckung fehlten. 900 Tonnen gingen nach Österreich, Schweden und in die Bundesrepublik und so hielt die HNG in einem internen Vermerk fest, dass »durch den Export der Inlandsbedarf nicht abgedeckt werden kann. Es wird eingeschätzt, daß mit Verzicht auf den Export eine Stabilisierung in der Versorgung der Bevölkerung mit Knäckebrot zu erreichen ist. [...] Mit der Versorgungsleistung von 406 Tonnen liegt Dresden im Republiksdurchschnitt.«[135] Allein Ost-Berlin standen für sechs Monate jährlich 480 Tonnen zu, die erwähnten 406 Tonnen waren dagegen für den gesamten Bezirk Dresden gedacht. Für das klärende Gespräch mit der Frau aus Dresden reiste auch Hannelore Schulz an. Natürlich konnte auch sie kein Knäckebrot »herbeizaubern«. Als Ergebnis des Gesprächs wurde im perfekten DDR-Deutsch festgehalten: »Durch den Rat des Bezirkes für H [Handel] und V [Versorgung] ist eine Versorgungskontrolle über den effektiven Einsatz der Warenfonds in den Haupteinkaufszeiten, insbesondere in der Kaufhalle Senftenberger Str. in Prohlis durchzuführen. In diese Kontrolle sind die Kundenbeiräte und Verkaufsstellenausschüsse einzubeziehen. In der Rapportberatung des Rates des Bezirkes, Abt. H [Handel] und V [Versorgung] am 3.12.1987 sind dazu die entsprechenden Festlegungen zu treffen. Die Ergebnisse der Kontrolle, einschließlich der dort getroffenen Festlegungen, sind dem BV HNG und dem ZV HNG zu übergeben.«[136] Die Rapporte trafen dann auch im Dezember 1987 ein: Von Knäckebrot fand sich in den Dresdner Geschäften nach wie vor keine Spur, selbst für andere Brotsorten gab es eine Fehlanzeige, weil Mehl fehlte.

Auch wegen der Prämien gab es fortwährend Spannungen. Im Einzelhandel, auch in der exklusiven Sparte der Exquisit-Geschäfte, konnten die Pläne häufig nicht erfüllt werden, weil keine Ware vorhanden war.

In einem Telefonat zwischen Hannelore Schulz von der HNG mit Günter Döding am 22. Juni 1987 ging es um seinen geplanten Besuch in der DDR und die damit verbundene Exkursion beim VEB Fischfang in Rostock. Auch die Betriebsräte von »Co op« wollten im Dezember 1987 zum Verband der Konsumgenossenschaften der DDR kommen.

Die wirtschaftlichen Schwierigkeiten in der DDR spiegeln sich häufig in den Akten der HNG wider. Selbst auf den Sitzungen des Zentralvorstands der HNG hagelte es Kritik. Zur Situation im Bezirk Leipzig wurde protokolliert: »Obwohl der eigene Ratiomittelbau [Rationalisierungsmittelbau war die Bezeichnung für selbst gebaute Maschinen, Geräte oder Werkzeuge] im örtlich geleiteten Handel unseres Bezirkes 1988 gegenüber 1987 um rund 10% gesteigert wird und im Rahmen von Kommunalverträgen weitere 64 Maßnahmen vorgesehen sind, reicht das nicht aus, weil das Tempo des Verschleißes bestimmter materiell-technischer Basis größer ist als das Tempo der Rationalisierung durch Rekonstruktion und Instandhaltung. Gegenüber dem angemeldeten Bedarf an Gabelstaplern beträgt beispielsweise die für 1987 erhaltene Bilanz lediglich 24,1% und bei Gabelhubwagen nur 21,1%. Vom rapide zunehmenden Verschleiß der Altbausubstanz von Gebäuden sowie der Kühltechnik will ich hier ganz absehen.«[137]

Bei der Brauerei »Nordbräu« in Neubrandenburg wurde eine längst überfällige neue Abfüllhalle nicht gebaut, so dass deshalb jahrelang in einem Provisorium gearbeitet werden musste. Den Gewerkschaftsfunktionären der HNG war deutlich, dass ihre »Werktätigen« auf die neu eingeführten Produktivlöhne mit »passiven Haltungen reagieren«.[138]

Es kam durch den desolaten Zustand der Fabriken auch zu Lebensmittelvergiftungen, wie beispielsweise im VEB Brot- und Konditoreiwaren Anklam und im VEB Fleischverarbeitungsbetrieb Anklam.[139] Dort waren im Sommer 1988 insgesamt 410 Menschen an Salmonelleninfektionen erkrankt. In der Backfabrik waren Eclairs mit salmonelleninfizierten Hühnereiern produziert worden. In der Fleischfabrik fiel die Kühlung aus, so dass das Schweinefleisch verdarb, was aber dennoch ausgeliefert und verkauft wurde. Die Staatssicherheit stellte fest, dass in beiden Fabriken die Kühlung völlig unzureichend war.

Neuer Rahmenkollektivvertrag

Im Jahr 1988 begannen in der DDR die Verhandlungen zwischen der HNG und dem Ministerium für Leichtindustrie zu einem Rahmenkollektivvertrag in der Lebensmittelindustrie, der am 1. April 1989 in Kraft trat. Die HNG hatte über eine Million Mitglieder und war damit die zweitgrößte Einzelgewerkschaft im FDGB. Archivdokumente zeigen, dass der Rahmenkollektivvertrag nicht souverän zwischen Betrieben und Gewerkschaft verhandelt worden war, sondern der Ministerrat der DDR in dem fertig unterschriebenen Dokument änderte, strich oder hinzufügte.[140] In diesem Vertrag waren neben den Grundlöhnen auch leistungsbezogene Prämien aufgenommen worden. Außerdem gab es unterschiedliche Gehaltstabellen – für die Hauptstadt Berlin sowie für die »Republik«, also die DDR ohne Ost-Berlin.

In der Ölindustrie beispielsweise gab es für Produktionsarbeiter in der Republik maximal 1,90 Mark pro Stunde, in der Zigarettenindustrie 2,30 Mark (in Berlin: 2,55 Mark) und bei der Frischbackwarenindustrie 2,34 Mark (in Berlin: 2,52 Mark). Lohnprämien wurden in den Monatslohn mit hineingerechnet. Außerdem waren Überstunden begrenzt, für Schichtarbeit und Erschwernisse – wie etwa Über-Kopf-Arbeiten und Liegend-Arbeiten – erhielten die Mitarbeiter Zulagen. Insgesamt gab es in diesem Tarifvertrag 51 Lohnbestandteile. 20 Prozent der Produktionsarbeiter in der DDR-Lebensmittelindustrie DDR arbeiteten 1988 im Drei-Schicht-System und 17 Prozent im Zwei-Schicht-System.[141]

Vergleichszahlen zur Bundesrepublik sind schwer zu finden, weil dort Schichtarbeit in der Statistik nicht separat von Nacht- und Sonntagsarbeit ausgewiesen wird. Nachts arbeiteten 1989 in der DDR 14 Prozent der Beschäftigten. Mit Schichtarbeit konnte sich das Einkommen in der Produktion durchschnittlich um 20 Prozent erhöhen.

Im Jahr 1988 betrug das Durchschnittseinkommen eines DDR-Arbeiters 1269 Mark. Das war zunächst ein ausreichendes Einkommen, auch weil Nahrungsmittel und Mieten subventioniert waren. Schwieriger stellte sich die Versorgung mit Autos (Wartezeit durchschnittlich 18 Jahre) und anderen exklusiveren Konsumgütern dar. Kleidung, Schuhe und Möbel sowie Elektronikgeräte produzierten die DDR-Betriebe entweder für den Export oder nicht in dem Bedarf entsprechenden Mengen. Problematisch blieben dabei die Konsequenzen der staatlich verordneten Planwirtschaft. Gerüchte über Preiserhöhungen beschäftigten 1988 auch den Zentralvorstand der HNG. Um das »Gemunkel« – dass die Rente und das Kindergeld nur erhöht wurden, um die Preise bei Lederwaren und Schuhen zu erhöhen – zu beenden, hätte die HNG informiert sein müssen. Das war sie jedoch nicht. Die HNG-Kreisverwaltung Dessau forderte deshalb für »unsere politisch-ideologische Arbeit« vom Finanzministerium eine genaue Aussage über die neue Höhe der Preise von Schuhen und Lederwaren.[142] Die beabsichtigten Preiserhöhungen waren enorm, so sollte ein Paar Freizeitschuhe statt 192,00 Mark nun 282,00 Mark kosten. Mit dem Verband der Konsumgenossenschaften der DDR hatte die HNG ebenfalls einen Betriebskollektivvertrag über Produktivlöhne abgeschlossen, der auch für dessen 14 Backwaren- und 16 Fleischkombinate galt. Die Konsumgenossenschaften hatten 225 000 Beschäftigte im Jahr 1989. 4,6 Millionen Menschen waren Mitglieder dieser Konsumgenossenschaften, die eine Rückvergütung erhielten. Die Geschäfte des »Konsums«, wie er in der DDR kurz und knapp genannt wurde, hielten einen Anteil von 31 Prozent am Einzelhandelsumsatz der DDR.[143] 1989 wurde jedes dritte Brot in der DDR von einer Konsum-Bäckerei gebacken. Jedoch war der Brotpreis so hoch subventioniert, dass das Brot in einigen Haushalten als Tierfutter verwendet wurde.

Veränderungen in der DDR

Am 7. Mai 1989 fanden in der DDR Kommunalwahlen statt, bei denen sich das erste Mal normale Menschen organisierten, um die Auszählung der Stimmen zu beobachten. Dabei ließ sich eindeutig nachweisen, dass das offiziell bekannt gegebene Ergebnis – das mit 98,77 Prozent dennoch das schlechteste in der DDR-Wahlgeschichte war – gefälscht war. Beispielsweise gelang es im Berliner Stadtbezirk Weißensee, die Auszählung in allen Wahllokalen von Bürgern zu kontrollieren, die sich noch am gleichen Abend an vereinbarten Treffpunkten ihre Ergebnisse austauschten. Hier standen den von den freiwilligen Gruppen gezählten 2 156 »Nein«-Stimmen offiziell vermeldete 1 011 gegenüber.[144]

In dem Jahr, in dem der 40. Jahrestag der Gründung der DDR gefeiert wurde, stellte Harry Tisch, der FDGB-Vorsitzende, fest, dass die Unzufriedenheit unter den Kollegen zunahm und die Gewerkschaftsvertreter bei den Gewerkschaftswahlen, die ebenfalls im Frühjahr stattfanden, nur mit 60 bis 70 Prozent wiedergewählt wurden. Dies war verglichen mit den vorhergehenden Wahlen ein schlechtes Ergebnis. Der FDGB wie auch die DDR-Regierung waren Ergebnisse von über 99 Prozent gewohnt. Die Anzahl der Ausreisewilligen war deutlich angestiegen, 1987 wollten knapp 19 000 DDR-Bürger in den Westen, 1988 waren es schon 40 000. Über die ungarisch-österreichische Grenze, an der im August 1989 die Grenzschutzanlagen abgebaut wurden, flüchteten allein im September 15 000 DDR-Bürger in den Westen. Die NGG erklärte sich mit den DDR-Übersiedlern solidarisch und sicherte jedem, der Mitglied im FDGB gewe-

Chronik von 1969 bis 1989

21. Oktober 1969 Wahl Willy Brandts zum Bundeskanzler. Er war der erste Sozialdemokrat in diesem Amt, das er bis 1974 inne hatte.

3. Mai 1971 Wahl Erich Honeckers zum Ersten Sekretär des ZK der SED, später Generalsekretär. Er blieb bis zum 18. Oktober 1989 im Amt.

3. Mai 1972 Inkrafttreten des überarbeiteten Betriebsverfassungsgesetzes.

1974 Tarifvertrag in der Brauereiwirtschaft vom Wochen- zum Monatslohn tritt in Kraft. Die NGG setzte sich seit 1970 für die »Humanisierung der Arbeit« und einheitlichen Einkommenstarifvertrag nach Sparten ein, die mit dem Rationalisierungsschutz älterer Arbeiter in der Brauereiwirtschaft begann.

16. Mai 1974 Helmut Schmidt wird Bundeskanzler. Schmidt amtierte bis zu seiner Abwahl durch das konstruktive Misstrauensvotum 1982.

1. Juli 1976 Inkrafttreten des Mitbestimmungsgesetzes für alle deutschen Kapitalgesellschaften mit über 2 000 Beschäftigten.

24. September 1978 Wahl Günter Dödings auf dem Mannheimer Gewerkschaftstag zum Vorsitzenden der NGG. Er führte die NGG bis Mai 1989, als er infolge seiner Verwicklung in der »Co op«-Affäre aus gesundheitlichen Gründen zurücktrat.

1981/1982 Der »Döding-Plan« zur Frühberentung mit 58 Jahren, um steigende Arbeitslosigkeit zu verhindern, wurde nicht umgesetzt.

1. Oktober 1982 Wahl Helmut Kohls zum Bundeskanzler. Er blieb bis 1998 mit einer schwarzgelben Koalition im Amt.

© ullstein bild, # 00155991/ADN-Bildarchiv

linke Seite:
»Bestenkonferenz« der Gewerkschaft Handel, Nahrung und Genuss in Berlin, 7. September 1989.

diese Seite:
Mitglieder des FDGB demonstrierten vor dem Dietrich-Bonhoeffer-Haus für ihre Teilnahme am Runden Tisch, Berlin, 21. Dezember 1989.

sen war, die Anrechnung auf die Mitgliedschaft in der NGG zu. Im Herbst 1989 kam es zu den ersten Montagsdemonstrationen in Leipzig, auf denen Meinungsfreiheit und Mitbestimmung gefordert wurden. Nach der Ablösung Erich Honeckers und dem Fall der Berliner Mauer wurde der zentrale »Runde Tisch« ins Leben gerufen, an dem Regierung und Opposition gemeinsam drängende politische Fragen besprachen. Am 3. Dezember 1989 wurde der Vorsitzende des FDGB, Harry Tisch, verhaftet und später wegen Untreue angeklagt.

Kritik an der HNG und dem FDGB

Am nächsten Tag fand die 12. Zentralvorstandssitzung zur Lage in der Gewerkschaft Handel, Nahrung und Genuss statt.[145] Das Einführungsreferat dokumentiert, wie stark die Gewerkschaftsführung inzwischen von den HNG-Mitgliedern kritisiert wurde und wie die Leitung verzweifelt versuchte, an Akzeptanz zu gewinnen. So hatten zwei Vorstandsmitglieder als symbolische Geste in zwei Berliner Kaufhallen ausgeholfen, um den Arbeitskräftemangel auszugleichen. Der Zentralvorstand schlug vor, eine außerordentliche Zentraldelegiertenkonferenz einzuberufen, die für den 27./28. Januar 1990 anberaumt wurde.

Am 6. Dezember demonstrierten 2000 Gewerkschafter vor dem FDGB-Gebäude in Berlin und forderten eine Erneuerung der Gewerkschaften und die Teilnahme am »Runden Tisch«. Wenige Tage später trat der FDGB-Bundesvorstand zurück. Der neue Vorstand stimmte unter anderem für die Bildung von autonomen Industriegewerkschaften.

April 1984 Streik bei den Hessischen Mineralbrunnenbetrieben für eine umfassende Vorruhestandsregelung.

August 1984 Hannelore Schulz wurde Vorsitzende der HNG. Sie amtierte bis Anfang Januar 1990.

1986 Forderung der NGG zum Ausstieg aus der Atomenergie.

Mai 1989 Nach dem Rücktritt Günter Dödings übernahm Erich Herrmann das Amt des Geschäftsführenden Vorsitzenden der NGG. 1990 ging er altersbedingt in den Ruhestand.

4. September 1989 Erste Montagsdemonstration in Leipzig, die von nun an wöchentlich stattfand. Es wurde u.a. Reisefreiheit und die Abschaffung des Ministeriums für Staatssicherheit (MfS) gefordert.

18. Oktober 1989 Rücktritt Erich Honeckers, sein Nachfolger als Generalsekretär des ZK der SED wurde Egon Krenz.

9. November 1989 Fall der Berliner Mauer. In den folgenden Tagen besuchten Millionen von Bürgern der DDR grenznahe Städte der Bundesrepublik und West-Berlin.

ARM
TROTZ ARBEIT
NGG

Eine NGG

©NGG

Großdemo für das »Bündnis für Arbeit« in Wuppertal, 1996.

linke Seite:
Mindestlohn-Tour der NGG, Bremerhaven, 2007.

Nach der Wiedervereinigung stand die NGG vor zahlreichen Herausforderungen. Es mussten deutschlandweit einheitliche Strukturen geschaffen werden und es galt, die bestehenden Unterschiede zwischen den alten und neuen Bundesländern auch bei der Gewerkschaftsarbeit zu berücksichtigen. Bis 1997 organisierte die NGG über 400 Streiks und Urabstimmungen. So konnten bessere Arbeitsbedingungen und eine hundertprozentige Lohnfortzahlung im Krankheitsfall erhalten oder erreicht werden. 1999 beschloss die NGG, die nicht an der Fusionswelle der deutschen Gewerkschaften beteiligt war, einen gesetzlichen Mindestlohn zu fordern, der schließlich Ende 2014 von der Bundesregierung beschlossen wurde.

Auf der Außerordentlichen Delegiertenkonferenz vom 27. und 28. Januar 1990 konstituierte sich die Gewerkschaft Handel, Nahrung und Genuss als eigenständige Gewerkschaft. In einem offenen Brief an die Mitglieder erklärte der neu gewählte Vorstand, dass er sich nun um Streikunterstützung, Rechtsschutz und Notfallunterstützung kümmern wolle.[146]

©NGG

Die außerordentliche Zentraldelegiertenkonferenz mit ihren 443 Delegierten wählte Dieter Behn zum neuen Vorsitzenden der Gewerkschaft HNG. Dieser war zuvor Sekretär des Zentralvorstandes und persönlicher Referent des Vorsitzenden des FDGB-Vorsitzenden Harry Tisch sowie Abteilungsleiter beim Bundesvorstand des FDGB, Abteilung Agitation und Propaganda. Die bisherige Vorsitzende Hannelore Schulz hatte auf eine erneute Kandidatur verzichtet. Zum Stellvertretenden Vorsitzenden wurde Jürgen Müller gewählt, zuvor BGL-Vorsitzender im Großhandel Berlin. Vor allem diskutierten die Delegierten über die neue Satzung, zu der 300 Veränderungsvorschläge eingegangen waren. Der neue Satzungsentwurf sah das Streikrecht vor, berücksichtigte aber nur eine geographische Organisation nach Bezirken, Kreisen und so weiter und nicht nach Branchen wie beispielsweise Getränkeindustrie oder Milchwirtschaft. Das wurde heftig kritisiert. Zudem waren die Beitragseinnahmen seit Oktober 1989 drastisch gesunken, nicht zuletzt, weil das bisherige Zahlungssystem – Abrechnung über die Kassierer – den Wendewirren nicht standhalten konnte. So stellte sich auch die Frage, wie der Beitrag in Zukunft erhoben werden sollte. Außerdem wollten die Delegierten über Lohn- und Prämienfragen diskutieren. Der Druck aus den Betrieben war groß, weil die Einkommen im Handel und in vielen Lebensmittelbetrieben unter dem Durchschnitt in der DDR lagen.

Viele Delegierte berichteten von einer großen Streikbereitschaft in den Belegschaften. Die Konferenz beschloss, Briefe an die westdeutschen Gewerkschaften NGG und HBV zu richten und ihnen vorzuschlagen, intensivere Kontakte aufzubauen.

Aus dem FDGB-Vermögen erhielt die HNG für Sozialplanleistungen 1,9 Millionen DM. Außerdem übernahm der FDGB für die HNG in den ersten sechs Monaten des Jahres 1990 alle Kosten von insgesamt 2,4 Millionen DM. Der FDGB übertrug der HNG auch die Gewerkschaftsschule in Grünheide bei Berlin.[147] Dem widersprach aber die am 1. März 1990 gegründete Treuhandanstalt, woraufhin diese Übertragung wieder rückgängig gemacht werden musste. Eine Unabhängige Kommission überprüfte das Vermögen der Parteien und des FDGB in der DDR. Sie kam zu dem Ergebnis, dass sich der FDGB in einer finanziellen Schieflage befand. Seinen Feriendienst und das Personal konnte er nur bezahlen, weil er regelmäßig Zuschüsse aus dem Staatshaushalt erhielt oder Geld aus dem Vermögen der Sozialversicherung, die der FDGB seit 1951 verwaltete, entnommen wurde.

diese Seite:
Flugblatt der NGG/DDR zur Werbung neuer Mitglieder, 1990.

rechte Seite:
Flugblatt von HNG und NGG zur Lebensmittelindustrie der DDR, Sommer 1990.

© NGG

Die NGG als Westimport

Die NGG beschloss im Februar 1990, eine eigene Infrastruktur in der DDR aufzubauen. Für eine verhältnismäßig kleine Gewerkschaft bedeutete dies eine besondere personelle und finanzielle Herausforderung. Vor allem die NGG-Bezirke, die direkt an die DDR grenzten, waren bereits aktiv.

So hatte die Verwaltungsstelle Süd-Ost-Niedersachsen in Braunschweig Wochenendseminare für Mitglieder von Betriebsgewerkschaftsleitungen und Kreisvorsitzende der HNG organisiert. Am 8. Februar 1990 schrieb der Geschäftsführer der Verwaltungsstelle, Hartmuth Herweg, an die Hauptverwaltung: »Die Entwicklung in der DDR überschlägt sich dermaßen, daß wir unser weiteres Vorgehen nach der Devise ›Wer zu spät kommt, den bestraft das Leben‹ (M. Gorbatschow) ausrichten werden. Angesichts der Tatsache, daß immer mehr Wirtschaftsverbände aus der Bundesrepublik sich in der DDR per Infobüros etablieren, Parolen kursieren mit dem Ziel, Gewerkschaften aus den Betrieben herauszuhalten und davon losgelöst BR zu installieren oder Angestelltengewerkschaften zu gründen, was zweifellos die DAG [Deutsche Angestellten-Gewerkschaft] auf den Plan rufen wird, prüfen wir z.Z. die Möglichkeit von NGG-Infobüros für den von uns bezeichneten informellen Betreuungsbereich. Für Magdeburg zeichnen sich erste Realisierungsmöglichkeiten ab. Zusätzlich gibt es auf Betriebsebene eine Reihe von Kontakten vom Betriebsbesuch bis zum Fußballspiel.«[148]

Die Umwandlungen der volkseigenen Betriebe in Kapitalgesellschaften geschahen aufgrund einer Verordnung vom 1. März 1990. Bis Ende 1990 reduzierte sich die Lebensmittelproduktion in der DDR – im Vergleich zur Vorjahresproduktion – um fast 60 Prozent. Denn selbst Betriebe mit moderner Technologie konnten nicht binnen Wochen Versäumnisse kompensieren, die über Jahre gewachsen waren. Außerdem schwand der Absatzmarkt, niemand kaufte mehr »Ostprodukte«, im westlichen Einzelhandel waren diese nicht »gelistet« und kamen dadurch auch nicht in die Läden.

Die Deutsche Einheit

Das Ergebnis der Volkskammerwahl im März 1990, auf der die DDR-Bürger eine konservative Koalition unter Führung der CDU mit Lothar de Maizière als

Ministerpräsident wählten, stellte die Weichen für eine Währungsunion und Beitritt der DDR nach Artikel 23 des Grundgesetzes. Der Hauptvorstand der NGG äußerte dazu die Befürchtung, dass eine Wiedervereinigung nicht unbedingt auch eine Sozialeinheit wäre.

Organisatorisch stellten Währungsunion und Wiedervereinigung die Gewerkschaften vor Herausforderungen. Die Organisationsbereiche der Einzelgewerkschaften in der DDR deckten sich häufig nicht mit denen der Bundesrepublik. Die HNG war auch für die Beschäftigten des Handels zuständig, aber im Westen waren diese in der Gewerkschaft HBV. Die Mitarbeiter der DDR-Zuckerindustrie waren Mitglieder der Gewerkschaft Land, Forst- und Nahrungsgüterwirtschaft, in der Bundesrepublik war die Zuckerindustrie in der NGG organisiert. Deshalb beschloss die HNG, analog zum Westen eine neue Gewerkschaft zu gründen. Dafür wurde zum Juni 1990 eine Zentraldelegiertenkonferenz der HNG einberufen.

Nicht alle FDGB-Einzelgewerkschaften fanden einen adäquaten Partner in der Bundesrepublik. So hatte die Gewerkschaft Land, Nahrungsgüter und Forst vor dem bevorstehenden Kollaps der Landwirtschaftlichen Produktionsgenossenschaften (LPG) in der DDR kapituliert und die Partnergewerkschaft Gartenbau, Land- und Forstwirtschaft dazu gedrängt, ihre Satzung so zu verändern, dass sie auch in der DDR tätig werden konnte.[149]

Die HNG entwarf ein »tarifpolitisches Sofortprogramm«, das als ersten Punkt die Tarifautonomie durch ein Tarifvertragsgesetz vorsah.[150] Weitere Forderungen waren, dass die Arbeitsplätze gesichert werden sollten und verhindert würde, dass die DDR zu einem Billiglohnland werde. In einer Vereinbarung mit dem Ministerium für Leichtindustrie der DDR regelte die HNG, wie die strukturellen Veränderungen abgefedert werden sollten. Darin waren auch Ausgleichszahlungen, Prämien und Urlaub beschlossen worden.

Erich Herrmann beschrieb auf einer Pressekonferenz von NGG, HNG und Gewerkschaft Handel, Banken und Versicherungen am 29. März 1990 in Berlin die erwarteten Probleme:

Frauen bei Reinigung der stillgelegten Anlage der ELFE-Schokoladenfabrik zum Abtafeln von Schokolade, Berlin, 4. Mai 1990.

© ullstein bild · Klaus Mehner

»Die Produktivität in der ostdeutschen Lebensmittelindustrie liegt im Durchschnitt bei etwa 40% der bundesdeutschen Branche. Es geht im Kern darum, zumindest den Fortbestand im Prinzip leistungsfähiger oder modernisierbarer bzw. moderner Betriebe zu ermöglichen. Dabei sehen wir eine Reihe von Problemen: unzureichender Verpackungsqualität, langjähriger Vernachlässigung in den Bereichen Werbung, Lager, Transport und Marketing, der Erblast eines miserablen Images aufgrund schlechter Rohstoffversorgung in den letzten Jahren, der Nichthonorierung von Produktqualität und Innovationen in der bisherigen Abnahme- und Finanzierungspraxis der DDR, einer bereits erwähnten Fetischisierung westlicher Markenprodukte seitens ostdeutscher Verbraucher bei Einführung der Westmark, einer Verdrängung durch bundesdeutsche oder andere westliche Importe aufgrund unzureichender Erfahrung des Managements in freien, hart umkämpften Märkten. Nicht auszuschließen sind auch Fusionen mit westdeutschen Firmen, die im Einzelfall mittelfristig darauf angelegt sein mögen, diese Kapazitäten aus dem Markt zu nehmen, um Eigenkapazitäten dieser westlichen Firmen besser auslasten zu können.«[151]

Die von der NGG vorausgesagten Schwierigkeiten stellten sich ein. Es kam zu ersten Massenentlassungen. Die NGG schlug vor, ein Programm für Infrastruktur- und Umweltinvestitionen aufzulegen.

In der April-Ausgabe der »Einigkeit« berichtete die Redaktion unter der Überschrift »NGG zeigt Flagge in der DDR« vom Ziel der NGG, eine einheitliche Gewerkschaftsbewegung zu schaffen und die Folgen des Strukturwandels in der DDR für die Beschäftigten zu mildern. Der DGB hatte gemeinsam mit der Bundesvereinigung der Arbeitgeberverbände im März 1990 eine Erklärung zur Vereinigung abgegeben, in der es auch um Tarifautonomie ging und die besonders die Qualifizierung von Beschäftigten hervorhob. Die NGG forderte von der Bundesregierung, einen »Marshall-Plan« für die DDR-Ernährungsindustrie aufzusetzen und mit einem Sofortprogramm für Infrastruktur- und Umweltinvestitionen in Höhe von 15 Milliarden DM zu beginnen.

Im Mai 1990 beschrieb Dieter Behn, der Vorsitzende der HNG, in einem Artikel in der »Einigkeit« die Situation: »Im Bereich der Schokoladenproduktion und bei Dauerbackwaren gibt es erste umfangreiche Entlassungen von Mitarbeitern bis hin zu Betriebsstilllegungen.«[152]

Am 21. und 22. Mai 1990 schloss die HNG den ersten Tarifvertrag als Rationalisierungschutzabkommen mit den Unternehmen der Deutschen Interhotel AG ab.[153] Der zwischen der DDR und der Bundesrepublik am 18. Mai 1990 abgeschlossene Staatsvertrag legte den rechtlichen Grundstein für die Treuhandanstalt. Am 17. Juni 1990 wurde das Treuhandgesetz verabschiedet, wodurch der Treuhand als Anstalt des öffentlichen Rechts die Privatisierung der Volkseigenen Betriebe der DDR übertragen wurde.

Beim NGG-Hauptvorstand waren vor allem GHV-Mitglied Jutta Kaminsky und der Vorstandssekretär Harald Wiedenhofer mit den DDR-Aktivitäten befasst. Jutta Kaminsky wies in einem Artikel in der »Einigkeit« darauf hin, dass die in der DDR üblichen Arbeitsfreistellungen und Kindergartenplätze abgeschafft werden würden und damit die Einheit zu Lasten der Frauen ginge. Sie forderte bessere Rahmenbedingungen für die Berufstätigkeit von Müttern und regte an, dass das Erziehungsgeld allen gezahlt werden sollte.[154] Durch den Staatsvertrag zwischen BRD und DDR und die damit beschlossene schnelle Vereinigung der beiden deutschen Staaten mussten die Gewerkschaften über die Vereinigung von ost- und westdeutschen Organisationen entscheiden. 1958 war der Bereich Handel in die DDR-Gewerkschaft aufgenommen worden, so dass nun der Organisationsbereich der HNG mit der bundesrepublikanischen NGG nicht übereinstimmte. Deswegen entschieden die NGG, die Gewerkschaft Handel, Banken und Versicherungen und die Gewerkschaft Gartenbau, Land- und Forstwirtschaft, eigene Gewerkschaften in der DDR zu gründen.

Sonderausgabe für die Beschäftigten der Nahrungs- und Genußmittelindustrie und der Gastronomie der DDR

Juni 1990

einigkeit

Zeitschrift der Gewerkschaft NGG in der BRD

Bei Problemen am Arbeitsplatz: Betriebsrat und NGG-Vertrauensleute helfen mit Rat und Tat

Betriebsrat und Vertrauensleute:

Partner im Betrieb

Viele bundesdeutsche Unternehmen sind schon in der DDR "zu Hause": Sie haben nicht nur feste Pläne für die DDR in der Tasche, sondern da und dort auch bereits Verträge abgeschlossen. Jetzt gilt es zu verhindern, daß in den Betrieben der DDR die Sozialleistungen abgebaut werden.

Mit dem kommenden Betriebsverfassungsgesetz nach dem Muster der BRD erhalten die Arbeitnehmerinnen und Arbeitnehmer der DDR ein Instrument in die Hand, das sie zur Abwehr unternehmerischer Willkürmaßnahmen nutzen können - trotz aller Forderungen zur Verbesserung dieses Gesetzes, die wir an unseren Gesetzgeber gestellt haben.

Das Betriebsverfassungsgesetz bedeutet das Aus für die Betriebsgewerkschaftsleitungen. Statt dessen bekommen die Belegschaften der DDR - Betriebe die Chance, sich in freier demokratischer Wahl einen starken, unabhängigen Betriebsrat aufzubauen: Ein Gremium, in dem Kandidatinnen und Kandidaten ihrer Wahl für die Interessen der gesamten Belegschaft kämpfen. Nach dem Betriebsverfassungsgesetz haben die Betriebsräte Rechte, die der einzelne Beschäftigte nicht hat: Rechte auf Mitwirkung und auf Mitbestimmung.

Betriebsratsmitglieder müssen keiner Gewerkschaft angehören. Allerdings hat die jahrzehntelange Praxis in der BRD gezeigt: Nur mit einer starken, schlagkräftigen Gewerkschaft im Rükken hat Betriebsratsarbeit Aussicht auf Erfolg! Auch in der BRD ist den Beschäftigten von ihren Arbeitgebern nichts geschenkt worden. Sie mußten Verbesserungen erkämpfen - mit Unterstützung couragierter Betriebsräte und demokratisch aufgebauter Gewerkschaften.

Neben den Betriebsräten sind in vielen Betrieben des Organisationsbereichs der NGG auch gewerkschaftliche Vertrauensleute aktiv. Sie werden von den Gewerkschaftsmitgliedern des Betriebs gewählt. Betriebsräte und gewerkschaftliche Vertrauensleute: Sie haben unterschiedliche Aufgaben, aber sie arbeiten kollegial zusammen und ergänzen sich gegenseitig – zum Wohle aller Beschäftigten eines Betriebs.

Welche Rechte haben Betriebsräte nach dem Betriebsverfassungsgesetz der BRD? Was können sie leisten? Und welche Aufgaben nehmen unsere gewerkschaftlichen Vertrauensleute wahr? Darüber informieren wir auf den folgenden Seiten.

Titelblatt der Sonderausgabe der »Einigkeit« für die DDR, Juni 1990.

Gründung NGG-DDR

Am 23. und 24. Juni 1990 gründeten 177 Delegierte die NGG-DDR in Bernau bei Berlin. Kurz zuvor beschlossen sie die Auflösung der HNG. Da es sich hier um eine Neugründung handelte, wurden die Mitglieder nicht übernommen, sondern mussten eintreten. Der neu gewählte Hauptvorstand bestand aus 21 Mitgliedern. Die Delegierten hatten die Kandidaten aus HNG, Gewerkschaft Land-, Forst- und Nahrungsgüterwirtschaft (Bereich Nahrungsgüterindustrie) und NGG-BRD vorgeschlagen. Vorsitzender wurde Rainer Kuschewski, Stellvertreter Harald Wiedenhofer und Renate Symanzik. Nach acht Wochen hatte die junge Gewerkschaft bereits 40 000 Mitglieder.

Im August 1990 erzielte die NGG-DDR erste Erfolge mit der Zahlung von Teuerungszuschlägen etwa in der Fischindustrie.[155] Außerdem wurde die 40-Stunden-Woche vereinbart, die zu DDR-Zeiten für Schichtarbeiter gegolten hatte, aber nicht für die anderen Beschäftigten. Sie mussten 43,75 Stunden wöchentlich arbeiten. Wie auch in anderen Branchen sahen sich einige DDR-Betriebe nicht als Verhandlungspartner für die NGG-DDR, weil sie sich entweder mit der Treuhand abstimmen mussten oder einer Arbeitgebervereinigung im Westen beigetreten waren und dann eigentlich diese hätte verhandeln müssen.[156] Trotzdem gelang es im September 1990 der NGG-DDR, weitere Tarifverträge für das sächsische Braugewerbe und für die Fleisch- und Geflügelwirtschaft abzuschließen. Auch bei der Deutschen Interhotel AG gab es Probleme mit dem Tarifvertrag. Der von der Treuhand eingesetzte Vorsitzende des Aufsichtsrats, Hans Jakob Kruse (1929–2014), der auch Vorstandsvorsitzender der Hapag Lloyd war, hatte als eine seiner ersten Amtshandlungen alle Vorstandsmitglieder entlassen.[157] Die NGG-DDR protestierte und konnte zwei Tarifverträge abschließen, in denen eine neue Eingruppierung beschlossen wurde und damit verbunden 75 Prozent des Entgelts des vergleichbaren Landestarifvertrags von West-Berlin. Außerdem wurde die 40-Stunden-Woche eingeführt und der Grundurlaub auf 22 Arbeitstage erhöht.[158]

Ab 17. September 1990 fand der 11. Ordentliche Gewerkschaftstag der NGG in Hamburg statt. Gefeiert wurde auch das 125. Jubiläum der NGG. Bundestagspräsidentin Rita Süßmuth hielt die Festansprache und die Chansonnière Gisela May aus der DDR gestaltete das Kulturprogramm. 210 Delegierte kamen zur Abstimmung über die Satzungsänderung, mit der die Ausweitung auf das Gebiet der DDR möglich war.

Da Günter Döding zurückgetreten war und Erich Herrmann altersbedingt nicht mehr antreten wollte, kandidierte für das Amt des 1. Vorsitzenden der niedersächsische Landesbezirksvorsitzende Heinz-Günter Niebrügge (geboren 1935). Niebrügge wurde mit 156 von 203 Stimmen gewählt und mit Jutta Kaminsky wurde erstmals eine Frau 2. Vorsitzende.[159] Der bisherige Geschäftsführer der Verwaltungsstelle Hagen, Franz-Josef Möllenberg, wurde Hauptkassierer. Helmut Manz und der Geschäftsführer der Verwaltungsstelle Aachen, Werner Weck, komplettierten den neuen GHV.

Die Themen des Kongresses waren, neben der Vereinigung und ihren Folgen, sowohl Lebensmittelsicherheit als auch Umweltschutz. Die Delegierten diskutierten auch, wie ausländische Mitarbeiter – immerhin hatten etwa zehn Prozent, also 28 000 Mitglieder, eine ausländische Staatsbürgerschaft – besser unterstützt werden könnten. Der Kongress forderte die Einführung des kommunalen Wahlrechts für Ausländer und eine unkomplizierte Erteilung der Arbeitserlaubnis.

Heinz-Günter Niebrügge

1935 in Herne/Westfalen als Sohn eines Bergmannes geboren, schloss Heinz-Günter Niebrügge 1950 die Realschule ab und machte eine Lehre zum Zigarrensortierer. Er arbeitete sieben Jahre in diesem Beruf, bevor er 1957 zur NGG als Jugend- und Organisationssekretär für den Bezirk Niedersachsen/Bremen kam. Niebrügge besuchte die Leibniz-Abend-Akademie in Hannover, bevor er 1964 Geschäftsführer der NGG-Verwaltungsstelle Hameln wurde. 1967 folgte er Günter Döding als Leiter des Referates »Tabakwirtschaft« in der NGG-Hauptverwaltung Hamburg. Von 1973 bis 1990 war er NGG-Landesbezirksvorsitzender für Niedersachsen/Bremen. 1990 wurde Niebrügge auf dem 11. Gewerkschaftstag Nachfolger von Erich Herrmann als 1. Vorsitzender der NGG. Er trat 1992 aus gesundheitlichen Gründen zurück.

Ende 1989 gelang der NGG noch ein tarifpolitischer Durchbruch: für die 130 000 Beschäftigten der Systemgastronomie gab es endlich einen bundesweiten Mantel- und Entgelt-Tarifvertrag, den die NGG mit dem im Wettbewerb zum Dehoga neugebildeten Bundesverband der Systemgastronomie abgeschlossen hatte. Auf dem Gewerkschaftstag wurde der Tarifabschluss begrüßt, aber auch die dadurch entstandenen internen Differenzen diskutiert, da in bereits existierenden Landestarifverträgen in einigen Punkten bessere Regelungen galten als im neuen Bundestarifvertrag.

Im November 1990 hatte die NGG-DDR 114 000 Mitglieder. Ihr Gewerkschaftsrat beschloss am 16. Oktober 1990, sich angesichts des vollzogenen Beitritts der DDR zur Bundesrepublik Deutschland zum Dezember 1990 aufzulösen.[160] Bis dahin hatte die NGG-DDR über 140 Tarifverträge abgeschlossen und 15 Verwaltungsstellen eingerichtet. Diese Arbeit konnte bezahlt werden durch die Mitgliedsbeiträge von 2,228 Millionen DM, ein Darlehen der NGG-BRD über 105 000 DM und ein weiteres Darlehen von der HNG über 200 000 DM. Das Personal der NGG-DDR mit 85 Beschäftigten war bis zum 30. September 1990 von der HNG finanziert worden.

© NGG

diese Seite:
NGG-Hauptverwaltung Haubachstraße 76, Hamburg 2015.

rechte Seite:
Kundgebung auf dem Alexanderplatz gegen die Politik der Bundesregierung und die Treuhandanstalt, Berlin, 23. März 1991.

NGG-Funktionäre 1990–1992

GHV	1. Vorsitzender	**Heinz-Günter Niebrügge**
	2. Vorsitzende	**Jutta Kaminsky**
	Hauptkassierer	**Franz-Josef Möllenberg**
	GHV-Mitglied	**Helmut Manz**
	GHV-Mitglied	**Werner Weck**
Landesbezirke	Hamburg-Schleswig-Holstein*	**Reiner Wittorf**
	Niedersachsen-Bremen	**Gunold Fischer**
	NRW	**Walter Schmidt**
	Bayern	**Erwin Berger**
	Hessen, Rheinland-Pfalz, Saar	**Hans Volpp**
	Baden-Württemberg	**Herbert Berger**
	Berlin**	**Horst Helterhof (gest. 1991), Edmund Mayer**

* ab 1991 Landesbezirk Nord ** ab 1991 Berlin-Brandenburg

Die neue NGG

Der Beirat der NGG-BRD tagte am 20. November 1990 in Hannover und beschloss die Fusion mit der NGG-DDR. Die Sitzung fand gemeinsam mit dem Gewerkschaftsrat der NGG-DDR statt. Auf der Sitzung wurde verabredet, dass zehn Mitglieder aus den neuen Bundesländern Sitz und Stimme im Beirat und fünf im Hauptvorstand erhielten.

Auch die Satzung der NGG-BRD wurde geändert: »Mitglieds- und Beitragszeiten bei der Gewerkschaft NGG-DDR und anderen DDR-Gewerkschaften werden angerechnet, soweit der Eintritt in die NGG-DDR bzw. in die Gewerkschaft für Gesamtdeutschland vor dem 31. Dezember 1990 erfolgte. Ausgenommen hiervon sind die Bestimmungen nach §19 dieser Satzung. Hier gilt bei einer vorherigen Mitgliedschaft in der NGG-DDR oder in anderen DDR-Gewerkschaften als frühestes Eintrittsdatum der 1. Juli 1990.«[161] Inzwischen hatte sich die ökonomische Lage in den neuen Bundesländern dramatisch verschlechtert: Im August 1990 wurden – verglichen mit dem Vorjahr – 72 Prozent weniger Getränke, 77 Prozent weniger Tee, Kaffee und Süßwaren produziert.[162]

Zum 1. Dezember 1990 entstand mit dem Zusammenschluss eine gesamtdeutsche NGG. Der Hauptvorstand der NGG konzipierte für die neuen Bundesländer einen separaten Forderungsrahmen, in dem 60 Prozent des westlichen Tarifniveaus, eine kurze Laufdauer der Tarifverträge und die Senkung der Arbeitszeit auf 40 Wochenstunden bei vollem Lohnausgleich fixiert waren.

Der Zuschnitt der Verwaltungsstellen, der im Wesentlichen der Aufteilung der früheren DDR-Bezirke folgte, blieb mit wenigen Änderungen erhalten. Die Zuordnung der Landesbezirke geschah hingegen bereits auf Basis der neu ausgebildeten Bundesländer: Mecklenburg-Vorpommern bildete künftig zusammen mit Hamburg-Schleswig-Holstein den Landesbezirk Nord, Brandenburg zusammen mit Gesamt-Berlin den Landesbezirk Berlin-Brandenburg. Die drei weiteren Bundesländer wurden hingegen nicht westlichen Landesbezirken zugeteilt (etwa Sachsen-Anhalt zu Niedersachsen-Bremen, Thüringen zu Hessen/Rheinland-Pfalz/Saar und Sachsen zu Bayern), sondern bildeten einen neuen, den achten Landesbezirk Sachsen/Sachsen-Anhalt/Thüringen. Auf dessen ers-

Verwaltungsstellenvorstand NGG Krefeld und Neuss, Anfang der 1990er Jahre.

ter Landesbezirkskonferenz wurde nach einer turbulenten Diskussion der Würzburger Geschäftsführer Manfred Werske zum Vorsitzenden gewählt, eine Entscheidung, die für die NGG noch Folgen haben sollte.

1992 begannen die damals 16 DGB-Gewerkschaften, über eine Reform ihrer Dachgewerkschaft zu diskutieren. Dabei kamen auch die unterschiedlichen Interessenlagen der Gewerkschaften zum Vorschein. Die NGG hatte beispielsweise überwiegend mit Arbeitgebern aus der Privatwirtschaft zu tun, weil es nun mal wenige kommunale Brauereien oder Bäckereien im Staatseigentum gab, und war dementsprechend vorwiegend in kleinteilige Strukturen eingebunden.

Durch die Mitgliederentwicklung der Gewerkschaften stand auch der DGB-Rechtsschutz, der als wesentliche und personalaufwendige Unterstützungsleistung auch für die NGG-Mitglieder in Streitfällen vor Arbeits- und Sozialgerichten tätig war, zur Disposition. Die NGG kooperierte mit anderen kleineren Gewerkschaften, um ihre Interessen gegenüber den großen – wie etwa der IG Metall und den Gewerkschaften des öffentlichen Dienstes – zu artikulieren, um den DGB-Rechtsschutz zu erhalten, was auch gelang. Mit der Gewerkschaft Handel, Banken und Versicherungen sollten ebenfalls endlich alle Abgrenzungsprobleme geklärt werden. Auch die Mitbestimmungsrechte der Arbeitnehmer in Aufsichtsräten mussten verändert werden, um die Wahlverfahren im Gastgewerbe zu erleichtern. Diese wichtigen Debatten führte die NGG unter äußerst widrigen organisatorischen Umständen.

Neue Führungskrise 1992

Die durch den Rücktritt Günter Dödings ausgelöste Führungskrise war durch die Neuwahl des GHV 1990 nur kurzzeitig behoben. Schon im Juni 1992 trat Heinz-Günter Niebrügge nach weniger als zwei Jahren Amtszeit aus gesundheitlichen Gründen als NGG-Vorsitzender zurück. Diesmal entschied der Hauptvorstand schnell, im November 1992 einen außerordentlichen Gewerkschaftstag durchzuführen und nominierte die 2. Vorsitzende Jutta Kaminsky als Kandidatin für Heinz-Günter Niebrügges Nachfolge und den Landesbezirksvorsitzenden des neugebildeten Landesbezirks Nord, Reiner Wittorf, als Kandidaten für den dann ebenfalls neu zu wählenden 2. Vorsitzenden. Kaminsky übernahm zunächst – wie zwei Jahren zuvor auch Erich Herrmann – bis zum Wahltag den Geschäftsführenden Vorsitz. Aber auch sie trat nach drei Monaten, am 25. September 1992, überraschend zurück. Es war wieder »Der Spiegel«, der über ihre Gründe spekulierte und berichtete, dass die NGG-Kollegen gegen Jutta Kaminskys Wahl auf dem außerordentlichen Gewerkschaftstag zwei Kisten Sekt gewettet hätten. Laut »Spiegel«-Bericht gab es auch Ressentiments gegen eine weibliche Persönlichkeit an der Spitze der NGG.

Der von Jutta Kaminskys Entscheidung überraschte Hauptvorstand ersuchte sie vergeblich um Klärung der Gründe für ihren Rücktritt. Kaminsky verweigerte allerdings weitere Erklärungen. Von den Spekulationen um die Hintergründe hat sich die NGG lange nicht erholt. Erneut war die älteste Gewerkschaft in

Deutschland in schwieriges Fahrwasser geraten und führungslos. Der Hauptvorstand um den übrig gebliebenen Rest des Geschäftsführenden Hauptvorstands aus Franz-Josef Möllenberg, Helmut Manz und Werner Weck nominierte den bis dato als Hauptkassierer amtierenden Franz-Josef Möllenberg zum Kandidaten für den 1. Vorsitzenden, bestätigte die Kandidatur von Reiner Wittorf und bat den Bundesfrauenausschuss darum, eine Frau für den Geschäftsführenden Hauptvorstand zu gewinnen. Nach ausführlicher Diskussion der Vorgänge um den Rücktritt von Jutta Kaminsky wurden Franz-Josef Möllenberg und Reiner Wittorf auf dem außerordentlichen Gewerkschaftstag im November 1992 in Düsseldorf zu den neuen 1. und 2. Vorsitzenden mit großer Mehrheit gewählt, obwohl Möllenberg bis einen Tag vor dem Kongress noch mit zwei Gegenkandidaten konfrontiert war.

Mit 38 Jahren bei Amtsantritt war Möllenberg damit der jüngste Vorsitzende nach dem Zweiten Weltkrieg – und nur Oskar Allmann (27 Jahre alt, als er 1895 Vorsitzender des Verbands der Bäcker wurde) und Karl Deichmann (1900 bei seiner Wahl zum Vorsitzenden des Deutschen Tabakarbeiter-Verbandes 37 Jahre alt) waren bei ihrer ersten Wahl jünger. Auch mit der Wahl von Frauke Dittmann zur Hauptkassiererin wurde Neuland beschritten. Denn Dittmann war nicht nur die erste Frau, die für die NGG-Finanzen verantwortlich war, sondern – im Gegensatz zu nahezu allen GHV-Mitgliedern – vorher auch nicht hauptamtlich für die NGG, sondern ehrenamtlich aktiv und hauptberuflich als Betriebsrätin in einem Betrieb der Nährmittelindustrie in Schleswig-Holstein tätig.

Mitgliederzuwachs

Im Jahr 1991 hatte die NGG durch die Erweiterung 431 211 Mitglieder – ein gewaltiger Zuwachs, der zu einem sehr großen Personalbedarf führte. Die Mitgliederzahl erwies sich jedoch nicht als nachhaltig und sank in den Folgejahren bis 2007 kontinuierlich ab, innerhalb von eineinhalb Jahren bis 1993 auf 355 863.[163] Dies hatte vor allem damit zu tun, dass viele Mitglieder durch Rezession im Westen und durch die Treuhandpolitik im Osten arbeitslos wurden.

Franz-Josef Möllenberg

1953 in Hagen geboren, ist Franz-Josef Möllenberg gelernter Bankkaufmann. Er trat 1970 in die SPD ein. Seine hauptamtliche Laufbahn bei der NGG begann er 1975 als Sekretär und übernahm 1978 den Posten des Geschäftsführers in der Verwaltungsstelle Hagen/Westfalen.

Im September 1990 wurde er als Hauptkassierer in den Geschäftsführenden Hauptvorstand gewählt. Seit der Wahl auf dem Außerordentlichen Gewerkschaftstag 1992 in Düsseldorf war er Vorsitzender der NGG und bis 2013 in diesem Amt. Schwerpunkte seiner Amtszeit waren unter anderem die Zusammenführung der NGG nach der Wiedervereinigung und die Initiative der NGG, 1999 als erste Gewerkschaft in Deutschland die Einführung eines gesetzlichen Mindestlohns zu fordern.

Neben seiner Tätigkeit bei der NGG war Franz-Josef Möllenberg Vizepräsident der »International Union of Food, Agricultural, Hotel, Restaurant, Catering, Tobacco and Allied Workers' Associations« (IUF) und Vizepräsident bei der »European Federation of Food, Agriculture and Tourism Trade Unions« (EFFAT).

Möllenberg wurde zeitweise als Nachfolger des DGB-Vorsitzenden Dieter Schulte gehandelt. Seit der Gründung von ver.di 2001 bis zur Wahl von Michael Vassiliadis zum Chef der BCE im Jahr 2009 war Möllenberg zugleich jüngster wie auch dienstältester Chef einer DGB-Gewerkschaft. Franz-Josef Möllenberg trat aus persönlichen Gründen 2013 nicht mehr zur Wiederwahl an.

Abbau Ost

Während die Arbeitslosigkeit im Westen 1991 um zehn Prozent abnahm, stieg sie im Osten um 137 Prozent. Um 5,1 Prozent erhöhte sich die Zahl der Arbeitnehmer im Nahrungsmittel- und Genussmittelgewerbe im Westen. Für den Osten waren 1992 gegenüber 1991 fast 36 000 Menschen weniger in den NGG-Branchen beschäftigt. Die Produktivität im Osten war rasant gestiegen. In der Zuckerindustrie übertraf sie die Produktivität des Westens um 100 Prozent.

Die NGG produzierte Plakate, die für den Kauf von Lebensmitteln aus den neuen Bundesländern warben, etwa mit dem Spruch: »Ich kaufe Ost, nicht immer, aber immer öfter«, und forderte, das Lohnniveau im Osten anzuheben.

Mit der Treuhandanstalt schloss die NGG am 1. April 1992 eine Rahmenvereinbarung, die unter anderem die Finanzierung von Sozialplänen vorsah.[164] Dabei ging es auch darum, dass die Treuhandanstalt, wenn sie Betriebe verkaufte, einen Sozialplan aufstellte. Beispielsweise sollten im Falle von Entlassungen Weiterbildungen finanziert oder Abfindungen gezahlt werden. Die ostdeutschen Konsumgenossenschaften planten mit ihrem Dachverband, dem Verband Deutscher Konsumgenossenschaften, ihre Geschäftsfelder auszuweiten. Bereits im Juni 1990 übernahm der »Konsum« 122 Bolle-Supermärkte aus dem »Co op«-Konzern. Die Gründung eines gemeinsamen Großhandels mit den westdeutschen Konsumgenossenschaften gelang nicht und deswegen kooperierte der Verband mit der ASKO. Beim »Konsum Nord« beispielsweise kam es zu Geschäftsschließungen, es wurden Gaststätten verkauft und über 4 000 Mitarbeiter gekündigt. 2014 schrieb der ehemalige Pressechef der »Co op«, Armin Peter, in seinem Schlüsselroman »Gemeinwirtschaft. Der Roman vom Soll und Ist« dazu: »Das Land staunte. Ein ostdeutsches Handelsunternehmen, dieser aus westlicher Sicht planwirtschaftlich verkalkte Genossenschaftskoloss, ein sozialistischer Monopolhändler neben der HO, hatte sich ein modernes westliches Ladennetz gegriffen und ein Stück marktwirtschaftlicher Wiedervereinigung realisiert.«[165]

Ausgelöst durch die finanzielle Schieflage der »Neuen Heimat« hatten die DGB-Gewerkschaften ihre Gemeinwirtschaft bis 1990 »abgewickelt«. Mit der

linke Seite:
Arbeiterinnen an der Verpackungsanlage im VEB Zuckerfabrik Güstrow, heute Nordzucker AG. Die Fabrik (Inbetriebnahme 1962) gehörte zu den modernsten und leistungsfähigsten Betrieben der DDR. Güstrow, 21. September 1989.

deutschen Einheit hätte es gerade für die »Co op«-Betriebe und auch den Einzelhandel gute Chancen gegeben, das Geschäft auszubauen und dabei natürlich auch Arbeitsplätze zu erhalten oder zu schaffen.

Die meisten Betriebe in den neuen Bundesländern reduzierten massiv Arbeitsplätze. Es ging also nicht vordringlich um die Anhebung der Löhne auf Westniveau, sondern darum, dass überhaupt Arbeitsplätze erhalten blieben. All diese Probleme musste die NGG von Anfang an im Blick behalten, wenn über die Tarifpolitik in den neuen Bundesländern beraten wurde.

Vielleicht durch den Wegfall der Systemkonkurrenz, aber auf jeden Fall durch verstärkten Wettbewerbsdruck und die Erosion der Arbeitgeberverbände gerieten die Gewerkschaften in den 1990er-Jahren immer stärker in eine tarifpolitische Defensive. Flächentarifverträge wurden durch Unternehmens- und Haustarifverträge ersetzt, Tariferfolge mussten immer häufiger durch Arbeitskämpfe erzwungen werden. Von 1990 bis 1997 organisierte die NGG 426 Streiks und Urabstimmungen. 1989 hatte die NGG 1830 aktuelle Tarifverträge im Bestand. Bis 1993 stieg diese Zahl auf 2587, davon 545 in den neuen Bundesländern. Manteltarifverträge nahmen um 25 Prozent zu und bis 1993 stieg die Zahl der Einkommenstarifverträge um 16 Prozent. Davon waren 1626 Verträge Firmen- oder Ortstarife.

Arbeitgeber und Bundesregierung kritisierten die 1990 abgeschlossenen Vereinbarungen zu Löhnen und Gehältern in den neuen Bundesländern als viel zu hoch. Die Gewerkschaften argumentierten, dass auch die Produktivität und die Preise gestiegen waren. Wurden 1990 die Löhne und Gehälter in den NGG-Branchen durchschnittlich um 4,5 Prozent erhöht, so kam die Verkürzung der Wochenarbeitszeit trotz Erfolgen der IG Metall und der IG Chemie nicht voran.

Brauereistreiks in Baden-Württemberg

Der unbefristete Streik bei den Brauereien in Baden-Württemberg wirkte wie ein Signal. Im Sommer 1991 beschloss die große Tarifkommission Brauereien in Baden-Württemberg, den Entgelttarifvertrag zum 30. September 1991 zu kündigen und elf Prozent mehr Lohn zu fordern.[166] Die Arbeitgeber der 179 Brauereien boten 5,16 Prozent, später 6,5 Prozent. Die NGG forderte ihre Mitglieder auf, keine Überstunden mehr zu leisten, bis die Arbeitgeber nachbesserten. Doch die Arbeitgeber weigerten sich, so dass es im November 1991 zu ersten Warnstreiks mit 1500 beteiligten Beschäftigten kam. Daraufhin boten die Arbeitgeber 7,03 Prozent an. Die NGG argumentierte weiterhin mit einer hohen Inflationsrate und dass die Brauereien höhere Gewinne erwirtschaften würden. Sie rief zur Urabstimmung auf, die über einen Streik entscheiden sollte. Verglichen mit den Tarifverträgen in NRW, Hamburg, Berlin und Hessen verdienten die Beschäftigten in Baden-Württemberg monatlich zwischen 240 und 387 DM weniger. Insofern sprach sich die Mehrheit für Streik aus. Langsam breitete sich – forciert durch die Medien – Panik aus. Deutschland ohne Bier erschien unvorstellbar.

Von 4743 Beschäftigten in der Brauindustrie Baden-Württembergs waren 2710 NGG-Mitglieder und diese stimmten für eine unbefristeten Streik. Und tatsächlich titelten die Stuttgarter Nachrichten »Getränkehandel rechnet mit Hamsterkäufen – Engpässe in Kneipen befürchtet«.[167] Am 28. November 1991 begannen die ersten Streiks und am 30. November machten die Arbeitgeber ein Angebot über acht Prozent, gültig ab 1. Januar 1992 und 7,03 Prozent für das letzte Quartal 1991. Die Tarifkommission schlug vor, das Angebot anzunehmen und den Streik zu beenden. In der Urabstimmung stimmten 68,5 Prozent dafür, der Streik war beendet.

»Aktion Gegenwehr«

Im Sommer 1992 suchte die Bundesregierung einen Weg zur Finanzierung der Pflegeversicherung. Der Plan war, dass krankgeschriebene Arbeitnehmer die ersten drei Tage kein Geld bekämen. Damit wären die sogenannten Karenztage gekürzt worden. Die DGB-Gewerkschaften organisierten eine »Aktion Gegenwehr«. Unter dem Motto »Pflegeversicherung ja – Karenztage nein« sammelte auch die NGG

Unterschriften und beteiligte sich an Protestaktionen. Zum 3. Oktober 1992 rief die NGG zum »Marsch auf Bonn«.[168] Dies hatte Erfolg: 1994 einigten sich Koalition und Opposition auf einen Kompromiss. Ein Feiertag – der Buß- und Bettag – fiel weg.

Der »Frauen-Streik«

Im Jahr 1995 kam es in der ostdeutschen Süßwarenindustrie erstmals überhaupt in der Geschichte dieser Branche zu unbefristeten Streiks. Ziel war die Anpassung des Lohns auf West-Niveau. Der bisherige Tarif sah in der untersten Gehaltsgruppe 1330 DM brutto vor, das waren 70 Prozent des Tarifs im Westen, der ebenfalls vergleichsweise niedrig war. Der Entgelttarifvertrag lief am 28. Februar 1995 aus. Die NGG verlangte eine Lohnerhöhung um 11 Prozent. Nach drei ergebnislosen Verhandlungen fanden erste Urabstimmungen statt. Die Beschäftigten sprachen sich für Streikmaßnahmen aus. Am 29. Mai 1995 begannen bei den Thüringer Schokoladenwerken Saalfeld, bei Böhme Schokolade GmbH in Delitzsch, Halloren GmbH Halle, Dauerbackwaren GmbH Wurzen und bei Friedel Süßwaren GmbH in Wernigerode die ersten Arbeitsniederlegungen.

Die Presse berichtete darüber als »Frauen-Streik« und zitierte Manfred Werske, den NGG-Vorsitzenden für den Landesbezirk Sachsen/Sachsen-Anhalt/Thüringen, mit den Worten: »Wir können das ausweiten, auch auf die alten Bundesländer.« Daraufhin verbesserten die Arbeitgeber am 2. Juni ihr Angebot auf 8,9 Prozent. Zwischenzeitlich streikten 1200 Beschäftigte aus sechs Betrieben. Am 10. Juni demonstrierte die NGG zentral in Erfurt. Nach einer zweitägigen Verhandlung am 11. und 12. Juni gelang schließlich die Einigung.

Es konnte gegen den Widerstand der Arbeitgeber ein Stufenplan durchgesetzt werden, der die endgültige Anpassung der Entgelte an das West-Niveau bis zum 1. Dezember 1998 verbindlich festschrieb. An der Urabstimmung am 13. und 14. Juni nahmen drei Viertel der Mitglieder teil, die mit knapp 97 Prozent für das Verhandlungsergebnis stimmten. Insgesamt dauerte der Arbeitskampf 17 Tage.

»Gleicher Lohn für gleiche Arbeit«

1995 waren fast 40 Prozent der NGG-Mitglieder weiblich. Die meisten der 128131 Frauen waren im Hotel- und Gaststättengewerbe tätig. »Gleicher Lohn für gleiche Arbeit« war mittlerweile eine historische Forderung der NGG. Vor allem die Eingruppierung innerhalb der Betriebe spielte bei den gravierenden Gehaltsunterschieden zwischen Männern und Frauen eine große Rolle. Bis zum Bundesarbeitsgericht gingen die Kolleginnen bei der Nussrösterei Felix in Schwerte, die heute zu Intersnack gehört. 1990 begann dort der Rechtsstreit, als für nächtliche Verpackungsarbeiten Männer beschäftigt wurden, die gleich zwei Lohngruppen höher eingruppiert worden waren als die Frauen, die tagsüber die gleiche Arbeit verrichteten. Zunächst wurden sich widersprechende Urteile vor den Gerichten erklagt. Das Landesarbeitsgericht Hamm 1993 gab den Klägerinnen Recht.

NGG-Funktionäre 1992–1994		
GHV	1. Vorsitzender	**Franz-Josef Möllenberg**
	2. Vorsitzender	**Reiner Wittorf**
	Hauptkassiererin	**Frauke Dittmann**
	GHV-Mitglied	**Helmut Manz**
	GHV-Mitglied	**Werner Weck**
Landesbezirke	Nord	**Adrian Zimmat**
	Niedersachsen-Bremen	**Gunold Fischer**
	NRW	**Thomas Gauger**
	Bayern	**Erwin Berger**
	Hessen, Rheinland-Pfalz, Saar	**Hans Volpp**
	Baden-Württemberg	**Herbert Berger**
	Berlin-Brandenburg	**Edmund Mayer**
	Sachsen, Sachsen-Anhalt, Thüringen	**Manfred Werske**

© ullstein bild

Produktion von Lebkuchen-Oblaten im Bahlsen-Werk, Berlin-Neukölln, Juni 1996.

NGG-Funktionäre 1994–1998		
GHV	1. Vorsitzender	Franz-Josef Möllenberg
	2. Vorsitzender	Reiner Wittorf
	Hauptkassiererin	Frauke Dittmann
	GHV-Mitglied	Helmut Manz
	GHV-Mitglied	Werner Weck
Landesbezirke	Nord	Herbert Grimberg
	Niedersachsen-Bremen	Gunold Fischer
	NRW	Thomas Gauger
	Bayern	Erwin Berger
	Hessen, Rheinland-Pfalz, Saar	Gerhard Herbst
	Baden-Württemberg	Herbert Berger
	Berlin-Brandenburg	Edmund Mayer
	Sachsen, Sachsen-Anhalt, Thüringen	Manfred Werske, ab 1996 Edmund Mayer

Als dann 1995 die Angelegenheit vor dem Bundesarbeitsgericht verhandelt wurde, stand zwar im Urteil, dass die Frauen benachteiligt gewesen wären, aber die Arbeit doch unterschiedlich ausgesehen hätte. Das Urteil aus Hamm wurde durch das Bundesarbeitsgericht aufgehoben.

Auch intern kamen die NGG-Frauen nicht immer gut voran: Von der in den achtziger Jahren aufgekommenen gesellschaftlichen Diskussion um eine Frauenquote beeinflusst, forderte der Bundesfrauenausschuss auf dem Gewerkschaftstag 1994 eine Frauenquote für alle NGG-Gremien. Die sehr aufgeladene und emotional geführte Debatte, die zwar mehr als 50 Prozent der Delegierten zu einem Ja zur Quote bewegte, aber die erforderliche Zwei-Drittel-Mehrheit verfehlte, riss starke Wunden im Verhältnis der NGG zu ihren Frauengruppen. Auch 1998 erhielt ein entsprechender Antrag nicht die nötige Unterstützung. Erst 2003 wurde in der NGG, als die Zusammensetzung des Geschäftsführenden Hauptvorstandes neu geregelt wurde, festgelegt, dass darin beide Geschlechter vertreten sein mussten. Später verankerte die NGG 2008 die »Berücksichtigung des Minderheitengeschlechtes« bei den NGG-Organen in der Satzung.

© NGG

Franz-Josef Möllenberg auf dem Gewerkschaftstag der NGG in Hamburg, 1994.

Kein Geld bei Krankheit?

Bereits im Januar 1996 diskutierte das »Bündnis für Arbeit und Standortsicherung«, meist nur »Bündnis für Arbeit« genannt, über die Entgeltfortzahlung im Krankheitsfall. Im Bündnis für Arbeit waren auch die Gewerkschaften vertreten. Diese suchten nun nach einem Kompromiss. Im April legte die Bundesregierung ein Sparpaket vor, das die Kürzung der gesetzlichen Entgeltfortzahlung von 100 auf 80 Prozent und des Krankengeldes von 80 auf 70 Prozent vorsah. Im Juni organisierte der DGB im Bonner Hofgarten dagegen die bis dahin größte gewerkschaftliche Demonstration seit der Wiedervereinigung. Trotz weiterer Protestaktionen verabschiedete der Bundestag mit seiner Mehrheit aus CDU/FDP im September 1996 das Sparpaket inklusive der Kürzungen.

Der Bundesverband der deutschen Süßwarenindustrie reagierte noch bevor das Gesetz in Kraft trat. Er schickte an seine Mitgliedsunternehmen die Empfehlung, die Lohnfortzahlungen bei Krankheit auf 80 Prozent in den Tarifverträgen zu reduzieren. Damit befanden sich die Süßwarenhersteller in guter Gesellschaft, auch Gesamtmetall ließ seine Mitgliedsunternehmen wissen, dass ab 1. Oktober 1996 nur noch 80 Prozent zu zahlen seien. Die IG Metall rief daraufhin bei Daimler-Benz zum Streik auf, woraufhin 30 000 Beschäftigte kurzfristig die Arbeit niederlegten. Die gesetzliche Regelung wollten die Unternehmen benutzen, um Tarifverträge auszuhebeln. Auch die NGG rief zu Warnstreiks auf, mehrere Urabstimmungen für Streiks fanden statt. In der Urabstimmung in 65 Betrieben der Süßwarenindustrie sprachen sich 97,1 Prozent für den Streik aus. Am 24. November 1996 begann der Streik im Hamburger Nestlé-Werk. Auch bei Bahlsen und Wissoll wurde die Arbeit niedergelegt.

Insgesamt beteiligten sich über 9 600 Beschäftigte an den Arbeitskämpfen, die insgesamt drei Wochen dauerten. Der NGG gelang es, mit dem Abschluss von 25 Firmentarifverträgen für rund 100 Betriebe mit insgesamt 24 600 Beschäftigten die hundertprozentige Entgeltfortzahlung bei Krankheit zu sichern.

Parallel dazu fanden die ersten »NGG-Wochen« bei McDonald's statt.[169] Damit griff die NGG Dortmund die Kampagnen von »Asienwochen« des Unternehmens auf und funktionierte sie zum Motto ihrer Protestaktionen um. Bei einigen McDonald's-Betrieben gab es keine Betriebsräte, weshalb 50 Mitarbeiter den Konzern verklagt hatten, der ihnen eine tarifliche Lohnerhöhung um 78 Pfennig verweigerte. Erst 1995 durfte erstmals ein Gesamtbetriebsrat bei McDonald's gewählt werden.

Quo vadis, NGG?

Führten die zusätzlichen Mitglieder aus den neuen Bundesländern zu außergewöhnlich hohen Beitragseinnahmen von über 22 Millionen DM im Jahr 1991, so stiegen natürlich auch die Kosten für die neu geschaffenen Verwaltungsstellen und Landesbezirke. Die entstandene Lücke zwischen Beitragseinnahmen und Gesamtausgaben im Jahr 1993 erreichte 12 Millionen DM. Durch andere Einnahmen konnte dieses Defizit auf 10 Millionen DM gedrückt werden.

Von 1993 bis 1997 verlor die NGG über 61 000 Mitglieder. Der Anteil arbeitsloser Mitglieder stieg von 24 Prozent auf 31 Prozent. Den höchsten Rückgang hatten der Getränke- und der Fleisch-Fisch-Bereich. Damit verbunden war ein Rückgang der Einnahmen, so dass die NGG ihr Personal reduzieren musste.

Auch alle Gewerkschaften waren von dieser Entwicklung betroffen, weshalb sich in den 1990er-Jahren fast alle DGB-Gewerkschaften zu verschiedenen Fusionen entschlossen. Von den 1995 bestehenden kleineren Gewerkschaften blieben lediglich die GEW, die Gewerkschaft der Polizei und NGG in ihrer damaligen Form eigenständig. Aber auch die NGG prüfte zunächst 1996, ob sie sich mit der Gewerkschaft Textil und Bekleidung (GTB), mit der sie seit 1978 kooperierte, vereinigen sollte. Parallel versuchten fünf kleinere Gewerkschaften – die »fünf kleinen Tiger« NGG, GTB, Gewerkschaft Holz und Kunststoff (GHK), die IG Medien und die Gewerkschaft Handel, Banken und Versicherungen (HBV) – sich durch Synergieeffekte zu stabilisieren. Nachdem sich jedoch GTB und GHK der IG Metall anschlossen und die IG Medien und die HBV begannen, sich an der Diskussion um die Großfusion zur Vereinten Dienstleistungsgewerkschaft (ver.di) zu beteiligen, entschied sich die NGG 1996, trotz der Mitgliederverluste eigenständig zu bleiben. Die NGG musste Unterstützungsleistungen streichen und eigenes Personal abbauen. So wurden die Familien-Rechtschutz-Versicherung und die Alters- und Hinterbliebenen-Unterstützung im Jahre 1995 abgeschafft. Die NGG sparte über ein Altersteilzeit-Programm und Fusionen von Verwaltungsstellen Personal ein und reduzierte auch die Sachkosten.

Gab es 1994 noch 70 Verwaltungsstellen, so verringerte sich ihre Zahl bis 2015 auf 50 Regionen. Die Mitglieder des Geschäftsführenden Hauptvorstandes

© NGG

Frauke Dittmann

Geboren 1942, wurde Frauke Dittmann auf dem Außerordentlichen Gewerkschaftstag im November 1992 als erste Frau in der Funktion des Hauptkassierers in den NGG-Hauptvorstand gewählt. Zusätzlich war sie auch für die Frauen- und Umweltpolitik zuständig.

Frauke Dittmann, gelernte Speditionskaufmannsgehilfin, besuchte die Hochschule für Wirtschaft und Politik in Hamburg, die sie als Diplom-Volkswirtin abschloss. Seit 1972 war sie stellvertretende Betriebsratsvorsitzende, seit 1984 Vorsitzende des Betriebsrats der Firma Dibona. Sie nahm auch lange in verschiedenen ehrenamtlichen Funktionen an Tarifverhandlungen teil, seit 1988 dann als Vorstandsmitglied der Verwaltungsstelle Lübeck. Frauke Dittmann gelang der ungewöhnliche Weg, nach jahrelanger ehrenamtlicher Gewerkschaftsarbeit direkt in den NGG-Hauptvorstand gewählt zu werden. Sie blieb in ihrer Funktion als Hauptkassiererin über drei Wahlperioden bis zu ihrem Ruhestand 2003 tätig. Frauke Dittmann starb am 18. September 2015 in Hamburg.

wurden innerhalb von fünf Jahren in zwei Schritten von fünf auf drei verkleinert. Auch die Landesbezirke wurden zwischen 1998 und 2010 von acht auf fünf reduziert. Daneben wurden Aktivitäten zur Mitgliederwerbung und Mitgliederbindung systematisch ausgebaut. So konnte die NGG neue Mitglieder gewinnen und der Anteil ihrer erwerbstätigen Mitglieder stieg. Seit 2007 hatten sich auch die Beitragseinnahmen stabilisiert.

Mitgliederschwund Ost

In den östlichen Bundesländern verlief der Verlust der Mitgliederzahl überproportional. Der Landesbezirk Sachsen/Sachsen-Anhalt/Thüringen verlor von 1994 bis 1997 rund 10 000 Mitglieder. Überdies verschärfte sich der Konflikt des Geschäftsführenden Hauptvorstands mit dem Chef des Landesbezirks, Manfred Werske, über den politischen Kurs der NGG und wie man weitere Mitgliederverluste verhindern könnte.

Manfred Werske hatte 1998 gegen Franz-Josef Möllenberg um das Amt des 1. Vorsitzenden kandidiert, aber dann doch zurückgezogen. Werskes Kritik an der Arbeit des Hauptvorstands wurde im Laufe der Zeit immer grundsätzlicher und harscher. Auf einer Betriebsversammlung der Mitarbeiter des NGG-Landesbezirks 1996 äußerte sich Werske über den Geschäftsführenden Hauptvorstand in Hamburg derart negativ, dass es zum Eklat kam. Werske hatte außerdem die Kündigungen zweier Geschäftsführer im Landesbezirk öffentlich als »Einstieg der Zerschlagung des Landesbezirks« bezeichnet. Der Geschäftsführende Hauptvorstand beauftragte den Vorstandssekretär Burchard Bösche mit der Aufklärung des Vorfalls und den ehemaligen Präsidenten des Landesarbeitsgerichts Hamburg, Gerd Ross, mit einem Gutachten über die Regelungen in der NGG-Satzung. Auf Basis seiner Stellungnahme beantragte der Hauptvorstand beim NGG-Beirat die Absetzung Manfred Werskes, der dieser jedoch mit seinem Rücktritt am 25. September 1996 zuvorkam.[170]

Edmund Mayer, Vorsitzender des Landesbezirks Berlin-Brandenburg, übernahm vorübergehend die Geschäftsführung im Landesbezirk.[171] Im Bericht des Hauptausschusses hieß es zu dieser Eskapade: »Nach dem Ausscheiden aus unserer NGG wandte sich [Werske] [...] an den Hauptausschuss. Sein Schreiben enthielt eine Reihe von Vermutungen, Behauptungen und Unterstellungen.«[172] Werske hatte von einem »finanziellen Missmanagement« und von »einem Marsch in den Untergang« gesprochen.

Mitgliederentwicklung der NGG in den einzelnen Branchen	**1989**	**1993**	**1997**	**2002**	**2007**
Getränkewirtschaft	40.580	44.143	33.899	27.824	24.259
Getreidewirtschaft	29.338	39.451	33.987	31.217	30.283
Fleisch- und Fischwirtschaft	24.247	34.885	25.355	19.947	17.146
Milch- und Fettwirtschaft	19.075	22.676	17.231	13.816	12.592
Zuckerwirtschaft	25.586	26.430	20.754	15.766	15.005
Obst- und Gemüsewirtschaft	6.657	8.942	7.318	5.689	5.508
Tabakwirtschaft	9.496	10.064	6.874	5.326	4.147
Hotel- und Gaststättengewerbe	34.297	50.317	41.849	38.152	35.173
Genossenschaften	16.281	11.315	5.849	2.664	1.645
Keiner Wirtschaftsgruppe zugeordnet	65.734	107.640	10.1430	84.949	62.185
Bundesgebiet Gesamt	**271.291**	**355.863**	**294.546**	**245.350**	**207.947**

Der Hauptausschuss teilte ihm mit, dass die NGG sich ihrer finanziellen Situation bewusst sei und beschlossen habe, bis 1998 die Personalkosten auf 50 Prozent der Beitragseinnahmen zu senken.

Die interne Auseinandersetzung wurde öffentlich, als Werske seine Äußerungen gegenüber einem Journalisten des Wirtschaftsmagazins »Capital« wiederholte, der sie in eine gegen die NGG gerichtete, insbesondere die Finanzierung des Bildungszentrums Oberjosbach thematisierende Artikelserie einbaute. »Capital« arbeitete jedoch auch mit falschen Aussagen, gegen die sich NGG juristisch erfolgreich zur Wehr setzen konnte. Helmut Manz kommentierte die Medienberichte in der »Einigkeit« folgendermaßen: »An den Haaren herbeigezogen ist auch die Behauptung, NGG erhalte indirekt Geld von Arbeitgebern des Bäckerhandwerks und der Cigarettenindustrie und werde dadurch vom Tarifgegner finanziert. [...] Richtig ist vielmehr: NGG macht sich – wie andere Gewerkschaften auch – seit jeher dafür stark, daß Arbeitgeber im Rahmen gesetzlicher Regelungen oder tarifvertraglicher Vereinbarungen für Bildungsarbeit von Arbeitnehmerinnen und Arbeitnehmern bezahlen.«[173]

Alle diese Aktivitäten der NGG fanden in einem schwierigen finanziellen Umfeld statt. Die Konsolidierung der eigenen Finanzen kam nur mühsam voran, aber der Sparkurs zahlte sich aus. 1997 konnte Frauke Dittmann, die Hauptkassiererin der NGG, einen ausgeglichenen Haushalt für 1996 präsentieren.[174] Doch bedurfte es noch zehn Jahre weiterer intensiver Anstrengungen, um auch auf der Einnahmenseite wieder Steigerungen zu erzielen.

»Bier braucht Heimat«

Im Februar 1997 beschloss der Aufsichtsrat der Brau und Brunnen AG, die Produktion in der Bavaria-St. Pauli-Brauerei in Hamburg Ende des Jahres einzustellen. Damit verbunden war der Abbau von 300 Arbeitsplätzen.

Die Produktion der Biermarken »Astra« und »Ratsherr« sollte von Hamburg nach Berlin und nach Frankfurt (Oder) verlagert werden. In Hamburg wären nach den Plänen des Aufsichtsrats der Vertrieb und die Verwaltung geblieben. Der Organisationsgrad der NGG lag bei dieser Brauerei bei 95 Prozent. Die NGG veranlasste zunächst, dass mehr Vertrauensleute im Betrieb aktiv wurden. Insgesamt fanden sich 56 Mitarbeiterinnen und Mitarbeiter bereit, mitzumachen. Gemeinsam mit der NGG und dem Betriebsrat wurde ein »Aktions-Konzept« entwickelt. Die Brauer protestierten, unterstützt vom Hamburger Senat und vielen Bürgerinnen und Bürgern der Hansestadt, sichtbar im Stadtbild. So meldeten sich drei Tage alle Arbeiter krank, weil sie den »Bavaria-Virus« hatten, der dann für den Ausfall der Produktion sorgte. Die Gewerkschaft bot Brau und Brunnen an, auf 8 Prozent Lohn zu verzichten. Franz-Josef Möllenberg kommentierte die Pläne des Konzerns »als Schnellschuss, ohne zu berücksichtigen, dass Bier Heimat braucht«.[175]

Die Brauerei war nicht das einzige Unternehmen, das seine Produktion in den Osten Deutschlands verlagern wollte. Auch Bahlsen hatte ebenfalls 1996 beschlossen, sein Tochterunternehmen für die Produktion gerösteter Nüsse, die Liebelt GmbH, in Hamburg aufzugeben und ins sächsische Kreba zu verlagern.[176] In Kreba hatte Bahlsen die Kartoffelverarbeitungsanlage übernommen und auf Nussverarbeitung umgestellt. Die NGG entwarf ein besonderes Programm für die 230 Mitarbeiter in Hamburg. Es gab nicht nur einen Sozialplan, sondern auch wegen der besonderen Spezialisierung der Mitarbeiter eine Weiterbildungs- und Arbeitsvermittlungsvereinbarung. In Hamburg konnte man keine andere Arbeit als Nussröster finden, da die Bahlsen-Nussrösterei die einzige war. Für eine Million Mark, von der ein Drittel Bahlsen übernahm und die restlichen Mittel durch die EU und die Stadt Hamburg finanziert wurden, konzipierten Fachleute Qualifizierungskurse. Anfangs standen die Mitarbeiter dieser Idee skeptisch gegenüber und wollten lieber eine höhere Abfindung erhalten, aber durch die individuelle Betreuung konnten sie schließlich überzeugt werden. Immerhin fanden 30 sofort selbst eine neue Arbeit und 77 der Qualifizierten konnten nach den Kursen weitervermittelt werden.[177]

Der Betriebsratsvorsitzende der Bavaria-St. Pauli-Brauerei, Werner Henne, hatte sich unterdessen erfolgreich eingesetzt, um die Schließung der ältesten Brauerei Hamburgs zu verhindern. Sechs Monate lang fanden Aktionen statt. Unter anderem schenkten die Brauer ihren Haustrunk auf dem Fischmarkt aus. Werner Henne berichtete später in einem Interview: »Die Wahl hat uns geholfen, da ist die Politik ja dann immer geschmeidiger als sonst. Wir waren verwurzelt in Hamburg. Bei Demos hat uns die Polizei im Peterwagen Bier nachgefahren. Das war richtig nett. Die kannten uns, wir waren ja ständig auf der Straße. Kurz vor Schluss hab ich für 14 000 Mark Handschellen in ganz Deutschland bestellt. Das war das letzte Geld in der Kasse. Wir hätten uns in der Bavaria angekettet. Dann kam die Einigung. Die Belegschaft hat auf 10 Prozent Gehalt verzichtet.«[178] Die Lösung mutet etwas ungewöhnlich an: Die Brauerei wurde von der Stadt Hamburg für 95 Millionen DM gekauft.[179] 200 Stellen sollten erhalten bleiben und Hamburg wollte die Brauerei an einen Investor weiterverkaufen. Dies geschah auch und 1998 erwarb Holsten die Brauerei. Als es dann wieder Probleme gab, musste Werner Henne erneut verhandeln. Er sagte dazu rückblickend im Interview: »Aber schon ein Jahr später gab es das wieder, da war die Bavaria bei Holsten und es lief nicht. Die haben mich zurückgeholt aus der Rente und ich hab neu verhandelt, da gab es die 10 Prozent wieder. Auch der Vorstand hat wieder mehr gekriegt, die haben gequietscht vor Freude.«[180]

linke Seite: Demonstration von Mitarbeitern der Bavaria-St. Pauli-Brauerei in Hamburg, 20. März 1997.

»Hagen und Zwieback: Das war einmal«

Am 15. März 2000 legte die Belegschaft des Zwiebackherstellers Brandt (Hagen-Haspe) die Arbeit nieder. Der Auslöser dieses Schritts war die Ankündigung des geplanten Umzugs des Unternehmens ins thüringische Ohrdruf. Bis zum Jahr 2002 wollte Brandt dort eine neue Anlage mit rund 200 Arbeitsplätzen bauen, ein Grundstück dafür war bereits gekauft.

Mitte April 2000 hatten sich mehr als 90 Prozent der Belegschaft nach mehreren Warnstreiks in einer Urabstimmung für die Durchführung eines unbefristeten Streiks ausgesprochen. Vier Wochen später hatte das Arbeitsgericht der NGG den Streik verboten. Die Begründung der Richter lautete, dass es der Firma Brandt freistehe, zu entscheiden, an welchem Standort sie tätig sein wolle. Später bestätigte das Landesarbeitsgericht Hamm die Entscheidung des Arbeitsgerichts Hagen, wonach Streikmaßnahmen zur Sicherung des Standortes unzulässig seien. In einem Berufungsverfahren war die NGG gegen eine von der Brandt-Firmenleitung in erster Instanz erwirkte Einstweilige Verfügung gegen einen unbefristeten Streik vorgegangen. Die NGG wollte als Reaktion auf diese Entscheidung mit der Firmenleitung weitere konkrete Gespräche aufnehmen, das Unternehmen hingegen bekräftigte seine Absicht, nach dem Ortswechsel einen Teil der Produktion vorübergehend in Hagen erhalten zu wollen.

Die Beschäftigten reagierten auf das Urteil mit »Dienst nach Vorschrift«, niemand machte mehr Überstunden und Extraschichten wurden boykottiert. Anfang Juni 2000 berichteten mehrere Lebensmittelketten von ersten Lieferengpässen bei Brandt-Zwieback. »Wer will, kann mitgehen nach Thüringen«, sagte der Firmeninhaber Carl-Jürgen Brandt, doch so einfach war das nicht: 400 Arbeiter beschäftigte die Fabrik in Hagen, aber die neue Fabrik sollte lediglich mit 80 Arbeitern auskommen. Hinzu kam noch der Umstand, dass Brandt fast 50 Millionen DM Fördermittel wegen des Umzugs und des damit verbundenen Aufschwungs für die Region vom damaligen Ohrdrufer Bürgermeister Klaus Scheikel und vom damaligen Ministerpräsident Thüringens kassierte.

diese Seite:
Heinz Götting schuf für die Brandt-Belegschaft diese Aquarelle. Da der Eigentümer von Brandt ein Anhänger der Jagd war, wurde dieses Hobby bei den Aktionen des Brandt-Betriebsrats auch thematisiert.

rechte Seite:
Protest gegen die Verlagerung von Asbach, 2007.

© Heinz Götting

© Heinz Götting

Von Nordrhein-Westfalen hätte es lediglich 30 Millionen DM gegeben, was selbst dessen damaliger Ministerpräsident Wolfgang Clement als eine Offerte »am Rande der Ungesetzlichkeit« bezeichnete. Die Fördermittel für den Umzug hatte bereits im Juni 2000 die Bundesregierung mit der Begründung abgesegnet, dass der Umzug nach Thüringen immer noch einem Umzug ins Ausland vorzuziehen sei. Daraufhin keimte eine neue Idee auf: Die Beschäftigten der Firma Brandt wollten in Eigenregie den Betrieb übernehmen, ganz nach dem Vorbild der Betriebe im Osten, wo alte Kombinatsdirektoren von den Mitarbeitern vor die Tür gesetzt wurden. Nachdem am 15. November Zeitungen den Umzug Brandts nach Thüringen verkündeten und zwei Wochen später das für eine Machbarkeitsstudie beauftragte Fraunhofer Institut mit den Prüfungen des technischen Teils bezüglich der Eigenproduktion begann, rollten am 18. Dezember 2000 die ersten Bagger in Ohrdruf an, um mit dem Bau des neuen Werks zu beginnen.

Am 9. März 2001 standen die Ergebnisse der Machbarkeitsstudie fest: Grundsätzlich war eine Produktion in Eigenregie möglich. Doch im Dezember 2002 kam das Aus des Vorhabens: Eine Produktion in Arbeitnehmerhand gab es letztendlich nicht. Währenddessen wurde über einen Interessenausgleich und einen Sozialplan verhandelt, der am 10. Mai 2001 unterzeichnet wurde und ein Weiterlaufen einer Teilproduktion bis Ende 2003 und Abfindungszahlungen in Höhe von 15,5 Millionen DM vorsah. Am 5. Dezember 2003 wurde die Zwieback-Produktion in Hagen endgültig eingestellt, die restlichen 100 Arbeitnehmer mussten in Zwangsurlaub gehen und wurden zum Ende des Jahres 2003 arbeitslos. Zwei Mitarbeiter folgten dem Ruf nach Ohrdruf, die anderen blieben zurück. Lediglich die Hauptverwaltung und der Firmensitz verblieben in Hagen.

»Asbach muss in Rüdesheim bleiben«

Der 1892 in Rüdesheim gegründete Spirituosenhersteller Asbach wurde 1991 von der Familie an die »United Distillers«, eine Tochter des englischen Guiness-Konzerns, veräußert. Damit begann der sukzessive Rückzug des Traditionsunternehmens aus Rüdesheim. Bereits im Jahr 1995 kam es zum Widerstand der Mitarbeiter gegen die Pläne von »United Distillers«, den Fabriksitz in die Niederlande zu verlagern. Damals fuhren die Beschäftigten zusammen mit dem Bürgermeister der Stadt Rüdesheim, Udo Grün, mit zwei Omnibussen nach London, um dagegen zu protestieren. Selbst der damalige hessische Ministerpräsident Hans Eichel (SPD) setzte sich für den Erhalt der Weinbrennerei in Rüdesheim ein.

2002 übernahm dann der Spirituosenhersteller und Kräuterschnapsfabrikant Emil Underberg die Marke Asbach. Asbach kündigte zunächst an, die Abfüllanlage des Unternehmens nach Wilthen in Sachsen zu verlagern, was zu massiven Protesten der Mitarbeiter führte. Nach Angaben der NGG bedrohten diese Maßnahmen zahlreiche Familien in ihrer Existenz. Der Arbeitgeber behauptete, dass alle Mitarbeiter ein Angebot zur Weiterbeschäftigung erhielten. Daneben beabsichtigte das Unternehmen, sie bei der Arbeitsplatzsuche im Rhein-Main-Gebiet zu unterstützen. Das gestaltete sich aber als schwierig, da die Mitarbeiter zu jener Zeit im Schnitt älter als 50 Jahre alt waren. Am 15. März 2007 demonstrierte die NGG mit den Beschäftigten vor dem Rüdesheimer Rathaus. Franz-Josef Möllenberg kritisierte die Unternehmensführung, die das Asbach-Motto »semper idem« »mit Füßen trete«. Auch Mitarbeiterinnen und Mitarbeiter von Eckes, Hardenberg-Wilthen, DeBeukelaer und der Diebels-Brauerei kamen zu der Kundgebung und zogen gemeinsam mit den Asbach-Beschäftigten durch die Rüdesheimer Innenstadt.

© NGG

Nachdem die Beschäftigten der Asbach-Abfüllanlage in Rüdesheim mit ihren Familienangehörigen sogar vor dem Sitz des Mutterunternehmens in Rheinberg am linken Niederrhein demonstrierten, schloss nach mehr als hundert Jahren der Spirituosenhersteller Asbach GmbH seine Abfüllanlage in Rüdesheim am Rhein und beendete die für diese Region bekannte Weinbrand-Produktion.

Die Flaschen des Underberg-Tochterunternehmens werden seit 2007 im sächsischen Wilthen abgefüllt und verpackt. Dazu hatte die Underberg AG eine Zusammenarbeit mit der Hardenberg-Wilthen AG vereinbart und eine neue Gesellschaft gegründet. Der Firmensitz des Weinbrandherstellers und das Besucherzentrum blieben aber weiterhin am alten Stammsitz in Rüdesheim.

© ullstein bild, # 00437109/AP

Betriebsrat à la McDonald's

Im Oktober 1997 beteiligte sich die NGG und mit ihr die Betriebsräte verschiedener McDonald's-Filialen an der »Internationalen Woche für Arbeitnehmerrechte bei McDonald's«.

Die »Einigkeit« berichtete: »In Deutschland endet der demokratische Sektor der Republik nach wie vor im Eingangsbereich der meisten Mc-Donald's-Filialen: Von rund 750 Stores haben nur 40 einen Betriebsrat.«[181] Aus traurigem Anlass wurde der 12. Oktober zum Solidaritätstag für McDonald's-Beschäftigte ausgerufen. Am 12. Oktober 1992 war Mark Hopkins in Manchester in einem McDonald's durch einen Stromschlag getötet worden, als er an einem Fettfilter arbeitete. Es stellte sich heraus, dass zuvor bereits auch andere Mitarbeiter Stromschläge an diesem Gerät oder anderen Maschinen bekommen hatten.[182]

Bei McDonald's gab es 1997 einige Debatten über den Gesamtbetriebsrat. Dieser hätte automatisch einen Sitz in dem europäischen Pendant erhalten. Offenbar versuchte McDonald's, die Betriebsratswahlen zu beeinflussen, indem nur einige Kandidaten von der Betriebsleitung unterstützt wurden. Dies blieb auch den Medien nicht verborgen und so berichtete »Der Spiegel« im April 1998 über die Manipulationen bei der Wahl des Gesamtbetriebsrats und zitierte die zuständige NGG-Referatsleiterin Anja Weber: »Jahrelang hat die Firmenleitung versucht, den Gesamtbetriebsrat zu blockieren. Jetzt haben sie sich eben selbst einen gebacken.«[183] Die Sache wurde von der NGG vor Gericht gebracht, das die Wahl neuer Betriebsräte wegen Verstößen gegen das Betriebsverfassungsgesetz für unrechtmäßig erklärte und Neuwahlen erzwang.

Die NGG publizierte zum McDonald's-Thema eine eigene Broschüre.[184] Der von der NGG unterstützte Betriebsrat wurde vom Unternehmen abgesetzt, dazu gliederte McDonald's Tochterunternehmen aus, damit die dortigen Betriebsräte nicht mehr wahlberechtigt waren. Der von McDonald's »gebackene« Betriebsrat gewann so die neuen Wahlen.

Bei McDonald's fand die nächste Aktionswoche im Oktober 1998 unter dem Motto »Zukunft für McJobs – NGG bei McDonald's« statt. In über 50 Städten organisierte die NGG »Restaurantbesuche«, verteilte Flugblätter. Prompt erhielten die Gewerkschafter

linke Seite:
Mitglieder der NGG verteilen vor einer McDonald's Filiale in Berlin-Mitte Flugblätter als Protest gegen die Arbeitsbedingungen der 630-DM-Beschäftigten, 3. August 1999.

NGG-Funktionäre 1998–2003		
GHV	1. Vorsitzender	**Franz-Josef Möllenberg**
	2. Vorsitzender	**Reiner Wittorf**
	Hauptkassiererin	**Frauke Dittmann**
	GHV-Mitglied	**Werner Weck**
Landesbezirke	Nord	**Herbert Grimberg**
	Niedersachsen-Bremen	**Gunold Fischer**
	NRW	**Thomas Gauger**
	Bayern	**Hans Hartl**
	Hessen, Rheinland-Pfalz, Saar	**Gerhard Herbst**
	Baden-Württemberg	**Herbert Berger**
	Ost	**Edmund Mayer**

Hausverbote. Die Medien berichteten umfangreich über die Aktionen. Die »Einigkeit« zitierte eine Betriebsrätin, »dass der Weltkonzern polnische Arbeitnehmer mit dem Versprechen auf freie Logis und kostenlose Verpflegung ins Rhein-Main-Gebiet lockte. Eingepfercht in winzige Doppelzimmer, erhielten die Beschäftigten nach dem ersten Monat dennoch eine saftige Mietrechnung. Der Hauseigentümer arbeitet als regionaler Manager bei McDonald's.«[186]

Auch bei anderen Unternehmen versuchten die Arbeitgeber, Arbeitnehmerrechte zu beschneiden, und provozierten so immer wieder Arbeitskämpfe.

Bei Coca-Cola in Baden-Württemberg traten 1100 Beschäftigte in fünf Niederlassungen im Frühjahr 1998 in den Streik.[186] Nach 30-stündigen Verhandlungen erreichte die NGG, dass die Entgeltfortzahlung im Krankheitsfall wieder auf 100 Prozent angehoben und Lohn und Urlaubsgeld erhöht wurden. Außerdem vereinbarten die Tarifparteien eine Vorruhestandsregelung und Standortgarantien.

Bei Südzucker gelang es 1998, den ersten Tarifvertrag über Altersteilzeit in der Zuckerindustrie abzuschließen. In der Zuckerindustrie hatte die NGG damals einen Organisationsgrad von 60 Prozent. Südzucker betrieb in Deutschland zwölf Fabriken und hatte einen Marktanteil von 40 Prozent. Der neue Tarifvertrag sicherte den Beschäftigten in Altersteilzeit 85 Prozent ihres Monatseinkommens zu.

1998 schlossen sich die bisherigen Landesbezirke Berlin/Brandenburg und Sachsen/Sachsen-Anhalt/Thüringen zum Landesbezirk Ost zusammen. Auf der Landesbezirkskonferenz in Dessau wählten die Delegierten Edmund Mayer mit 92 von 113 Stimmen.

Vom 9. bis 13. November 1998 fand in Hamburg der 13. Ordentliche Gewerkschaftstag der NGG statt. Zur Eröffnung sprach der neugewählte Bundeskanzler Gerhard Schröder von der SPD. Er skizzierte sein Vorhaben, ein Vertrauensverhältnis zwischen Arbeitgebern und Arbeitnehmern aufzubauen und sich mit beiden an einen Tisch setzen zu wollen. Das war die Neuauflage des »Bündnisses für Arbeit«. Franz-Josef Möllenberg kommentierte dies mit den Sätzen: »Wir werden Dich kritisch begleiten, aber vor allem konstruktiv.« Auf dem Gewerkschaftstag beschlossen die Delegierten, den Geschäftsführenden Hauptvorstand von fünf auf vier Mitglieder zu verkleinern. Helmut Manz, der jahrelang die Jugend- und Bildungsarbeit verantwortete, hatte auf eine erneute Kandidatur verzichtet. Weitere Anträge auf dem Gewerkschaftstag bezogen sich auf die Sicherheit von Lebensmitteln, die Besteuerung von Trinkgeld und von Abfindungen.

1999 begann die Junge NGG in Berlin eine eigene Publikation, die »youNGGsta«, herauszugeben, die sich vor allem an den Nachwuchs und damit auch an die Auszubildenden richtete. Als Newsletter existiert sie bis heute auch bundesweit.

Die Mindestlohn-Idee

Bereits 1951 hatte der Bundestag das Gesetz über Mindestarbeitsbedingungen erlassen, in dem auch das Festsetzen von Mindestarbeitsentgelten für nicht tarifgebundene Betriebe geregelt wurde. Dieses Gesetz machte bereits damals Mindestlöhne theoretisch möglich. Angesichts der in den 1990er-Jahren immer geringer werdenden Tarifbindung unterbreitete die NGG als erste den Vorschlag, dieses Gesetz so zu ändern, dass es einen Mindestlohn vorschrieb.

Am 4. Oktober 1999 fasste der Hauptvorstand der NGG den Beschluss, sich für die Einführung des gesetzlichen Mindestlohns einzusetzen. Diesem Schritt gingen lange Diskussionen voraus, und so spiegelten sich in der Vorlage für die Sitzung auch die Risiken für die gewerkschaftliche Arbeit wider, die mit einem gesetzlich verordneten Mindestlohn einhergehen würden: Die Gewerkschaften würden Kompetenzen verlieren, dazu würde in die Tarifautonomie eingegriffen. Aber angesichts der in vielen NGG-Branchen weit um sich greifenden Tarifflucht erschien der Mindestlohn die geeignete Antwort auf die vielen ungeregelten Arbeitsverhältnisse und den geringen Organisationsgrad. Außerdem hatte das Arbeitnehmer-Entsendegesetz für das Bauhauptgewerbe 1996 festgelegt, dass es für Beschäftigte ohne Tarifvertrag einen Mindestlohn geben müsse. 1999 gab es in sechs Mitgliedsstaaten der EU einen nationalen gesetzlichen Mindestlohn. In Großbritannien wurde dieser mit einem Stundenlohn von 3,60 Pfund, in Frankreich mit 40,22 Francs definiert, in Luxemburg und Portugal als Monatslohn, in den Niederlanden als Wochenlohn und in Spanien als Monats- und Tageslohn. In Belgien und Griechenland war der Mindestlohn nicht gesetzlich geregelt, sondern wurde durch die Sozialpartner auf nationaler Ebene für alle Wirtschaftszweige festgelegt.

Großbritannien hatte bereits 1909 Mindestlöhne eingeführt, die unter der Regierung von Margaret Thatcher abgeschafft wurden. Am 1. April 1999 ist die Mindestlohn-Regelung erneut eingeführt worden. In den USA existiert seit 1938 ein bundesweiter Mindestlohn. Bereits 1912 hatte der Bundesstaat Massachusetts einen unverbindlichen Mindestlohn für die Arbeit von Kindern und Frauen beschlossen. Nach der großen Depression erhoffte sich die Regierung unter Präsident Theodore Roosevelt, dass mit einem Mindestlohn die Kaufkraft steigen und in den südlichen Bundesstaaten moderne Arbeitsformen zu einem Strukturwandel führen würden.[187] Der bundesstaatliche Mindestlohn galt nur für Unternehmen, die mehr als 500 000 US-Dollar Umsatz machten oder im »Interstate-Commerce« tätig waren. In den 1980er-Jahren hatte der Mindestlohn vor allem im Einzelhandel und in der Gastronomie eine große Bedeutung.

Die Internationale Arbeitsorganisation, die ILO, die eine Sonderorganisation der UNO ist, hatte schon 1951 ein Übereinkommen über Mindestlöhne in der Landwirtschaft für ihre Mitglieder beschlossen. 1972 trat dann das ILO-Übereinkommen für andere Wirtschaftszweige in Kraft.

Insofern war der Vorschlag der NGG nicht aus der Luft gegriffen. Werner Weck, Mitglied des Geschäftsführenden Hauptvorstands, sprach von einer Initiative gegen »Arbeit in Armut«. Als Mindestlohn forderte er 2 500 Mark monatlich bei einer 35-Stunden-Woche. Die Armutsgrenze lag 1999 im Westen bei knapp 2 200 DM und im Osten bei 1 700 Mark. Zunächst zeigten sich die anderen DGB-Gewerkschaften und auch die SPD-Regierung unter Gerhard Schröder gegenüber der Mindestlohn-Idee skeptisch, beide verhielten sich abwartend.

linke Seite:
Vertreter der amerikanischen Gewerkschaft für Schiffsköche und Stewards und der Gewerkschaft der Telegraphisten (von links nach rechts: John W. Meal, Mervyn Rathbone, Francis J. Goodall) vor der Anhörung bei der US Marine Kommission zum Mindestlohn in der Handelsmarine, Washington D.C., 23. August 1937.

diese Seite:
Aktion mit der Jungen NGG Nordschiene zum Mindestlohn in Neumünster, 2008.

Die BSE-Krise – Tierwohl und Nahrungsmittelqualität

Am 26. November 2000 wurde der erste Fall der Rinder-Seuche amtlich bestätigt. Der jährliche Pro-Kopf-Verbrauch von Rindfleisch ging daraufhin rapide von 14 auf 9,9 Kilogramm zurück. Ausgelöst wurde die Seuche durch die Verfütterung von Tiermehl und Tierfett. Diese unnatürliche Art der Tierfütterung wurde EU-weit 2001 verboten.

Unzählige Rinder wurden wegen BSE getötet, auch wenn einzelne Rinder selbst nicht infiziert waren, aber zu einer Herde mit kranken Tieren gehörten. BSE, auch »Rinderwahn« genannt, ist eine tödliche zerebrale Erkrankung bei Rindern, die im Verdacht steht, auch durch den Verzehr auf den Menschen übertragbar zu sein und bei diesen die Creutzfeldt-Jakob-Krankheit auszulösen.

Für Schlachtrinder wurden Schnelltests eingeführt, die erhebliche Kosten verursachten. Die NGG machte auf die Folgen für die Beschäftigten aufmerksam. So sagte Franz-Josef Möllenberg in einem Radio-Interview: »Betroffen sind vor allem die Futtermittelindustrie mit ihren 8 000 Beschäftigten, aber auch Schlacht- und Viehhöfe und die Fleisch verarbeitende Industrie mit 113 000 Beschäftigten.«[188]

Wegen der BSE-Krise traten am 9. Januar 2001 die Gesundheitsministerin Andrea Fischer von Bündnis 90/Die Grünen und der Landwirtschaftsminister Karl-Heinz Funke von der SPD zurück.

Ein neues Ministerium wurde geschaffen, in dem Verbraucherschutz, Ernährung und Landwirtschaft vereinigt wurden. Im Februar 2001 demonstrierte die NGG vor dem Gebäude des neuen Bundesministeriums in Berlin gegen die Agrarpolitik der Bundesregierung. Die NGG befürchtete, dass durch die BSE-Krise 10 000 Beschäftigte in der Ernährungswirtschaft ihren Arbeitsplatz verlieren würden.

Fast in allen Rinderaufzuchtbetrieben und in der Fleischindustrie war bereits Kurzarbeit angesetzt, obwohl es nur zehn amtlich bestätigte BSE-Fälle

linke Seite:
Demonstration von Mitgliedern der Gewerkschaft NGG vor dem Bundesministerium für Ernährung und Landwirtschaft in Berlin gegen die Agrarpolitik, Februar 2001.

diese Seite:
Kampagnenlogo der NGG-Initiative »Nahrung Gesund Genießen«.

© NGG

in Deutschland gab. Während der Grünen Woche in Berlin diskutierten 60 NGG-Betriebsräte mit Renate Künast, der grünen Ministerin für Verbraucherschutz, Ernährung und Landwirtschaft.

Auch auf der EU-Ebene artikulierte die NGG als Mitglied der EFFAT, des Europäischen Verbands der Landwirtschafts-, Lebensmittel- und Tourismusgewerkschaften, ihre Forderung nach einer neuen Agrarpolitik. »Wir brauchen ein entscheidendes Umsteuern in der Agrarpolitik. Bisher sind nur zahlreiche Ankündigungen und kleine Schritte erkennbar. Artgerechte Tierhaltung und die Einschränkung von Lebendviehtransporten fordert die Gewerkschaft NGG nicht erst seit dem ersten BSE-Fall in Deutschland. Es muss endlich Schluss sein mit dem Schweinetourismus. Jetzt wird deutlich, dass die Qualität von Lebensmitteln und Arbeitsplätzen nur gesichert werden kann, wenn ganz Europa an einem Strang zieht. Tausende Arbeitnehmerinnen und Arbeitnehmer in der Agrar- und Lebensmittelwirtschaft sind von den Auswirkungen von BSE sowie von ›Maul- und Klauenseuche‹ betroffen. Mehr als 16 000 Beschäftigte müssen allein in der Bundesrepublik kurzarbeiten. Bisher wird nicht an die sozialen Auswirkungen für die Arbeitnehmer gedacht«, sagte Franz-Josef Möllenberg auf einer Demonstration in Luxemburg im April 2001, an der 3 000 Menschen teilnahmen.

Die NGG beließ es nicht bei Protesten, sondern startete eine Kampagne unter dem Motto »NGG – Nahrung Gesund Genießen«.

Im NGG-Landesbezirk Ost verdienten die von Kurzarbeit Betroffenen 33 Prozent weniger als zuvor. Ein Problem in der Fleischindustrie war dabei auch die mangelnde Qualifizierung der Beschäftigten und die geringen Standards in den Betrieben. Insgesamt waren Mitte Februar 2001 mehr als 11 800 auf Kurzarbeit, das entsprach acht Prozent der 555 000 Beschäftigten in der Ernährungsindustrie.

Die NGG entwickelte einen Forderungskatalog »Sofortprogramm zur Bewältigung der BSE-Folgen« und forderte darin, dass Lebensmittelskandalen auch auf betrieblicher Ebene begegnet werden muss.

Auf einer Funktionärskonferenz des Landesbezirks Niedersachsen/Bremen diskutierten 150 Betriebsräte der Ernährungswirtschaft über den BSE-Skandal. Gunold Fischer, der dortige Landesbezirksvorsitzende, sagte: »Die Gewährleistung gesundheitlich unbedenklicher Nahrungsmittel hat immer Vorrang vor anderen – auch vor wirtschaftlichen – Erwägungen.«[189]

diese Seite:
Streik bei der MM Graphia in Trier,
Mai 2004.

© NGG

Neben BSE grassierten in Deutschland auch regelmäßig die »Maul- und Klauenseuche« sowie die »Schweinepest«. Die Überkapazitäten in der Fleischindustrie führten zu einem hohen Preisdruck. Die Unternehmen in dieser Branche suchten nach Wegen, ihre Personalkosten drastisch zu senken, und griffen dabei auf Schlachtkolonnen zurück, die aus ungelernten Arbeitern bestanden. Bei den Schlachtbetrieben reduzierte sich die Anzahl der Mitarbeiter vom Jahr 2000 zu 2001 um 9,4 Prozent. In der Fleischverarbeitung waren im Jahr 2001 bereits 6,1 Prozent weniger Beschäftigte tätig als im Jahr zuvor. Außerdem gab es keine einheitliche Arbeitgebervertretung, was zu einer großen Zahl von Tarifverträgen auf Betriebsebene führte.

Konzentration in der Getränkeindustrie

Nicht nur in dieser Branche, sondern auch in der Getränkeindustrie gab es gravierende Veränderungen. Von 1998 bis 2002 wurden knapp zehn Prozent der Betriebe geschlossen. Insbesondere in der Brauwirtschaft rüsteten die Betriebe sich immer besser technologisch aus, was zur Folge hatte, dass sie weniger Leute beschäftigten. 14 Prozent der Braubetriebe verschwanden von 1998 bis 2002. Ein Beispiel dafür war die bereits erwähnte Bavaria-St. Pauli-Brauerei in Hamburg. 1997 konnten die Pläne zur Produktionsverlagerung nach Frankfurt (Oder) verhindert werden, weil die Brauerei an die Stadt Hamburg verkauft wurde. Im Jahr 2000 beschloss die Brau und Brunnen AG, nach Gesamtausstoß die viertgrößte Brauerei Deutschlands, dass nun die Produktion in Frankfurt (Oder) stillgelegt und nach Berlin verlagert werden sollte. In Frankfurt (Oder) waren davon 200 Beschäftigte der Oderland-Brauerei betroffen. Diese war erst 1988 gebaut worden und damit eine der modernsten Brauereien in Ostdeutschland. Brau und Brunnen hatte sie 1991 von der Treuhand gekauft und dort mit Hilfe von EU, Land Brandenburg und Bund in die größte Dosenabfüllanlage Ostdeutschlands investiert. Es kam zu Warnstreiks und die NGG konnte aushandeln, dass bis Ende 2001 nichts von den Arbeitsbereichen der Brauerei gestrichen wurde. Das »Frankfurter Pilsner« wurde als lokale Marke erfunden, um den Absatz in der Region zu erhöhen. Außerdem sollten die Beschäftigten weniger arbeiten und erhielten 91,2 Prozent Lohn. Es zeichnete sich ab, dass es betriebsbedingte Kündigungen geben würde. Um den Arbeitsplatzwechsel oder -verlust abzufedern, wurde eine Beschäftigungsgesellschaft gegründet.

Nun hatte Brau und Brunnen 2003 angesichts des anstehenden Pflichtpfands auf Getränkedosen eine gute Begründung, die Brauerei zu schließen. Uwe Ledwig, damals Geschäftsführer der NGG für Ost-

oben:
Warnstreik bei Coca Cola, 2003.

unten:
Protestaktion bei Unilever gegen die Ankündigung des Konzerns über europaweite Restrukturierungen und des Verkaufes des Tiefkühlkostgeschäftes, 1. Dezember 2005.

© NGG

© NGG/Unilever Eurobetriebsrat

brandenburg, sagte der Berliner Tageszeitung »Tagesspiegel« dazu: »Die Unternehmensführung hatte viel Zeit, sich auf das Dosenpfand vorzubereiten. Aber selbstherrlich und arrogant wurden alle entsprechenden Hinweise unter anderem vom Betriebsrat ignoriert und keine Alternativen für den Standort entwickelt.«[190] Man fand dann aber mit der Frankfurter Brauhaus GmbH der beiden Unternehmer und Hauptgesellschafter der TCB Gruppe – Mike Gärtner und Karsten Uhlmann – einen Käufer für die Brauerei. Von den 160 Mitarbeitern, die 2003 noch in Lohn und Brot standen, sollten nur 80 ihren Arbeitsplatz behalten, aber 30 neue Beschäftigte für eine Fabrik für PET-Rohlinge eingestellt werden. Über Lohnerhöhungen konnte man in dieser Situation natürlich nicht verhandeln.

© NGG/Unilever Eurobetriebsrat

Reformen à la Rot-Grün

Die von der Bundesregierung eingesetzte Kommission für moderne Dienstleistungen am Arbeitsmarkt, die nach ihrem Vorsitzenden nur Hartz-Kommission genannt wurde, legte im August 2002 ihren Bericht vor.

Die NGG kritisierte die SPD für ihre Pläne zur Rentenreform und bezeichnete sie als »Sozialabbau«. Im August 2001 trat ein neues Betriebsverfassungsgesetz in Kraft. Darin gab es einige Änderungen zu den Aufsichtsratswahlen. So wurden beispielsweise vereinfachte Wahlverfahren in kleineren Betrieben von fünf bis fünfzig Arbeitnehmern festgelegt. Betriebsräte konnten bereits in Betrieben mit 200 Arbeitnehmern freigestellt werden, auch in Teilzeit. Ebenso durften Frauenförderpläne nun vom Betriebsrat vorgeschlagen werden.

Innerhalb der EU wurde eine neue Unternehmensform, die europäische Aktiengesellschaft Societas Europaea (SE), geschaffen. Eine einheitliche Arbeitnehmermitbestimmung wurde darin nicht geregelt, diese musste bis 2004 in nationales Recht umgesetzt werden. Auch das Tauziehen um den Mindestlohn ging in eine neue Runde. Während die Bundesregierung, unterstützt von allen anderen DGB-Gewerkschaften, den »Kombi-Lohn« favorisierte, forderte die NGG weiterhin den Mindestlohn. So hatte der Landesbezirk Ost beschlossen, einen »existenzsichernden Mindestlohn« in den Tarifverträgen zu verankern.

NGG-Initiativen zur Altersvorsorge

Nachdem der Bundestag mit rot-grüner Mehrheit zur Entlastung der staatlichen Rentenkassen die Stärkung der privaten und betrieblichen Altersvorsorge auf den Weg gebracht hatte, verhandelte die NGG erfolgreich Tarifverträge zur betrieblichen Altersvorsorge. Für alle Branchen der Ernährungswirtschaft wurden Tarifverträge zur betrieblichen Altersvorsorge abgeschlossen und dafür die »Pensionskasse Ernährung und Genuss« (PEG) bei der »Hamburger Pensionskasse von 1905 VVaG« gegründet. Das war zum einen sinnvoll, weil die »Pensionskasse Ernährung und Genuss« kein Vertriebssystem unterhielt und somit aus den Beiträgen nur geringe Verwaltungskosten bestritten werden mussten, zum anderen auch naheliegend, da die »Hamburger Pensionskasse von 1905 VVaG« bereits 1905 als Unterstützungskasse des Zentralverbandes deutscher Konsumvereine unter maßgeblicher Betei-

linke Seite:
Europaweite Demonstration vor der Rotterdamer Unilever Zentrale gegen die Schließung von über 20 Fabriken in Europa, 4. Dezember 2007.

ligung Adolph von Elms ins Leben gerufen worden war. Neben festen Beiträgen der Arbeitgeber hatten die Beschäftigten seither die Möglichkeit, Gehaltsbestandteile umzuwandeln. Die Tarifverträge sahen vor, dass die Arbeitgeber die dadurch eingesparten Beiträge zur Sozialversicherung mindestens zum großen Teil ebenfalls in die Altersvorsorge einzahlten. Im Unterschied zu vielen anderen Tarifverträgen zeichnen sie sich dadurch aus, dass darin Arbeitgeber-Beteiligungen an den Beiträgen vereinbart werden konnten.

Auch mit dem Dehoga, dem Arbeitgeberverband im Hotel- und Gaststättengewerbe, begann die NGG im April 2001 über einen bundesweiten Tarifvertrag zur Altersvorsorge zu verhandeln. Im Frühjahr 2002 wurde vereinbart, dass monatlich 132,50 Euro aus Urlaubsgeldern umgewandelt und 13 Prozent von den Arbeitgebern gezahlt wurden. Für die »hogarente« wurde ein Beirat berufen, der die Umsetzung für die mehr als 100 000 interessierten Beschäftigten koordinierte.

Für das Bäckerhandwerk schloss die NGG mit dem Zentralverband des Deutschen Bäckerhandwerks einen Tarifvertrag für die Altersvorsorge mit der ebenfalls vom Arbeitgeber kofinanzierten »Bäckerrente« ab. Er galt für 200 000 Beschäftige.

Den Verpflichtungen einer tariflichen Bindung versuchten sich inzwischen immer mehr Unternehmen zu entziehen. Die Eichbaum-Brauerei in Mannheim beschloss 2002 – mit weiteren sechs Brauereien – aus der Tarifgemeinschaft auszutreten. Die Eichbaum-Brauerei teilte mit, sie würde erst wieder in die Tarifgemeinschaft zurückkehren, wenn es bei den Verhandlungen eine Nullrunde gäbe. Daraufhin traten am 17. Januar 2003 etwa 150 Beschäftigte in den unbefristeten Streik. Dieser dauerte jedoch nur einen Tag und man verhandelte eine Erhöhung der Entgelte um 2,8 Prozent ab November und eine Beschäftigungsgarantie.

© NGG

Reiner Wittorf

1958 in Daldorf (Schleswig-Holstein) geboren, begann Reiner Wittorf mit 15 Jahren eine Ausbildung als Kellner im Park Hotel Bremen und schloss eine Ausbildung zum Koch im Hamburger Hotel Vier Jahreszeiten an. Dort wurde er zum Jugend- und Auszubildendenvertreter gewählt und engagierte sich in der NGG-Verwaltungsstelle Hamburg.

Nach kurzer Tätigkeit als Geselle besuchte Wittorf die Akademie der Arbeit und wurde 1980 mit 22 Jahren Sekretär, drei Jahre später Geschäftsführer in der Verwaltungsstelle Lübeck. 1988 wurde er mit 30 Jahren der jüngste Landesbezirksvorsitzende der NGG im Landesbezirk Hamburg-Schleswig-Holstein, ab 1991 des um Mecklenburg-Vorpommern erweiterten Landesbezirks Nord.

Mit 34 Jahren wurde Reiner Wittorf auf dem Außerordentlichen Gewerkschaftstag 1992 zum 2. Vorsitzenden der NGG gewählt und bekleidete dieses Amt bis 2003. Wittorf war verantwortlich für die Tarifpolitik der NGG und in seine Amtszeit fällt der erfolgreiche Abwehrkampf gegen die Absenkung der Entgeltfortzahlung im Krankheitsfall, insbesondere beim Arbeitskampf in der Süßwarenindustrie, sowie die tarifvertraglichen Regelungen zur betrieblichen Altersvorsorge, bei denen NGG als einzige Gewerkschaft Versorgungszahlungen der Arbeitgeber durchsetzen konnte. Wittorf wechselte nach seinem Ausscheiden bei NGG in den Deutsche Bahn-Konzern.

oben:
Warnstreik bei Bahlsen in Varel.
150 von 400 Beschäftigten gingen
von 6 bis 8 Uhr auf die Straße,
23. April 2007.

unten:
Vor dem Werkstor der Brauerei Diebels
in Issum streiken Mitarbeiter für mehr
Lohn, 2011.

rechte Seite:
Streik bei Maggi in Singen, 2004.

© NGG/Matthias Brümmer

© NGG, Ina K.

Auf dem 14. Ordentlichen Gewerkschaftstag der NGG, der mit Magdeburg erstmalig in einer ostdeutschen Stadt vom 6. bis 10. Oktober 2003 stattfand, wurde der Geschäftsführende Hauptvorstand von vier auf drei Mitglieder verkleinert und die Amtszeit aller NGG-Organe auf fünf Jahre verlängert. Franz-Josef Möllenberg und Werner Weck wurden wiedergewählt, neu hinzu kam Michaela Rosenberger. Reiner Wittorf und Frauke Dittmann traten nicht erneut zur Wahl an. Die 173 Delegierten diskutierten über Arbeitszeitverkürzung und beschlossen, dass die NGG sich für ein »existenzsicherndes Mindesteinkommen« einsetzen sollte. Außerdem kritisierten sie den Sozialabbau, der mit den Reformen der »Agenda 2010« – die vom Bundestag mit Unterstützung der CDU-Bundesratsmehrheit verabschiedet wurden – einherging. Heinz Burger, Hauptausschussvorsitzender, schlug vor, die sechs kritischen »Abweichler« in der SPD-Fraktion unbedingt zu unterstützen, damit die Hartz-Reformen verhindert würden. Beschlossen wurde zudem eine verwaltungstechnische Veränderung – die ab 1. Januar 2004 gültige Umbenennung der bisherigen »Verwaltungsstellen« der NGG in »Regionen«. Am 16. Juni 2004 besuchte eine NGG-Delegation mit 60 Betriebsräten, allen Vorsitzenden der Landesbezirke und dem Geschäftsführenden Hauptvorstand die SPD-Bundestagsfraktion. Dieser Besuch verlief turbulent. Unter anderem warfen die NGG-Vertreter den SPD-Abgeordneten vor, dass sie die tatsächliche Stimmung im Land nicht kennen würden. Franz Müntefering signalisierte die Bereitschaft seiner Partei, über einen gesetzlichen Mindestlohn zu sprechen.

© NGG

»Tariflos vor den Türen«

Beispielhaft für die Auseinandersetzungen über Tarifverträge seien hier zwei Arbeitskämpfe aus den Jahren 2004 bis 2006 etwas ausführlicher dargestellt: der Streik bei Maggi und bei den Eichbaum-Brauereien.

Beginnend im Süden der Bundesrepublik kam es im September 2004 zum Streik im Maggi-Werk in Singen. Nestlé beabsichtigte, im großen Stil Arbeitsplätze abzubauen, obwohl das Singener Werk schwarze Zahlen schrieb und die »Produktivität hervorragend sei«, wie der Arbeitsdirektor des Nestlé-Konzerns hervorhob. Nestlé forderte Lohnverzicht mit über drei Millionen Euro Einsparungen und befand sich damit in Einklang mit anderen Großunternehmen, wie beispielsweise dem Daimler-Konzern. Die Personalkosten waren laut Nestlé zu hoch und als Alternative zum Stellenabbau forderten sie eine Stunde Mehrarbeit, statt 37 also 38 Stunden pro Woche, für den gleichen Lohn. Ferner wurde eine Nullrunde angestrebt. Im Gegenzug sollten für die nächsten Jahre die Arbeitsplätze sicher sein. Diese Zusicherung sei aber kündbar, wenn sich die wirtschaftliche Lage verschlechtere. Außerdem drohte der Nestlé-Konzern mit einer Produktionsverlagerung an andere Standorte in Europa, wo deutlich preiswerter und billiger produziert werden würde.

Für den Betriebsratsvorsitzenden der Maggi Singen, Ralf Sterk, stellte das Angebot von Arbeitszeitverlängerung ohne Lohnausgleich keine Lösung dar. Uwe Hildebrandt von der NGG betonte, dass bei einer Arbeitszeitverlängerung nicht automatisch mehr Produktion nach Singen käme. Das hieße, wenn nicht mehr Produktion nach Singen käme und die Menschen dennoch länger arbeiten, dann müsste man längerfristig doch Stellen streichen.

Dabei spielte die NGG eine entscheidende Rolle in der Vorgeschichte des Konflikts: Bereits Ende Mai 2004 kündigte die Gewerkschaft den auslaufenden Tarifvertrag. Gleichzeitig legte sie der Maggi eine Forderung nach einer Lohnerhöhung von vier Prozent vor. Im Juni verhandelten beide Seiten zum ersten Mal, doch im Juli, während des zweiten Termins, informierte der Arbeitsdirektor von Nestlé Friedrich Schmidt plötzlich den Betriebsrat über die geplanten Einsparungen.

© NGG

Werner Weck

1947 in Solingen geboren, lernte Werner Weck Werkzeugmacher. Er war zunächst Betriebsratsmitglied in einem Metallbetrieb, unter anderem auch als Referent für Bildungsarbeit. Nach seiner Ausbildung und Mitarbeit beim DGB bis 1977 begann er 1978 seine Tätigkeit bei der Hagener NGG-Verwaltungsstelle. Ab 1980 war er im NGG-Landesbezirk NRW zuständig für Jugend und Bildung, seit 1981 Geschäftsführer der NGG-Verwaltungsstelle Aachen. 1990 wurde er auf dem 11. Ordentlichen Gewerkschaftstag als Sekretär in den NGG-Bundesvorstand gewählt, wo er – ab 2003 in der Funktion des Stellvertretenden Vorsitzenden – bis 2005 im Amt blieb. Werner Weck starb 2014 in Aachen.

Im September 2004, nach dem dritten Tarifgespräch, bei dem die Konzernleitung lediglich ihre Forderungen wiederholte, erklärte die NGG die Verhandlungen für gescheitert. In der folgenden Urabstimmung stimmten 99,5 Prozent der gewerkschaftlich organisierten Mitarbeiter für einen Streik. Eine Woche lang wurde die Arbeit niedergelegt.

Ende September kam es dann aber überraschend zur Kehrtwende: Nach einer vom Südwestrundfunk (SWR) übertragenen Debatte, an der Friedrich Schmidt von Nestlé, der Betriebsratsvorsitzende Sterk und von der NGG Uwe Hildebrandt teilnahmen, und bei der der Nestlé-Arbeitsdirektor Schmidt heftig ausgepfiffen wurde, ruderte die Konzernleitung zurück. Die wöchentliche Arbeitszeit blieb letztlich bei 37 Stunden und auch die Schichtzulagen wurden nicht – wie geplant – gestrichen. Darüber hinaus stiegen die Löhne rückwirkend zum 1. Juni 2004 um zwei Prozent, und das Unternehmen garantierte eine Arbeitsplatzsicherung bis zum Jahr 2010. Im Gegenzug mussten die Beschäftigten allerdings eine Kürzung der bezahlten Schichtpausen und eine Reduktion der Jahressondervergütung akzeptieren. In der Urabstimmung stimmten 98,7 Prozent für diese Einigung.

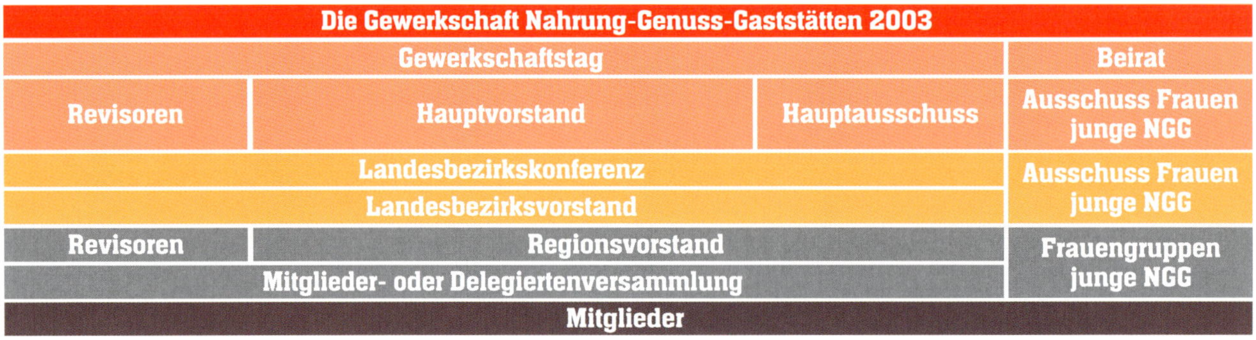

NGG-Funktionäre 2003–2008		
GHV	1. Vorsitzender	**Franz-Josef Möllenberg**
	Stellvertretender Vorsitzender	**Werner Weck, ab 2005 Gunold Fischer**
	Stellvertretende Vorsitzende	**Michaela Rosenberger**
Landesbezirke	Nord	**Herbert Grimberg**
	Niedersachsen-Bremen*	**Gunold Fischer**
	NRW	**Thomas Gauger**
	Bayern	**Hans Hartl**
	Hessen, Rheinland-Pfalz, Saar	**Gerhard Herbst**
	Baden-Württemberg	**Uwe Hildebrandt**
	Ost	**Edmund Mayer**

* 2005 Fusion mit Nord

Der Streik bei den Eichbaum-Brauereien

Die Brauerei-Unternehmen provozierten unterdessen mit einer Reihe von Forderungen Arbeitsniederlegungen: Sie verlangten Nullrunden, längere Arbeitszeiten, die Kürzung von Urlaubs- und Weihnachtsgeld sowie Reduzierung des Haustrunks. Hans Hartl, Vorsitzender des Landesbezirks, sprach von einem »Horrorkatalog«.[191] In zwölf bayerischen Brauereien kam es im November und Dezember 2004 zu Warnstreiks.

Am 26. Januar 2005 erklärte die NGG die Haustarifverhandlungen bei den Eichbaum-Brauereien in Mannheim und deren Tochterunternehmen Gastromatic für gescheitert. Die Auseinandersetzungen begannen bereits 2002, als der Vorstand schrittweise den Austritt aus der Tarifgemeinschaft baden-württembergischer Brauereien erklärte. Bereits damals gab es erste Streiks bei den Eichbaum-Brauereien. Anfang Januar 2003 wurden deshalb die ersten Haustarife, sowohl bei den Eichbaum-Brauereien als auch bei Gastromatic, abgeschlossen. Die Betriebsleitung widersetzte sich jedoch in der Folgezeit den Vorstellungen der Mitarbeiter und die Lage blieb angespannt. Als im Oktober 2004 der Haustarifvertrag gekündigt worden war, standen neue Verhandlungen an.

Die Eichbaum-Brauereien gehörten zu diesem Zeitpunkt einer Vermögensverwaltungsgesellschaft von Dietmar Hopp, dem Mitgründer von SAP. Der Vorstand der Eichbaum-Brauereien hatte sich auf eine Arbeitsniederlegung vorbereitet und war sich bewusst, dass er mit Forderungen in die Verhandlungen zu einem Haustarifvertrag ging, die für die Beschäftigten unannehmbar waren. Der Eichbaum-Vorstand wollte die Höhe des Weihnachtsgelds an dem Ergebnis vor Zinsen und Steuern (Ebit) orientieren und damit eine fixe und eine variable Komponente einführen. Bei 100 Prozent Erfüllung des Ebit sollten 90 Prozent Weihnachtsgeld gezahlt werden, in den Folgejahren 80 Prozent. Dafür sollte es eine Lohnerhöhung von 1,5 Prozent geben. Damit sollten Regelungen ähnlich denen aus Ostdeutschland, wie etwa das »Freiberger Modell«, nach Mannheim transferiert werden. Dieses Modell sah Nullrunden und Prämienzahlungen an die Beschäftigten in guten Jahren vor. Grundlage dieser harschen Forderungen war die angeblich desaströse Geschäftslage. Doch die Eichbaum-Brauereien hatten 2004 ihren Absatz durch gute Auslandsgeschäfte um 22 Prozent gesteigert und machten 100 Millionen Euro Umsatz. Die wirtschaftliche Lage war also alles andere als schlecht.

Nach dem Scheitern der Haustarifverhandlungen fand 2005 eine Urabstimmung über Arbeitskampfmaßnahmen statt, bei der 92,1 Prozent der gewerkschaftlich organisierten Mitarbeiterinnen und Mitarbeiter mit »Ja« stimmten. Es folgten ein vierwöchiger Streik, in dem der Arbeitgeber die Mitarbeiter massiv einschüchterte: Unter anderem wurden Streikende videoüberwacht – wenn auch nur für kurze Zeit, da die Kameras bald entdeckt wurden. Der Betriebsrat konnte das Betriebsgelände erst nach mehreren Anläufen betreten und an Streikbrecher wurden Prämien verteilt. Zudem stellte der Arbeitgeber unqualifiziertes Personal ein, um den Brauereibetrieb aufrecht zu erhalten.

Nach drei Wochen Streik gab es immer noch keinen Termin für neue Verhandlungen. Die Unterstützung von außen nahm dagegen von Tag zu Tag zu. Neben Sachspenden gingen auf dem Solidaritätskonto zahlreiche Beträge ein. Die Streikenden entwarfen sogar ein eigenes Logo, auf dem der Slogan der Brauerei karikiert wurde: »Eichbaum-Brauerei – Seit 27.01.05 Streik – Albtraum – Premium bei den Bieren –Tariflos vor den Türen«.

In einer Hausmitteilung versuchte der Vorstand, die Streikenden durch bewusste Unwahrheiten zur Wiederaufnahme der Arbeit zu bewegen. Es hieß, wer über den 28. Februar 2005 hinaus streike, sei nicht mehr sozialversichert. Aus diesem Grund sollten die Beschäftigten ihre Beiträge an die Krankenkasse, Renten- und Arbeitslosenversicherung in Höhe von 250 Euro selbst bezahlen.

Am 21. Februar 2005 kam es überraschend zu einem Treffen der Streikleitung mit dem Vorstand, bei dem der Durchbruch gelang. Folgende Ergebnisse mit einer Laufzeit von zwei Jahren wurden vereinbart: Es galt weiterhin der Landestarif, das Weihnachtsgeld wurde auf 95 Prozent gekürzt und zugesichert, dass der Standort bliebe. Am 23. Februar 2005, dem 28. Streiktag, stimmten in einer zweiten Urabstimmung 95,9 Prozent der NGG-Mitglieder dem am Vortag ausgehandelten Tarifabschluss zu. Damit war der längste Arbeitskampf in der Geschichte der baden-württembergischen NGG beendet.

Bereits wenige Monate zuvor, noch 2004, konnte die NGG die junge Gewerkschaft ver.di für die Idee des Mindestlohns gewinnen. Ver.di war im März 2001 aus einem Zusammenschluss der Deutschen Angestelltengewerkschaft (DAG), der Deutschen Postgewerkschaft (DPG), der Gewerkschaft Handel, Banken und Versicherungen, der IG Medien und der Gewerkschaft Öffentliche Dienste, Transport und Verkehr (ÖTV) gegründet worden. Ende 2004 hatte die NGG 225 328 Mitglieder, davon fast 40 Prozent Frauen, sechs Prozent der Mitglieder waren unter 25 Jahren. Ver.di hatte 2,46 Millionen Mitglieder. Gemeinsam mit ver.di erhielt das Mindestlohn-Konzept ein stärkeres Gewicht.

diese Seite:
Georg Dohr spricht zu den streikenden Mitarbeitern der Eichbaum-Brauerei, Mannheim, 2005.

rechte Seite:
Demonstration der Streikenden von Gate Gourmet, 2005.

© NGG

»Zeit ist mehr als Arbeitszeit«

Anfang Mai 2005 wurde der erste Schritt in Richtung gesetzlicher Mindestlohn gemacht, als die Koalition aus SPD und Bündnis90/Die Grünen beschloss, das Arbeitnehmer-Entsendegesetz über die Baubranche hinaus auf alle Wirtschaftszweige auszudehnen. Obwohl 2008 für die untersten Gehaltsgruppen bei einigen Tarifverträgen eine Mindestbezahlung gesetzlich festgelegt worden war, konnte mit dem Bäckerhandwerk, mit Fleischbetrieben und mit dem Dehoga keine bundesweiten Tarifverträge abgeschlossen werden.

Unterdessen war 2005 auch eine EU-Richtlinie über Dienstleistungen im Binnenmarkt auf dem Weg, die noch im EU-Parlament beraten werden sollte. Damit gab es auch einen gewissen Druck auf die Bundesregierung. Mit dieser Richtlinie wurden die Rahmenbedingungen für eine grenzüberschreitende Dienstleistungserbringung in der EU gesetzt. Sie regelte, dass Unternehmen Dienstleistungen in einem anderen EU-Land durch ihre Mitarbeiterinnen und Mitarbeiter erbringen lassen konnten. Bereits seit 1996 gab es die Entsenderichtlinie, in der festgelegt wurde, dass Mindestlohnsätze in dem Land galten, in das entsendet wurde. Gegen diese Richtlinie hatte die Bundesregierung 1996 das Arbeitnehmer-Entsendegesetz für die Bauwirtschaft erlassen, um zu verhindern, dass Leiharbeiter preiswerter eingesetzt würden. Grundlagen für die neue Diskussion 2005 waren aber bundesweite Tarifverträge, die Mindeststandards setzten sollten. Damit griff der Entwurf des Entsendegesetzes weder in der Fleischwirtschaft noch in der Gastronomie und Hotellerie, weil es dort keine bundesweiten Tarifverträge gab. Die NGG mühte sich dennoch in diesen Wirtschaftszweigen, häufig nur mit mäßigem Erfolg, um bessere Tarifabschlüsse.

Längster Streik in der NGG-Geschichte

So kündigte die NGG bei dem Flugverkehr-Caterer Gate Gourmet zum 30. Juni 2005 den Entgelttarifvertrag. Im August 2005 fand eine erste Tarifverhandlung statt, der – aufgrund des ausbleibenden Angebots für eine Entgelterhöhung – eine zweite Tarifverhandlung folgte. Der Caterer wollte die wöchentliche Arbeitszeit wieder auf 40 Stunden erhöhen, Zuschläge und den Urlaub dagegen auf 25 Tage reduzieren. Gate Gourmet kündigte im Anschluss den Manteltarifvertrag. Im September 2005 wurde in Düsseldorf ein erster Warnstreik durchgeführt, woraufhin die Tarifverhandlungen kurzfristig abgesagt wurden.

Logo der NGG-Kampagne gegen die Arbeitszeitverlängerung.

© NGG

Anfang Oktober stimmten in einer Urabstimmung 93 Prozent der Beschäftigten für einen unbefristeten Arbeitskampf, der am 7. Oktober 2005 begann. Zunächst gab es lange keinerlei Bewegung im Tarifstreit. Einen Grund für die starre Haltung von Gate Gourmet sah die NGG in den Interessen des Anteilseigners Texas Pacific Group (TPG). Die Leitlinie des Unternehmens war, Firmen aufzukaufen, anschließend die Lohnkosten zu senken und sie dann letztlich gewinnbringend weiterzuverkaufen.

LTU International Airways, damals ein Kunde von Gate Gourmet, bekam Probleme, seine Flugzeuge ausreichend zu beliefern. Man spannte eigene Leute aus anderen Abteilungen ein, um die Belieferung aufrechtzuerhalten. Trotz dieser Widrigkeiten blieb das Personal von LTU solidarisch; auch Mitarbeiter von Diebels in Issum, Griessohn de Beukelaer, der NGG Nord und der Vorstand der NGG Dortmund sandten Solidaritätsadressen. 80 Beschäftigte befanden sich im Streik, sie harrten bei Wind und Wetter am Düsseldorfer Flughafen aus. Ende November 2005 drohte Gate Gourmet, kein Weihnachtsgeld auszuzahlen. Die NGG reagierte sofort und kündigte an, das Weihnachtgeld notfalls einzuklagen. Anfang Dezember 2005 erklärte sich Gate Gourmet erstmals bereit, über die Forderungen einer Lohnerhöhung nachzudenken. Doch noch waren beide Seiten von einem Konsens weit entfernt. Auch über Weihnachten 2005 und den Jahreswechsel wurde weiter gestreikt. Für den 5. Januar 2006 war ein neues Tarifgespräch angesetzt, das jedoch ohne zählbaren Erfolg blieb.

Erst am 10. April 2006 kam es endlich zur Kehrtwende: Nach sechs Monaten wurde ein Tarifabschluss erzielt – der längste Arbeitskampf in der Geschichte der NGG überhaupt fand ein Ende. In der folgenden Urabstimmung stimmten 61,4 Prozent der Mitarbeiter für die Annahme des Tarifergebnisses. Gate Gourmet und die TPG konnten ihren Plan, die Personalkosten um zehn Prozent zu senken, nicht durchsetzen. Zum 1. Juli und 1. August 2006 wurde hingegen eine Entgelterhöhung um jeweils ein Prozent vereinbart. In den Jahren 2006 und 2007 erhielten die Beschäftigten zusätzlich eine Einmalzahlung von jeweils 156 Euro netto. Außerdem wurden betriebsbedingte Kündigungen bis 2009 ausgeschlossen. Das Tarifpaket bestand aus einem Entgelt-, Mantel- und Sozialtarifvertrag.

Parallel zu dem Streik in Düsseldorf fanden Gespräche zum Tarifvertrag bei Coca-Cola, einem Hauptsponsor der in Deutschland im Sommer 2006 ausgetragenen Fußball-Weltmeisterschaft, statt. Coca-Cola hatte eine Strukturreform beschlossen und kaufte bis dahin selbstständige Abfüller auf. Damit wurde Coca-Cola mit 12 000 Beschäftigten zum Giganten in der Erfrischungsgetränke-Industrie. Die NGG befürchtete einen Abbau von 3 000 Arbeitsplätzen. Gunold Fischer, der seit der Beiratssitzung als Stellvertretender Vorsitzender den altersbedingt zurückgetretenen Werner Weck abgelöst und die Verhandlungen mit Coca-Cola geführt hatte, erinnert sich: »Diese Tarifauseinandersetzung war begleitet mit flächendeckenden Überstundenverweigerungen in über 50 Coca-Cola-Betrieben. Sie eskalierte in flächendeckenden Warnstreiks. […] Bei Coca-Cola mussten wir damals aufpassen, dass nicht aus dem Ausland hineingeliefert wurde. Insofern hatten wir auch Kontakt zu unserer internationalen Organisation.«

Am 24. Mai 2006 gelang es, Verträge abzuschließen, die sowohl für Coca-Cola als auch deren Tochterunternehmen galten. Diese Tarifverträge schlossen eine Beschäftigungsgarantie bis 2009 ein, eine je nach Alter gestaffelte Teilzeitvereinbarung, eine Erhöhung der Entgelte im Osten von zwei Prozent, eine Anpassung an die Inflationsrate sowie eine Altersvorsorge. Zudem wurden die Manteltarifverträge bis Ende 2009 verlängert. Aufgrund des Tariferfolgs traten 500 neue Mitglieder in die NGG ein.

Gate Gourmet war nur ein Beispiel für die Versuche der Unternehmen, die Wochenarbeitszeit zu erhöhen. Die Verlängerung der Arbeitszeit sollte nach den Ideen der Unternehmen meist keinen Entgeltausgleich beinhalten. Dies bedeutete Lohnkürzungen.

Auf dem Gewerkschaftstag 2003 hatten die Delegierten beschlossen, zu diesem Thema eine Kampagne zu organisieren. Diese stand unter dem Motto »Zeit ist mehr als Arbeitszeit«. Die NGG initiierte im Hotel- und Gaststättengewerbe ein Pilotprojekt bei den Hilton Hotels und unterstützte die Warnstreiks der Beschäftigten des öffentlichen Dienstes, die im Februar 2006 in Baden-Württemberg begonnen hatten. Die NGG sprach sich für eine flexible Arbeitszeitgestaltung und eine festgelegte Wochenarbeitszeit aus. Bei einer Befragung der Beschäftigten kam heraus, dass den meisten die Vereinbarkeit von Familie und Beruf nach dem Gesundheitsschutz am wichtigsten war. Auch für Arbeitszeitkonten hatte die NGG bereits Tarifverträge abgeschlossen. Die Arbeitszeitkampagne endete im Dezember 2006, doch die NGG entwickelte darüber hinaus Konzepte für die qualitative Arbeitszeitgestaltung.

Getränkeverbrauch je Einwohner in Deutschland	**2002**		**2007**
Bier	121,9 l	▼	111,7 l
Wein	20,3 l	▲	20,6 l
Sekt	3,9 l	▼	3,8 l
Spirituosen	5,9 l	▼	5,6 l
Alkoholhaltige Getränke insgesamt	152,0 l	▼	141,7 l
Wässer	120,0 l	▲	138,0 l
Erfrischungsgetränke	112,8 l	▲	115,7 l
Fruchtsäfte	40,4 l	▼	38,3 l
Alkoholfreie Getränke insgesamt	273,2 l	▲	292,0 l
Bohnenkaffee	156,1 l	▼	148,2 l
Kräuter-/Früchtetee	45,8 l	▲	49,1 l
Schwarzer Tee	26,2 l	▼	23,7 l
Milch	88,2 l	▲	92,2 l
Heiß- und Hausgetränke insgesamt	316,3 l	▼	313,2 l
Getränke insgesamt	**741,5 l**	▲	**746,9 l**

© NGG

Warnstreik bei Intersnack Petersau, 2007.

© NGG

Mindestlohn und Leiharbeit

Auch in der Frage des Mindestlohns machte sich die beharrliche Arbeit allmählich bezahlt. Auf dem 18. Ordentlichen Bundeskongress des DGB im Mai 2006 beschloss die Mehrheit der Delegierten, einen gesetzlichen Mindestlohn von 7,50 Euro zu fordern. Damit war die NGG-Initiative zu einem DGB-Programmpunkt geworden. 2006 starteten die NGG und ver.di ihre Kampagne für den gesetzlichen Mindestlohn. Der Mindestlohn-Truck mit der Ausstellung »Arm trotz Arbeit«, der die Idee und ihre geplante Umsetzung verbreiten sollte, wurde am 1. Mai 2007 auf eine Reise durch 50 deutsche Städte geschickt.

Bei dem Dehoga, dem Arbeitgeberverband in Gastronomie und Hotellerie, konnten beispielsweise auch Betriebe Mitglied werden, die sich nicht der Tarifbindung unterwarfen. Schwierig war es auch, Leiharbeit tarifpolitisch zu fassen. 2003 waren 282 400 Leiharbeiter statistisch bekannt, 2007 – vor der Finanzkrise – waren es 872 000. Häufig wurden sie in der Fleischindustrie eingesetzt.

2007 hatte die NGG 207 947 Mitglieder. Für 2008 war der Tarifforderungsrahmen auf 4,5 bis 6 Prozent mit einer Laufzeit der Tarifverträge von zwölf Monaten abgesteckt. Trotz der einsetzenden Finanzkrise stellte die NGG für 2009 Forderungen von 5 bis 7 Prozent auf. Die Entgelte sollten wenigstens auf 7,50 Euro pro Stunde angehoben werden und wenn diese bereits erreicht waren, dann auf 9 Euro pro Stunde steigen.Von 2006 bis 2008 galt mit dem Dehoga für NRW ein Tarifvertrag, der für Küchenhilfen oder Kellneraushilfen einen Lohn von 5 Euro pro Stunde vorsah. Dieser war allgemeinverbindlich. Die konkreten Arbeitsverträge jedoch beinhalteten mitunter viel niedrigere Löhne. Doch die Sozialversicherung berechnete ihre Beiträge mit dem tariflich festgelegten Betrag und forderte auf der Basis dieses sogenannten Phantomlohns Sozialversicherungsbeiträge nach.

Im Bäckerhandwerk verdienten die Beschäftigten 2008 in der untersten Lohngruppe in Sachsen-Anhalt mit 4,48 Euro am wenigsten. Der Tarifvertrag dort galt seit 1996. In der Brot- und Backwarenindustrie in NRW war der niedrigste Stundenlohn damals 7,34 Euro. Den Arbeitern im Fleischerhandwerk wurden in Sachsen 4,50 Euro pro Stunde gezahlt. Auch dieser Tarifvertrag galt seit 1996.

Auf dem 15. Ordentlichen Gewerkschaftstag, der vom 20. bis 24. Oktober 2008 stattfand, wurden Franz-Josef Möllenberg und Michaela Rosenberger in ihren Ämtern bestätigt und Claus-Harald Güster als Nachfolger von Gunold Fischer neu in den Geschäftsführenden Hauptvorstand gewählt.

Am 4. Februar 2009 veranstaltete die NGG in Göttingen mit über 100 Betriebsräten eine Tagung zu Auswirkungen der Finanzkrise auf die Wirtschaft und den Konsequenzen für die gewerkschaftliche Arbeit.

Auch die Konzentration in der Brauwirtschaft nahm weiter zu. Bei Anheuser Busch InBev stand nach der Übernahme im Sommer 2008 ein Sparprogramm auf der Tagesordnung. Dabei sollten einige Biersorten gänzlich eingestellt oder an andere Brauereien verkauft werden. Als im Januar 2009 die ersten konkreten Zahlen an die NGG durchsickerten, protestierte die NGG zwar, blieb aber aufgrund der Jahreszeit realistisch: »Es macht keinen Sinn, eine Brauerei im Winter zu bestreiken.« In Deutschland waren insgesamt fast 400 von insgesamt 3000 Stellen betroffen. Es gelang, in elf Verhandlungsterminen den ersten Sozialtarifvertrag in der Brauwirtschaft zu verhandeln. Darin wurde unter anderem vereinbart, dass bei betriebsbedingten Kündigungen höhere Abfindungen bezahlt wurden, Kurzarbeitergeld aufgestockt wurde sowie ein konzernweiter Anspruch auf Teilzeitarbeit bestand.

Ein paar Monate später verkündete Anheuser Busch, dass der Konzern jede zehnte Stelle in Europa abbauen wollte, weil der Bier-Konsum zurückgegangen sei. In Belgien traten daraufhin die Beschäftigen bei Stella Artois, dem Nationalbier der Belgier, in den Streik. Auch in Bremen bei Beck's standen 262 Arbeitsplätze zur Disposition.

Ende 2010 konnte die NGG nach langer Durststrecke wieder einen leichten Zuwachs mit 205 646 Mitgliedern vermelden.

Gegen Lohndumping

Ab 1. Mai 2011 galt die »volle Arbeitnehmerfreizügigkeit« in Deutschland. Die NGG rief alle Mitglieder zu einem Aktionstag am 24. Februar auf, der unter dem Motto stand: »Gegen Lohndumping – für sichere und faire Arbeit«. »Die ›volle Arbeitnehmerfreizügigkeit‹ in Europa wird vermutlich auf das Gastgewerbe regional sehr unterschiedlich wirken. Insbesondere in den grenznahen Bereichen in Brandenburg, Bayern und Sachsen wird es zu einer stärkeren Arbeitsaufnahme durch Menschen aus Polen oder Tschechien kommen«, sagte Guido Zeitler, NGG-Referatsleiter Hotel- und Gaststättengewerbe, in einem Interview mit der »Einigkeit«. Problematisch wurde die Leiharbeit vor allem in fleischverarbeitenden Betrieben. Mehr als eine halbe Million Beschäftigte arbeiteten auf dieser Basis. Vor allem im Export wuchs dieser Wirtschaftszweig. Dort gab es vermehrt Arbeitnehmer, die auf der Basis von Werkverträgen beschäftigt wurden. Meist

NGG-Funktionäre 2008–2013		
GHV	1. Vorsitzender	**Franz-Josef Möllenberg**
	Stellvertretender Vorsitzender	**Claus-Harald Güster**
	Stellvertretende Vorsitzende	**Michaela Rosenberger**
Landesbezirke	Nord	**Herbert Grimberg**
	NRW	**Thomas Gauger**
	Bayern	**Hans Hartl**
	Südwest	**Uwe Hildebrandt**
	Ost	**Petra Schwalbe**

linke Seite:
Franz-Josef Möllenberg und Günter Wallraff bei der Verleihung des Journalistenpreises der NGG an Günter Wallraff am 22. Oktober 2008 in Berlin. Wallraff beleuchte Missstände, wecke Betroffenheit und gebe Anstöße für Veränderungen in der Arbeitswelt, begründete die stellvertretende NGG-Vorsitzende Michaela Rosenberger die Vergabe des mit 5.000 Euro dotierten Preises an Wallraff. Der Autor habe allen Mut gemacht, sich für bessere Arbeitsbedingungen starkzumachen und für Tarifverträge zu streiten.

wurden die Aufträge an Subunternehmer vergeben, die außerhalb Deutschlands ihren Sitz hatten und die dortige Entgeltstruktur in den Arbeitsverträgen verankerten. So waren auf den deutschen Schlachthöfen bald nur noch ein Drittel der Beschäftigten aus der Stammbelegschaft, der Rest stammte aus Mittel- und Osteuropa. Die NGG versuchte auf der europäischen Ebene mit der EFFAT, dem Europäischen Verband der Landwirtschafts-, Lebensmittel- und Tourismusgewerkschaften, bessere Bedingungen für die Beschäftigten zu erreichen. Im Jahr 2012 waren 13 Prozent der Mitarbeiter in der Ernährungsindustrie auf einer Leih- und Werkvertragsbasis beschäftigt, wobei die Zahl der Werkverträge weiter zunahm.

Insbesondere der NGG-Geschäftsführer Matthias Brümmer engagierte sich für bessere Arbeitsbedingungen in der Fleischbranche und erhielt in diesem Zusammenhang sogar eine Schadensersatzklage auf mehrere Millionen Euro, weil er in der Öffentlichkeit auf verfaultes Geflügelfleisch aufmerksam gemacht hatte. Innerhalb des DGB-Projekts »Faire Mobilität – Arbeitnehmerfreizügigkeit sozial, gerecht und aktiv« informierte die NGG Beschäftigte in der Fleischindustrie über ihre Rechte.

In der Getränkeindustrie kehrte sich das Verhältnis zwischen Leiharbeit und Werkverträgen ebenfalls um. Waren insgesamt 13 Prozent der Beschäftigten in der Getränkeindustrie mit Werkverträgen oder als Leiharbeiter eingesetzt, so nahmen die Werkverträge von 2010 zu 2012 um 8,2 Prozent zu und die Leiharbeiter um den gleichen Prozentsatz ab. Daraus kann man schließen, dass Leiharbeitsverträge zu Werkverträgen umgewandelt wurden. Für die Werkverträge war es noch schwieriger als für die Leiharbeit, einen tariflichen Rahmen zu definieren.

In der Brauwirtschaft sträubten sich die Arbeitgeber, in einem neuen Bundesrahmentarifvertrag höhere Entgelte zu vereinbaren. Stattdessen schlug der Deutsche Brauerbund vor, eine Niedriglohngruppe einzuführen, und kündigte den alten Bundesrahmentarifvertrag. Es kam zu Warnstreiks, um zu verhindern, dass zwei Klassen von Beschäftigten eingeführt werden. Beispielsweise streikte am 3. Mai 2011 die erste Schicht bei der Erzquell-Brauerei in Weil-Bielenstein im Oberbergischen Land in der Nähe von Köln.

© NGG

Dort hatte es bis dato 111 Jahre keinen Warnstreik gegeben. Diese spontanen Arbeitsniederlegungen führten dazu, dass der Bundesrahmentarifvertrag auf Bundesländerebene wieder in Kraft gesetzt wurde.

Anfang 2011 kam es in der Milchwirtschaft mit der Gründung des Deutschen Milchkontors und der Hansa-Arla Milch eG zu einer neuen Konzentration in der ursprünglich mittelständisch geprägten Branche. Mit diesen beiden genossenschaftlich organisierten Gründungen entstanden große, den Markt beherrschende Konzerne. Nachdem die Umsätze in der Krise stark gesunken waren, erholte sich der Wirtschaftszweig relativ rasch. Aufgrund der Fusionen sollten Arbeitsplätze »gespart« und Produktionsstätten geschlossen werden. Hatte es 1950 noch 3 400 Milch verarbeitende Betriebe gegeben, so waren 2011 nur noch 144 vorhanden. Die NGG hatte in dieser Branche einen Organisationsgrad von knapp 42 Prozent. Die meisten Beschäftigten arbeiteten dort 38 Stunden pro Woche und erhielten 2011 einen Stundenlohn von 12,79 Euro in Ostdeutschland und bis zu 15,80 Euro in NRW. Somit war dort auch kein besonderes Engagement für den Mindestlohn notwendig, dagegen jedoch – wie so häufig nach 1990 – ein Verhandeln um den Erhalt der Arbeitsplätze, verbunden mit Vorschlägen zur besseren Organisation der Arbeit und zu Investitionen in Maschinen, um die Werke zu erhalten. Die Milchindustrie stand unter einem enormen Preisdruck, der vor allem von den großen Einzelhandelsketten erzeugt wurde. Exportiert wurden knapp 25 Prozent.

Eine deutliche Stellungnahme gegen das grassierende Unwesen des Lohn-Dumpings gab Franz-Josef Möllenberg gemeinsam mit Günter Wallraff und Frank Bsirske, dem Vorsitzenden von ver.di, heraus. Ein Exemplar dieses 2011 erschienenen Buches übergab Möllenberg bei einer Fernseh-Talkshow als symbolische Geste an die Arbeitsministerin Ursula von der Leyen. Im Buch waren Berichte versammelt, die aus über 1500 Meldungen auf der Internetplattform www.dumpinglohnmelder.de eingegangen waren.

Mit der jahrelangen Lobby-Arbeit für einen gesetzlichen Mindestlohn fand man inzwischen auch bei der CDU und der FDP Gehör. Bereits 2010 hatte der DGB beschlossen, aufgrund der gestiegenen Preise nun 8,50 Euro pro Stunde als Mindestlohn zu fordern.

© ullstein bild

linke Seite:
Streik bei Lambertz gegen die Kündigung des Manteltarifvertrages (MTV) durch den Arbeitgeber, Aachen, April 2007.

diese Seite:
Industrieroboter-Anlage zur Fassabfüllung, Berliner-Kindl-Schultheiss-Brauerei, 2009.

© NGG, Schleswig-Holstein Nord Neumünster, 2015.

»Keine Krümel, sondern Kekse«

Im September 2011 schloss die NGG mit dem Bundesverband der Systemgastronomie für die 100 000 Beschäftigten bei McDonald's, Burger King, Pizza Hut und anderen einen Tarifvertrag ab. Dabei erreichte die unterste Entgeltgruppe zwar nicht die 8,50 Euro-Marke. Es konnte aber verhindert werden, dass neu Eingestellte noch weniger verdienten als die bereits vorhandenen Mitarbeiter. Auch mit dem Dehoga gelang es noch nicht, 8,50 Euro als unterste Gehaltsgrenze zu vereinbaren.

Die Mühen der kleinteiligen Verhandlungsführung illustriert auch ein Beispiel aus Thüringen. Zu einem Warnstreik versammelten sich am 13. September 2011 in Arnstadt mehr 100 Menschen, um gegen die Tarifangebote des dortigen Süßwarenherstellers Wolf, der nicht tarifgebunden war, zu protestieren. Eine Streikende hielt ein Plakat hoch, auf dem stand: »Wir wollen keine Krümel, sondern Kekse«. Der Hersteller hatte 71,5 Prozent des geltenden Tarifvertrags angeboten. In dem Werk wurde rund um die Uhr, an sieben Tagen in der Woche gearbeitet bei einem Stundenlohn von 6,14 Euro. Die NGG verhandelte und konnte tatsächlich einen Tarifvertrag abschließen, in dem sich die Löhne zumindest auf 73 Prozent des Entgelttarifvertrags Süßwarenindustrie Ost und ab 1. November 2011 auf weitere 77,4 Prozent erhöhten.

»Gute Arbeit, gutes Geld« hieß die Tarifrunde der NGG für 2013. Bei Coca-Cola kam es zu ersten Warnstreiks, als mehrere Verhandlungsrunden ergebnislos verliefen. Schließlich gelang am 9. April 2013 doch noch eine Einigung für die 10 600 Beschäftigten. Die NGG hatte bei Coca-Cola einen Organisationsgrad von 75 Prozent. Vereinbart wurde die unbefristete Übernahme von 40 Prozent der Auszubildenden jedes Jahrgangs, die anderen befristet, die Entgelte für alle wurden um 3,5 Prozent erhöht, ab 2014 um weitere 3 Prozent. Betriebsbedingte Kündigungen waren bis Ende 2014 ausgeschlossen. Schichten und Arbeit am Sonnabend sollten früher angekündigt und geplant werden. Außerdem erhielten Leiharbeiter den gleichen Lohn wie die Stammbelegschaft. Die Beiträge des Arbeitgebers zum Altersteilzeitvertrag wurden auf 85 beziehungsweise auf 90 Prozent aufgestockt.

linke Seite:
Demonstration beim Warnstreik, Arnstadt, 13. September 2011.

oben links:
Die »Burger Queens« der Burger King Filiale Gießen bei der Feier zum Internationalen Frauentag, 8. März 2012.

oben rechts:
Protestaktion in Berlin für faire Löhne in der Systemgastronomie, 2012.

Am 1. März 2013 hatte der Bundesrat auf Antrag der Länder Rheinland-Pfalz, Baden-Württemberg, Brandenburg, Bremen, Hamburg, Nordrhein-Westfalen, Schleswig-Holstein und Niedersachsen die Einführung des gesetzlichen Mindestlohns von 8,50 Euro beschlossen und den Gesetzentwurf beim Bundestag eingebracht, wo er jedoch durch die Mehrheit der Abgeordneten aus CDU/CSU und FDP abgelehnt wurde.

Ein Schwerpunkt der NGG-Arbeit im Frühjahr und Sommer 2013 war die Auseinandersetzung mit dem neuen Eigentümer von 91 Burger-King-Filialen, der sich als Franchisenehmer nicht an Tarifverträge hielt und 15 Betriebsräten gekündigt hatte. Der Konflikt eskalierte, als die Burger King GmbH einen als »Betriebsrats-Killer« bekannten Anwalt einschaltete. Viele Protestaktionen und die Hilfe des »Teams Wallraff«, das mit einer Fernsehsendung die Öffentlichkeit informierte, führten nach fast einem Jahr des Protestes zum Erfolg: Die Muttergesellschaft kündigte dem Franchise-Unternehmen, die Kündigungen wurden zurückgenommen und die Tarifverträge wieder angewendet.

Auf dem Gewerkschaftstag der NGG in Berlin 2013 trat der Vorsitzende Franz-Josef Möllenberg nicht mehr an. Michaela Rosenberger wurde auf Vorschlag des Hauptvorstands zu seiner Nachfolgerin gewählt und ist damit die erste weibliche Vorsitzende einer Industriegewerkschaft in Deutschland. Claus-Harald Güster wurde in seinem Amt bestätigt und Burkhard Siebert neu gewählt.

Kurz vor dem Gewerkschaftstag hatte die Bundestagswahl stattgefunden. Die schwarzgelbe Koalition war perdu, die FDP gar nicht mehr im Bundestag. Während der laufenden Koalitionsverhandlungen zwischen SPD und CDU besuchten der SPD-Vorsitzende Sigmar Gabriel und Arbeitsministerin Ursula von der Leyen den NGG-Gewerkschaftstag. Sie sagte in ihrer Rede auf dem Gewerkschaftstag: »Ja, dieses Land bekommt einen Mindestlohn, und zwar so, dass es keine weißen Flecken mehr auf der Landkarte gibt.« Der im November 2013 abgeschlossene Koalitionsvertrag der neu gewählten Regierung aus CDU/CSU und SPD sah einen Mindestlohn vor.

NGG-Funktionäre seit 2013

GHV	Vorsitzende	**Michaela Rosenberger**
	Stellvertretender Vorsitzender	**Claus-Harald Güster**
	Stellvertretende Vorsitzende	**Burkhard Siebert**
Landesbezirke	Nord	**Herbert Grimberg**
	NRW	**Thomas Gauger**
	Bayern	**Freddy Adjan**
	Südwest	**Uwe Hildebrandt**
	Ost	**Petra Schwalbe**

oben:
Frank Bsirske und Michaela Rosenberger vor einem Plakat zum gesetzlichen Mindestlohn, Berlin, 9. Mai 2014.

unten:
Streik bei Autogrill in Eisenach mit Michaela Rosenberger, Burkhard Siebert und Claus-Harald Güster, August 2014.

Neben Wahlen zum Hauptvorstand und Satzungsänderungen standen Debatten inhaltlicher Art an. So beschlossen die 170 Delegierten nach einiger Diskussion, dass der gesetzliche Mindestlohn nach seiner Einführung bald auf 10 Euro steigen müsse. Außerdem forderten sie die Überarbeitung der Bundesrahmen- und Entgelttarifverträge, da es Probleme bei der Eingruppierung bei den 20 Jahre alten Vertragswerken gäbe, und debattierten ein politisches Streikrecht. Harald Wiedenhofer, Generalsekretär der EFFAT, lenkte in seiner Ansprache auf die Probleme: »Unser größtes Sorgenkind ist die Fleischindustrie. Es ist eine Schande, dass die stärkste Wirtschaftsmacht in Europa auch im 21. Jahrhundert seit Jahren zulässt, dass Arbeitnehmer wie Sklaven behandelt werden.«
In ihrer Rede thematisierte Michaela Rosenberger die europäische Jugendarbeitslosigkeit und mangelnde Rentenprogrammatik. Sie kritisierte, dass viele Menschen trotz jahrzehntelanger Arbeit und Zahlung von Beiträgen von ihrer Rente nicht leben könnten, und forderte eine solide Absicherung im Alter.

Auf dem Gewerkschaftstag wurde auch über den demografischen Wandel gesprochen, auf den die Wirtschaft nur mangelhaft vorbereitet sei. Vor allem die Betriebsräte formulierten auf Grundlage der Demografie-Initiative der NGG »Faire Arbeit. Gutes Leben«, dass durch humanere altersgerechte Arbeitsbedingungen die Beschäftigungsfähigkeit für Ältere verbessert und flexible Arbeitszeitmodelle entwickelt werden sollten. Angesichts der für viele Berufe kaum zumutbaren Erhöhung des Rentenalters auf 67 Jahre begrüßte die NGG die »Rente mit 63« für Versicherte mit 45 Beitragsjahren.

Im Juli 2014 verabschiedete der Bundestag das Gesetz zum Mindestlohn, das ab 1. Januar 2015 galt. Michaela Rosenberger und die anderen Gewerkschaftsvorsitzenden im DGB verfolgten die Debatte und die Abstimmung, bei der es nur fünf Gegenstimmen gab, auf der Tribüne des Plenarsaals. »Zu unserem 150. Geburtstag ist dies ein historischer Erfolg für unsere NGG, die eine Idee über viele Jahre Arbeit mehrheitsfähig gemacht hat – und ein großer Tag für unsere Geschichte und die Menschen in diesem Land«, sagte die NGG-Vorsitzende unmittelbar im Anschluss an die Bundestagssitzung. Ende 2014 hatte die NGG 206 000 Mitglieder.

Michaela Rosenberger

1960 geboren, machte Michaela Rosenberger eine Ausbildung zur Hotelfachfrau und anschließend zur Berufsschulfachlehrerin. Anfang der 1990er-Jahre wurde sie zur Gewerkschaftssekretärin in Lübeck ausgebildet. Von 1992 bis 1997 war sie für die berufliche Bildung in der NGG-Hauptverwaltung in Hamburg zuständig. Ab 1997 arbeitete Michaela Rosenberger als Bezirkssekretärin im NGG-Landesbezirk Nord und betreute die Bereiche Bildung sowie Frauen und diverse Flächen- und Haustarifverträge.

Von 2003 bis 2013 war sie Mitglied des Geschäftsführenden Hauptvorstands der NGG. Auf dem Gewerkschaftstag im November 2013 wurde sie zur Vorsitzenden der NGG gewählt. Damit ist sie die erste Frau in diesem Amt. Michaela Rosenberger ist Vizepräsidentin der EFFAT und der IUL und wurde 2015 von der Bundesregierung in die Mindestlohnkommission berufen.

»Anfang vom Ende des Lohndumpings«

In Niedersachsen, einem Zentrum der Fleischindustrie, hatte die im Januar 2013 frisch gewählte rotgrüne Landesregierung Verhandlungen zu einem Mindestlohn-Tarifvertrag in der Fleischwirtschaft initiiert. Doch in den ersten beiden Verhandlungen mit der Tarifgemeinschaft der Arbeitgeber, an denen Vertreter der großen Unternehmen Vion, Tönnies, Danish Crown, Westfleisch und PHW (Wiesenhof) teilnahmen, konnte keine Einigung erzielt werden. Die Aussicht, erstmals seit vielen Jahren den tariflosen Zustand in der Branche zu beenden, schien so schnell wieder zu verschwinden, wie sie entstanden war. Jedoch entwickelte sich über den Jahreswechsel 2013/2014 eine rege Verhandlungsdiplomatie, bei der vor allem der Dachverband der Arbeitgeber in der Ernährungsindustrie, die Arbeitgebervereinigung Nahrung und Genuss (ANG), vermittelte. Diese Bemühungen hatten zu Beginn des neuen Jahres Erfolg.

Noch vor Inkrafttreten des Mindestlohngesetzes konnte die NGG für viele tausend Beschäftigte in der Fleischwirtschaft einen Mindestlohn vereinbaren und für die Erhöhung ihrer Einkommen sorgen. Diese Vereinbarung gilt unabhängig davon, ob es sich um Arbeitnehmerinnen und Arbeitnehmer in regulärer Beschäftigung, in Leiharbeit oder um über Werkverträge mit Subunternehmen beschäftigte Menschen handelt. Die bis Dezember 2013 bestehenden Knackpunkte – die Arbeitgeber wollten unterschiedliche Höhen des Mindestlohns in Ost und West festschreiben und innerhalb der vereinbarten Laufzeit nicht über den gesetzlichen Mindestlohn hinausgehen – waren vom Tisch, und die NGG konnte in einem Stufenplan bis 2016 einen Stundenlohn bis zu 8,75 Euro durchsetzen. Claus-Harald Güster, stellvertretender Vorsitzender der NGG, sagte auf einer Pressekonferenz: »Das ist der Anfang vom Ende des Lohndumpings in der deutschen Fleischwirtschaft.«

Als einzige aus dem Zuständigkeitsbereich der NGG wurde die Fleischwirtschaft in den Katalog des Entsendegesetzes aufgenommen. Der Mindestlohn für die Fleischwirtschaft trat zum 1. August 2014 in Kraft.

Dem schloss sich 2014 der erfolgreiche Arbeitskampf zur Durchsetzung von Tarifverträgen bei dem italienischen Autobahn-Raststätten-Betreiber »Autogrill« an, bei dem in einem mehrmonatigen Streik der Beitritt zum Bundesverband der Systemgastronomie (BdS) erzwungen wurde. Aber kaum war »Autogrill« dort Mitglied, stand mit dem Bundesverband der Systemgastronomie die nächste Auseinandersetzung an.

Mehr als Mindestlohn bei Burger und Pizza

Nachdem die NGG den Entgelttarifvertrag mit dem Bundesverband der Systemgastronomie (BdS) gekündigt hatte, reagierte der Arbeitgeberverband im August 2014 mit einer Kündigung des Manteltarifvertrags zum 31. Dezember 2014. Der Bundesverband der Systemgastronomie argumentierte, dass man diesen wegen des Mindestlohns korrigieren müsste. Der Manteltarifvertrag regelte Sonderzahlungen, Zuschläge und zusätzlichen Urlaub. Dieser Tarifvertrag betraf über 100 000 Beschäftigte. Die NGG verhandelte mit dem Bundesverband in vier Runden und es gab kein Ergebnis. Daraufhin rief die NGG erstmals in dieser Branche zu Protestaktionen auf.

Im Dezember, insbesondere über das dritte Advents-Wochenende 2014, fanden mehr als 40 Warnstreiks und Protestaktionen in Filialen von McDonald's, Burger King, Pizza Hut, Starbucks sowie Tank & Rast, vor allem in den Großstädten Hamburg, München, Berlin, Köln, Düsseldorf, Frankfurt am Main, Erfurt und Heilbronn, statt.

Dies hinterließ Eindruck beim Bundesverband der Systemgastronomie, der daraufhin eine Schlichtung unter dem Vorsitz der früheren stellvertretenden DGB-Vorsitzenden Ursula Engelen-Kefer vorschlug. Nach mehrstündigen Verhandlungen einigte man sich auf ein Tarifpaket aus Entgelt- und Manteltarifvertrag. Der Entgelttarifvertrag sah über den gesetzlichen Mindestlohn hinausgehende Entgelterhöhungen in den unterschiedlichen Tarifgruppen vor. Der unterste Tariflohn betrug nun 8,51 Euro pro Stunde, die Azubi-Gehälter wurden erhöht und auch die Ost-West-Unterschiede sollten bis 2018 ausgeglichen sein. Der Manteltarifvertrag blieb in weiten Teilen bestehen und gilt für fünf Jahre. Die NGG zeigte sich mit dem Ergebnis sehr zufrieden. Burkhard Siebert, der stellvertretende Vorsitzende der NGG, sagte nach der Schlichtung: »Die Arbeitgeber wollten für alle Beschäftigten dauerhaft Verschlechterungen beim Urlaubsgeld, Weihnachtsgeld und den Zuschlägen durchsetzen, um so die höheren Kosten durch die Einführung des Mindestlohnes zu kompensieren. Das konnten wir verhindern und das war uns und den Beschäftigten besonders wichtig. Wichtig war auch, dass wir in absehbarer Zeit – wenn auch nicht so früh wie erhofft – endlich die komplette Angleichung aller Lohngruppen in Ost und West durchsetzen konnten. Für Viele in der Branche bedeutet dieser Abschluss einen echten Lohnsprung.«

Chronik von 1990 bis 2015

Januar 1990 **Wahl von Dieter Behn zum Vorsitzenden der HNG. Seine Amtszeit dauerte bis Mai 1990.**

Januar 1990 Konstituierung der Gewerkschaft Handel, Nahrung und Genuss als selbstständige Gewerkschaft in der DDR.

1. März 1990 Beschluss des DDR-Ministerrats zur Umwandlung aller Kombinate und Volkseigener Betriebe in Kapitalgesellschaften sowie die Einrichtung einer Anstalt zur treuhänderischen Verwaltung von Volkseigentum.

18. März 1990 Volkskammerwahl in der DDR, es gewann das konservative Wahlbündnis Allianz für Deutschland.

24. Juni 1990 **Gründung der Gewerkschaft Nahrung-Genuss-Gaststätten der DDR und der Gewerkschaft Handel, Banken und Versicherungen/DDR (HBV-Ost) aus der Gewerkschaft Handel, Nahrung und Genuss der DDR.**

30. Juni 1990 **Rainer Kuschewski wurde Vorsitzender der NGG-DDR bis Ende 1990.**

12. September 1990 Abschluss des Zwei-Plus-Vier-Vertrages zur Vorbereitung der deutschen Einheit und Herstellung der vollen Souveränität Deutschlands.

17. September 1990 **Wahl von Heinz-Günter Niebrügge auf dem Gewerkschaftstag in Hamburg zum Vorsitzenden der NGG. Er trat 1992 aus gesundheitlichen Gründen zurück.**

3. Oktober 1990 Deutsche Einheit.

1. Dezember 1990 **Zusammenschluss der NGG (DDR) und NGG beim DGB zur gesamtdeutschen NGG.**

7. November 1992 **Wahl von Franz-Josef Möllenberg zum Vorsitzenden der NGG auf dem außerordentlichen Gewerkschaftstag in Düsseldorf. Er blieb bis 2013 im Amt.**

1995 **Streiks in der Brauindustrie in Nordrhein-Westfalen. In den neuen Bundesländern startete im Mai 1995 der erste unbefristete Streik in der Süßwarenindustrie.**

24. November 1996 **Streik in der westdeutschen Süßwarenindustrie, insgesamt beteiligten sich weit über 9000 Beschäftigte bei den Firmen Bahlsen, Wissoll und Nestlé an den Arbeitskämpfen. Die bis dahin größte Auseinandersetzung in der Tarif-Geschichte der NGG.**

27. Oktober 1998 Wahl Gerhard Schröders zum Bundeskanzler.

24. November 2000 Die BSE-Krise führte zum Rückgang des Rindfleisch-Verbrauchs und Arbeitsplatzverlust in der Ernährungsindustrie.

März 2001 Gründung der Gewerkschaft ver.di aus der Deutschen Angestelltengewerkschaft (DAG), der Deutschen Postgewerkschaft (DPG), der HBV, der IG Medien und der ötv. Ende 2004 hatte ver.di ca. 2,46 Millionen Mitglieder.

April 2001 **Nach Einführung der »Riesterrente« verhandelte die NGG mit dem Dehoga im Hotel- und Gaststättengewerbe um die »hogarente«, einen bundesweiten Tarifvertrag zur Altersvorsorge.**

Mai 2001 **Abschluss des bundesweit ersten Tarifvertrags zur betrieblichen Altersvorsorge in der Süßwarenindustrie.**

1. Januar 2003 Die Einführung des Zwangspfands führte zu einem Kaufrückgang und Anstieg der Kurzarbeit bei den Brauereien und Getränkeherstellern.

6. bis 10. Oktober 2003 **Mit dem 14. Ordentlichen Gewerkschaftstag der NGG in Magdeburg wurde die Struktur des Geschäftsführenden Hauptvorstands verändert. In den neuen, jetzt dreiköpfigen Vorstand wurden Franz-Josef Möllenberg, Michaela Rosenberger und Walter Weck gewählt. Die Amtszeit wurde von vier auf fünf Jahre verlängert.**

September 2004 **Streik beim Maggi-Werk in Singen gegen die Tarifpolitik von Nestlé.**

Januar 2005 **Streik der rund 350 Beschäftigten der Mannheimer Eichbaum-Brauerei, nachdem die NGG zum unbefristeten Ausstand aufgerufen hatte. Am 27. Streiktag konnte bei der Eichbaum-Brauerei Mannheim nach mehrstündigen Tarifverhandlungen eine Einigung herbeigeführt werden. Im Februar endete der seit zehn Jahren längste Arbeitskampf im Organisationsbereich der Gewerkschaft NGG.**

1. Januar 2005 Inkrafttreten des Hartz IV-Gesetzes.

Oktober 2005 **Beginn des unbefristeten Streiks beim Caterer Gate Gourmet am Flughafen Düsseldorf.**

22. November 2005 Angela Merkel wurde Bundeskanzlerin.

Januar 2006 **Gründung der Initiative Mindestlohn durch ver.di und die NGG.**

10. April 2006 **Annahme des Tarifabschlusses bei Gate Gourmet, wodurch der längste Arbeitskampf in der Geschichte der NGG endete.**

Mai 2006 Auf dem 18. Ordentlichen Bundeskongress des DGB beschloss die Mehrheit der Delegierten, einen gesetzlichen Mindestlohn von 7,50 Euro zu fordern. Damit war die NGG-Initiative zu einem DGB-Programmpunkt geworden. Der Mindestlohn-Truck mit der Ausstellung »Arm trotz Arbeit« wurde am 1. Mai 2007 auf eine Reise durch 50 deutsche Städte geschickt.

24. Oktober 2008 **Auf dem 15. Ordentlichen Gewerkschaftstag wurden Franz-Josef Möllenberg und Michaela Rosenberger in ihren Ämtern bestätigt und Claus-Harald Güster neu in den Geschäftsführenden Hauptvorstand gewählt.**

2011 **Das von Franz-Josef Möllenberg gemeinsam mit dem Journalisten Günter Wallraff und dem ver.di-Vorsitzenden Frank Bsirske herausgegebene Buch »Lohndumping« erschien.**

24. Februar 2011 **Mit dem Motto »Gegen Lohndumping – für sichere und faire Arbeit« ging die NGG gegen die Einführung der vollen Arbeitnehmerfreizügigkeit in Europa am 1. Mai 2011 vor.**

September 2011 **Abschluss eines Tarifvertrages zwischen der NGG und dem Bundesverband der Systemgastronomie für 100000 Beschäftigte, u.a. bei McDonalds, Burger King, Pizza Hut, der die unterste Entgeltgruppe von 8,50 Euro noch nicht erreichte.**

Januar 2013 Bundesweite Warnstreiks bei Coca-Cola um Lohnerhöhungen, feste Arbeitszeiten und Arbeitsplatzerhalt.

12. November 2013 **Michaela Rosenberger wurde auf dem Berliner Gewerkschaftstag zur neuen Vorsitzenden der NGG gewählt. Damit war sie die erste weibliche Vorsitzende einer Industriegewerkschaft. Die Delegierten legten ihre Forderung für einen gesetzlichen Mindestlohn auf 8,50 Euro fest und forderten die Überarbeitung der Bundesrahmen- und Entgelttarifverträge. 2013 hatte die NGG 206930 Mitglieder.**

Januar 2014 **Abschluss des Mindestlohn-Tarifvertrages mit der Fleischindustrie**

Dezember 2014 **Bundesweite Warnstreiks in der Systemgastronomie.**

1. Januar 2015 Einführung des gesetzlichen Mindestlohns, der seit November 2013 im Koalitionsvertrag der neu gewählten Regierung aus CDU/CSU und SPD vorgesehen war.

Ausblick

Nach 150 Jahren vieler Auseinandersetzungen um ein besseres Leben für Beschäftigte haben die NGG und ihre Vorläufer viel erreichen können: die These Lassalles, dass Arbeiter nur am Rande des Existenzminimums existieren können, haben die älteste Gewerkschaft in Deutschland und ihre Schwestergewerkschaften widerlegt. Die Geschichte hat gezeigt, dass die Mitglieder der NGG mutig und engagiert für Fortschritte kämpften.

Sie hat aber auch gezeigt, dass für den langfristigen Erfolg der Zusammenhalt der Arbeitnehmerinnen und Arbeitnehmer essentiell war. Deshalb ist die ursprüngliche Erkenntnis Friedrich Wilhelm Fritzsches: »wo Arbeiter einzeln aufgetreten sind, haben sie nie etwas erreicht« so aktuell wie vor 150 Jahren.

Die Auseinandersetzung um den gesetzlichen Mindestlohn hat auch öffentlich gemacht, dass auch im reichen Deutschland im 21. Jahrhundert Menschen unterhalb der Armutsgrenze leben, weil sie Dumpinglöhne erhalten. Mit dem gesetzlichen Mindestlohn dafür eine Untergrenze eingezogen zu haben, ist ein wichtiger gewerkschaftlicher Erfolg, aber es bleibt für die NGG viel zu tun. Die Erfinder des Mindestlohns haben sich nun mit dessen Umsetzung zu befassen und diese kritisch zu begleiten. Weitere Herausforderungen für die NGG bestehen darin, die eigene Tarifmächtigkeit zu steigern, um für die Beschäftigungsverhältnisse in der Nahrungsmittelindustrie, im Lebensmittelhandwerk und im Gastgewerbe mehr Tarifverträge zu erreichen und sich für gleiche Entgelte für Männer und Frauen einzusetzen. Dabei wird die NGG weiterhin »jedem Mitglied Schutz vor Ausbeutung und Hilfe in seinem sozialen Kampf«[192] gewähren, wie es bereits Gustav Pufal 1949 anlässlich der NGG-Gründung formulierte.

Die NGG wird auch in Zukunft dafür eintreten, dass Menschen auf der ganzen Welt in Frieden leben können, wie es bereits im »Gebet der Freien« des amerikanischen Schriftstellers und Pulitzer-Preisträgers Stephen Vincent Benét (1898–1943) heißt, mit dem der 1. Gewerkschaftstag der NGG in Stuttgart 1951 eröffnet wurde: »Wir sind alle arme Erdenkinder – gewähre uns diese schlichte Erkenntnis. [...] Schenke uns den gemeinsamen Glauben, dass der Mensch sein Brot in Frieden essen soll.«

1865 – 2015

150

JAHRE NGG

72 Deutscher Tabakarbeiterverein | 1882 Reiseunterstützungsverein deutscher Tabakarbeiter | 1885 Unterstützungsverein deutsche

1885 Unterstützungsverein deutsche

1905 Verband der Zigarr

Verband der Bäcker und Berufsgenossen Deutschlands

Zentralverband der Konditoren, Leb- und Pfefferküchler

1907 Verband der Bäcker, Konditoren und verwandten Berufsgenossen Deutschland

1893 Zentralverband deutscher Brauer und verwandter Berufsgenossen | 1902 Zentralverband deutscher Brauereiarbeiter und verwandter Be

d deutscher Brauer

Müllergesellen | 1898 Verband deutscher Mühlenarbeiter und verwandter Berufsgenossen | 1907 Zentralverba

und -Mamsells in Berlin

genossen Deutschlands

1900 Zentralverband der Fleischer und Berufsgenossen Deutschlands

nlächtergesellen Berlins

1889 Zentralverein der deutschen Böttcher | 1905 Zentralverband der B

1904 Christlicher Bäcker- und Konditorenverband | 1907 Zentralverb

1905 Bund der Bäcker- und Kon

1899 Christlich sozialer Verband der Tabak- und Zigarrenarbeiter Deutschlands | 1906 Verband christlich

1898 Reichsverband christlicher Kellnervereine

1898 Verband Deutscher Gastwirtsgehilfen

1902 Verband der Hoteldiener | 1909

1895 Internationaler Verband der Köche

1899 Verein der Cafékellner

1951 IG Nahrung, Genuss, G

1949 IG Handel | 1950 Gewerkschaft Handel

tel- und Gaststättengewerbes Groß-Berlin (UGO) | 1950

yern) | 1947 IG Nahrung-Genußmittel-Gaststätten (Bayern)

bergungsgewerbe für Württemberg und Baden

Gaststättengewerbe (Hessen)

ßmittelbranche Südwürttemberg

Gewerbe und Tabak-Industrie (Südbaden)

ten für Hessen und Pfalz (Rheinland-Pfalz)

Nordmark (Hamburg & Schleswig Holstein)

trie (Niedersachsen)

mburg/Bremen) | 1947 IG NGG Britische Zone

drhein-Westfalen)

n (Hamburg)

1949 IG Nahrung-Genuss-Gaststätte

1865

1865 Allgemeiner Deutscher Cigarrenarbeiterverein

1869 Allgemeiner Tabak- und Cigarrenarbeiterverein

18

1868 Allgemeiner Deutscher Bäckerverein

1878 Lokale Fachvereine der Bäcker in Großstädten

1885

1879 Verband der Lebküchler

1891

1885 Allgemeiner deutscher Brauerverband

1891 Zentralverbar

1889 Verband Deutscher

1893 Fachverein der Schlächtergesellen

1894 Verband der Schlächter und Berufs

1898 Lokalverein der Sc

1876 Bund der deutschen Böttcher

1885 Zentral-Reiseunterstützungsverein deutscher Böttcher

Nahrung, Genuss

1877 Internationaler Genfer Verband

1885 Genfer Verband der Hotel- und Gaststätten-Angestellten

1878 Deutscher Kellnerbund Union Ganymed

Gaststätten

1945

DDR

Nahrung, Genuss

Handel

Land, Forst

BRD

Nahrung, Genuss

1946 IG Nahrung und Genuss (SBZ/DDR)

1946 IG Handel und Transport

1946 Gewerkschaft Land und Forst

1948 Verband der Arbeitnehmer des Nahrungs-, Genus

1946 Landesgewerkschaft Nahrungs- und Genußmittel

1946 Industrieverband Nahrungs-, Genußmittel und Bel

1946 Landesgewerkschaft Nahrungs-, Genußmittel- und

1946 Landesberufsgewerkschaft der Nahrungs- und Gen

1946 Landes-Gewerkschaft Nahrung, Getränke, Gastwir

1946 Landesgewerkschaft Nahrung, Genußmittel, Gast

1946 Verband der Nahrungsmittel- und Getränkearbeite

1946 Landesverband der Nahrungs- und Genußmittelir

1946 Industrieverband für die gesamte Tabakindustrie (

1946 Industrieverband Nahrung, Getränke und Genuß (

Gaststätten

1946 Verband der Hotel-, Restaurant- und Café-Angeste

Legende

frei | Hirsch-/Duncker | christlich | DDR | BRD

Nahrung und Genuss

Hotel und Gaststätten

Land und Forst

VERBAND NAHRUNGSMITTEL u. GETRÄNKEARBEITER
Der Botschafter
Organ für die Tabak-Arbeiter Deutschlands.
Berlin, den 1. Dezember 1877.
Brüder! Nicht schiessen!
Tabak-Arbeiter Genossenschaft Filiale Frankenberg 1901
ACHTUNG! streiken
ACHTUNG streiken
Verband der Nahrungsmittel und Getränkearbeiter
DEUTSCHER TABAKARBEITER VERBAND
Gastwirtsgehilfe
No 2 Juli 193
Achtung: Neue A
Beethovenstr.
Die erste Nummer des Verbandsorg
Rest. u. Cafe Angest. wurde nach den
FERIENHEIME
FDGB
DDR
DGB
24 DGB-Heime
350 FDGB-Heime
1. Mai 1947
561350
Mitglieder
1. Mai 1948
720000
Mitglieder
ärkt die Gewerksc
GG

1865 – 2015

150

JAHRE NGG

eiter

1898 Deutscher Tabakarbeiter-Verband

ortierer 1906

und Kistenbekleber 1912

1910 Zentralverband der Bäcker, Konditoren und verwandten Berufsgenossen Deutschlands

1924 Deutscher Nahrung

sen

1910 Verband der Brauerei- und Mühlenarbeiter und verwandter Berufsgenossen

1922 Verband der Lebensmitt

lenarbeiter Deutschlands

d Böttchereihilfsarbeiter Deutschlands

1911 Zentralverband der Böttcher, Weinküfer und Hilfsarbeiter Deutschlands

ahrungs- und Genussmittel-Industriearbeiter Deutschlands

ellen

d Zigarrenarbeiter Deutschlands

1911 Zentralverband Christlicher Tabakarbeiter Deutschlands

1921 Genfer Verband der Hotel- und Restaurant-Angestellten Deutschl

1918 Bund der Hotel-, Restaurant und Café-Angestellten Deutschlands

1920

1920 Zentralverband der Hotel-, Restaurant- und Café-Angestellten

09 Verband der Hausangestellten Deutschlands

(DDR)

1958 Gewerkschaft Handel, Nahrung und Genuss (DDR)

1990 NGG DDR

1968 Gewerkschaft Land, Nahrungsgüter und Forst

NGG

1990

1933

1945

d Genussmittelarbeiterverband

1927 Verband der Nahrungsmittel- und Getränkearbeiter

nd Getränkearbeiter Deutschlands

1926

s

21 Bund der Hotel-, Restaurant und Café-Angestellten U.G.

Ab 1923 Teil des Deutschen Verkehrsbunds

LEBE DER GROSSE STALIN
DER GANZEN WELT DER BESTE
FDGB
Haltet Euer Gedächtnis
ben
haft geben
ASTSTÄTTEN
NGG
Warnstreik
DDR-
Lebensmittelindustrie
muß gerettet
werden
NGG
Die DDR befindet sich auf dem Weg von der Plan- zur Marktwirtschaft. Das bisherige bürokratische Plansystem ist gescheitert. Die Arbeitnehmer der DDR dürfen dafür nicht allein die Folgen tragen. Jetzt muß ein Neuanfang gemacht werden. Es gibt dazu keine fertigen Konzepte. Es gibt allerdings viele Probleme:
muß die Versorgung mit qualitativ hochwertigen Rohstoffen sichergestellt,
müssen Beschäftigte in Sofortkursen für Marketing und Werbung weitergebildet,
KOHLLAPS
ASTRA
McDonald
ate muss jetzt rüber!
Ökolandbau
BUND
AR-WENDE
JETZT
KEINE WEITERE
DURCH GATEGOURMET
Gerechter Lohn
KEINE
KRÜMEL
SONDERN
KEKSE
NGG

Menschen in der NGG ab 1949

Anton Basting	1884–1966	Böttcher, Vorsitzender Ortsverband Wiesbaden im Verband der Böttcher, 1947–1954 NGG-Landesleiter Rheinland-Pfalz.
Erwin Berger	1935–2003	Laborant, seit 1958 Tätigkeit für die NGG, 1982–1998 Vorsitzender Landesbezirk Bayern.
Herbert Berger	1941	seit 1970 Tätigkeit für die NGG, 1990–2003 Vorsitzender Landesbezirk Baden-Württemberg.
Frauke Dittmann	1942–2015	Speditionskaufmannsgehilfin, seit 1992 Tätigkeit für die NGG, 1992–2003 Hauptkassiererin der NGG.
Günter Döding	1930–2005	Bergmann und Zigarrensortierer, seit 1953 Tätigkeit für die NGG, 1966–1978 2. Vorsitzender, 1978–1989 Vorsitzender der NGG.
Jupp Dozler	1891–1964	Bäcker, Bezirkssekretär Bäcker und Konditoren im VNG, 1946–1958 NGG-Landesleiter Nordrhein-Westfalen.
Richard Eckart	1903–1984	Brauer, 1928 Redakteur der VNG-Zeitung »einigkeit«, ab 1946 Tätigkeit für die NGG, 1951–1953 Mitglied des Geschäftsführenden Hauptvorstandes, ab 1953 Geschäftsführer der Gesellschaftsbrauerei Augsburg.
Georg Fiederl	1887–1962	Bäcker, Funktionen im Zentralverband der Bäcker und Konditoren und im VNG, 1947–1954 NGG-Landesleiter Bayern.
Gustav Fink	1910–1990	Kellner, bis 1933 Mitglied im Zentralverband der Hotel-, Restaurant- und Café-Angestellten, 1951–1970 Sekretär im Geschäftsführenden Hauptvorstand der NGG.
Gunold Fischer	1944	Reedereikaufmann, Dipl.-Volkswirt, seit 1977 Tätigkeit für die NGG, 1990–2005 Vorsitzender Landesbezirk Niedersachsen/Bremen, 2005–2008 Stellvertretender NGG-Vorsitzender.
Karl Förster	1905–1979	Schlachter, 1951–1970 NGG-Landesleiter Hamburg-Schleswig-Holstein.
Thomas Gauger	1957	Industriekaufmann, seit 1981 Tätigkeit für die NGG, seit 1992 Vorsitzender Landesbezirk Nordrhein-Westfalen.
Oskar Gensberger	1921–2010	Bäcker und Konditor, ab 1946 Tätigkeit für die NGG, 1978–1982 NGG-Landesbezirksvorsitzender Bayern.

Johannes Gostomski	1885–1967	Kellner, bis 1933 Funktionär im Zentralverband der Hotel-, Restaurant- und Café-Angestellten, 1937 wegen »Vorbereitung zum Hochverrat« zu 15 Monaten Gefängnis verurteilt, 1949–1952 Sekretär im Geschäftsführenden Hauptvorstand der NGG.
Herbert Grimberg	1956	Jurist, seit 1984 Trainer im BZO, seit 1991 Tätigkeit für die NGG, Vorsitzender Landesbezirk Nord seit 1994.
Claus-Harald Güster	1958	Brauer, seit 1993 Tätigkeit für die NGG, seit 2008 Stellvertretender Vorsitzender.
Otto Hackmack	1922–2011	Diplom-Volkswirt, ab 1951 Tätigkeit für die NGG, 1962–1970 Hauptkassierer der NGG, 1970 Senator der Freien und Hansestadt Hamburg.
Hans Hartl	1954	Kellner und Personalkaufmann, seit 1981 Tätigkeit für die NGG, 1998–2013 Vorsitzender Landesbezirk Bayern.
Uwe Heeschen	1929–2001	Betriebsratsvorsitzender BAT Ahrensburg, seit 1964 Tätigkeit für die NGG, 1986–1988 Vorsitzender Landesbezirk Hamburg/Schleswig-Holstein.
Horst Helterhof	1922–1990	Betriebsratsvorsitzender bei Kyriazi, seit 1971 Ressortleiter Fett, Fleisch und Milchwirtschaft beim Landesbezirk Berlin, 1972–1990 Vorsitzender Landesbezirk Berlin.
Gerhard Herbst	1950	seit 1974 Tätigkeit für die NGG, 1994–2008 Vorsitzender Landesbezirk Hessen/Rheinland-Pfalz/Saar.
Erich Herrmann	1928	Industriekaufmann, seit 1948 Tätigkeit für die NGG, 1966–1978 Landesbezirksvorsitzender Hessen/Rheinland-Pfalz/Saar, 1978–1989 2. Vorsitzender, 1989–1990 Geschäftsführender Vorsitzender der NGG.
Uwe Hildebrandt	1959	Industriekaufmann, seit 1988 Tätigkeit für die NGG, seit 2003 Landesbezirksvorsitzender Baden-Württemberg, seit 2010 Landesbezirksvorsitzender Südwest.
Friedrich Holler	1894–1968	Buchdrucker, 1930–1933 1. Vorsitzender des christlichen Zentralverbands der Nahrungs- und Genussmittel-Industriearbeiter, 1951–1954 Sekretär im Geschäftsführenden Hauptvorstand der NGG.
Werner Jordan	1929	Maschinenschlosser, seit 1960 Tätigkeit für die NGG, 1978–1990 Vorsitzender Landesbezirk Hessen/Rheinland-Pfalz/Saar.

Jutta Kaminsky	1947	Hotel- und Gaststättengehilfin, seit 1979 Tätigkeit für die NGG, 1988–1990 Mitglied des Geschäftsführenden Hauptvorstandes, 1990–1992 2. Vorsitzende der NGG.
Norbert Kipf	1940	seit 1967 Tätigkeit für die NGG, 1986–1990 Vorsitzender Landesbezirk Baden-Württemberg.
Ruth Köhn	1926	Stenotypistin, seit 1951 Tätigkeit für die NGG, 1970–1988 Mitglied im Geschäftsführenden Hauptvorstand der NGG.
Rudi Krautter	1909–1984	Buchhändler, Funktionär im Deutschen Metallarbeiter-Verband, 1951–1972 NGG-Landesleiter Niedersachsen-Bremen.
Karl Langenbach	1903–1985	Bäcker, 1930–1933 VNG-Bezirksleiter Sieger- und Sauerland, 1951–1968 NGG-Landesleiter Hessen, später Hessen/Rheinland-Pfalz/Saar.
Günter Lepnies	1929–2001	Bäcker, seit 1960 Tätigkeit für die NGG, 1970–1986 Vorsitzender Landesbezirk Hamburg/Schleswig-Holstein.
Helmut Manz	1940	Brauer und Mälzer, seit 1965 Tätigkeit für die NGG, 1986–1998 Mitglied des Geschäftsführenden Hauptvorstandes.
Edmund Mayer	1943	Bäcker, seit 1979 Tätigkeit für die NGG, 1991–1998 Vorsitzender Landesbezirk Berlin-Brandenburg, 1998–2008 Vorsitzender Landesbezirk Ost.
Franz-Josef Möllenberg	1953	Bankkaufmann, seit 1975 Tätigkeit für die NGG, 1990–1992 Hauptkassierer, 1992–2013 1. Vorsitzender der NGG.
Hans Nätscher	1896–1980	Fleischer, seit 1920 Tätigkeit im Zentralverband der Fleischer, später im VNG, 1951–1962 1. Vorsitzender der NGG.
Heinz-Günter Niebrügge	1935	Zigarrensortierer, seit 1957 Tätigkeit für die NGG, 1973–1990 Landesbezirksvorsitzender Niedersachsen/Bremen, 1990–1992 1. Vorsitzender der NGG.
Heinrich Ohlemeyer	1889–1974	Zigarrenarbeiter, 1928 Vorsitzender DTAV-Ortsverwaltung Minden, 1951–1954 Sekretär im Geschäftsführenden Hauptvorstand der NGG.
Elisabeth Ostermeier	1913–2002	Verkäuferin, seit 1950 Tätigkeit für die NGG, 1954–1970 Mitglied im Geschäftsführenden Hauptvorstand.
Emil Petersen	1897–1968	Fischwerker, 1947–1951 NGG-Landesleiter Nordmark, 1951–1958 2. Vorsitzender der NGG.

Gustav Pufal	1895–1950	Böttcher, seit 1927 Sektorenleiter für Mühlenarbeiter im VNG, 1947–1949 1. Vorsitzender der NGG in der Britischen Zone, 1949–1950 1. Vorsitzender der NGG.
Albert Remppel	1900–1972	Kaufmann, Funktionär im Gesamtverband der Arbeitnehmer der öffentlichen Betriebe, 1949–1965 NGG-Landesleiter Baden-Württemberg.
Robert Rohde	1900–1958	Kellner, 1930–1933 Vorsitzender des ZVHRC, 1950 Vorsitzender der Berliner NGG (UGO), 1951–1958 NGG-Landesleiter Berlin.
Michaela Rosenberger	1960	Hotelfachfrau, 1992–1997 Referatsleiterin für berufliche Bildung bei der NGG, 1997–2003 Bezirkssekretärin im NGG-Landesbezirk Nord, 2003–2013 stellvertretende Vorsitzende der NGG, seit 2013 Vorsitzende der NGG.
Rudi Scharfe	1920–1972	Bäcker, ab 1949 Tätigkeit für die NGG, 1958–1972 Landesleiter Berlin.
Walter Schmidt	1933–1994	Kaufmann, seit 1957 Tätigkeit für die NGG, 1976–1992 Vorsitzender Landesbezirk Nordrhein-Westfalen.
Petra Schwalbe	1953	Diplom-Ökonomin, Tätigkeit für HNG, seit 1990 für die NGG, seit 2008 Landesbezirksvorsitzende Ost, erste weibliche Landesbezirksvorsitzende der NGG, erste ehemalige DDR-Bürgerin in NGG-Wahlfunktion.
Burkhard Siebert	1964	Politikwissenschaftler, seit 1991 Tätigkeit für die NGG, seit 2013 Stellvertretender Vorsitzender.
Willy Sprenger	1919–1991	Brauer, 1953–1978 Redakteur der »einigkeit« und Mitglied im Geschäftsführenden Hauptvorstand der NGG.
Artur Teubler	1913–1996	Kellner, ab 1946 Tätigkeit für die NGG, 1958–1976 NGG-Landesleiter Nordrhein-Westfalen.
Heinz Ulbrich	1916–1995	Kaufmann, seit 1952 NGG-Sekretär, 1954–1978 NGG-Landesleiter Bayern.
Hans Volpp	1934–2015	Weinhandelsküfer, Brauer und Mälzer, seit 1971 Tätigkeit für die NGG, 1990–1994 Vorsitzender Landesbezirk Hessen/Rheinland-Pfalz/Saar.

Ferdinand Warnecke	1898–1958	Böttcher, seit 1925 Tätigkeit im Verband der Böttcher, 1947–1949 2. Vorsitzender der NGG in der Britischen Zone, 1949–1950 2. Vorsitzender, 1950-1951 1. Vorsitzender der NGG.
Werner Weber	1931	Molkereifachmann, seit 1961 Tätigkeit für die NGG, 1978–1990 Mitglied im Geschäftsführenden Hauptvorstand, 1986–1990 Hauptkassierer.
Wolfgang Weber	1925–1999	Bankkaufmann, seit 1951 Tätigkeit für die NGG, 1970–1986 Hauptkassierer der NGG.
Wilhelm Weber	1871–1961	Bäcker, 1906 Bezirksleiter im Verband der Bäcker, 1946 Oberbürgermeister in Hannover, 1949–1952 NGG-Landesleiter Niedersachsen.
Werner Weck	1947–2014	Werkzeugmacher, seit 1978 Tätigkeit für die NGG, 1990–2003 Mitglied des Geschäftsführenden Hauptvorstandes, 2003–2005 Stellvertretender Vorsitzender der NGG.
Hermann Wente	1923–1995	Kaufmann, seit 1952 Tätigkeit für die NGG, 1965–1986 Vorsitzender Landesbezirk Baden-Württemberg.
Manfred Werske	1942	Molkereifachmann, seit 1979 Tätigkeit für die NGG, 1991–1996 Vorsitzender Landesbezirk Sachsen/Sachsen-Anhalt/Thüringen.
Hans Wiegand	1894–1975	Kellner, Bezirksleiter Genfer Verband der Hotelangestellten, 1946–1950 NGG-Landesleiter Hessen, später DGB Landesvorsitzender Hessen.
Reiner Wittorf	1958	Kellner und Koch, seit 1980 Tätigkeit für die NGG, 1988–1992 Landesbezirksvorsitzender Hamburg/Schleswig-Holstein (ab 1991 Nord), 1992-2003 2. Vorsitzender der NGG.
Adrian Zimmat	1944	Maschinenbauer, seit 1978 Tätigkeit für die NGG, 1993–1994 Vorsitzender Landesbezirk Nord.

Literatur

Willy Albrecht	Fachverein, Berufsgewerkschaft, Zentralverband. Organisationsprobleme der deutschen Gewerkschaften, 1870–1890, Bonn 1982.
Oskar Allmann	Geschichte der deutschen Bäcker- und Konditorenbewegung, Hamburg 1910.
Eduard Backert	Handbuch für die Funktionäre der Industriegewerkschaft Nahrung, Genuss und Gaststätten, Nürnberg 1948.
Burchard Bösche	Adolph von Elm. Der ungekrönte König von Hamburg. Gewerkschafter – Genossenschafter – Sozialdemokrat, Norderstedt 2015.
Deutscher Bundestag Bundestag (Hg.)	Bericht der Unabhängigen Kommission zur Überprüfung des Vermögens der Parteien und Massenorganisationen der DDR über das Vermögen der Sozialistischen Einheitspartei Deutschlands (SED) jetzt Partei des Demokratischen Sozialismus (PDS) des Freien Deutschen Gewerkschaftsbundes (FDGB) der sonstigen politischen Organisationen und Stellungnahme der Bundesregierung. Drucksache 13/11353, 1998.
Deutscher Bundestag Bundestag (Hg.)	Beschlußempfehlung und Bericht des 3. Untersuchungsausschusses »Neue Heimat« nach Artikel 44 des Grundgesetzes. Drucksache 10/6779, 1987.
Willy Buschak (Hg.)	Arbeitsbilder. Dokumente zwischen Symbolik und Alltag. 125 Jahre Gewerkschaft NGG, Hamburg 1990.
Willy Buschak	Arbeit im kleinsten Zirkel. Gewerkschaften im Widerstand gegen die nationalsozialistische Diktatur, Essen 2015.
Willy Buschak	Von Menschen, die wie Menschen leben wollten. Die Geschichte der Gewerkschaft Nahrung-Genuss-Gaststätten und ihrer Vorläufer, Köln 1985.
Ferdinand Dahms	Geschichte der Tabakarbeiterbewegung, Hamburg 1965.
Jürgen Dzudzek	Brotfabrik Germania in Duisburg-Hamborn. Ein Zentrum des Widerstandes gegen die nationalsozialistische Terrorherrschaft im Rhein-Ruhrgebiet. Ein Beispiel für das Wirken von Gewerkschaftern im Widerstand. Unter Mitarbeit von Günter Schluckebier und Willi Schmotz, Duisburg 1986.
Adolph von Elm	Geschichte der Tabakarbeitergenossenschaft – ein Lehrstück, Hamburg 1910 (Reprint Hamburg 2012).
Martin Etzel	Geschichte des Vereins der Brauereiarbeiter in Nürnberg. Seine Entstehung, seine Wandlungen und seine Wirksamkeit seit 1740 bis in die Gegenwart, Nürnberg 1910.
Gewerkschaft Nahrung-Genuss-Gaststätten, Region Baden-Württemberg-Süd (Hg.)	150 Jahre NGG in Dortmund, 1850-2000. Unter Mitarbeit von Mohamed Boudih, Ewald Brandfaß, Gerhard Droste u.a., Dortmund 2001.
Gewerkschaft Nahrung-Genuss-Gaststätten, Region Baden-Württemberg-Süd (Hg.),	100 Jahre Kommunikation und Konflikt. Geschichte der Tarifverträge in der Maggi, Stuttgart 2011.
Reinhard Jacobs	Nahrungs- und Genußmittelarbeiter im Raum Hannover. Aus 125 Jahren Organisationsgeschichte der Gewerkschaft Nahrung-Genuß-Gaststätten und ihrer Vorläufer in Hannover und Umgebung. Hg. v. Gewerkschaft Nahrung-Genuß-Gaststätten, Verwaltungsstelle Hannover, Hannover 1990.
Heiderose Kilper	Brüder reicht die Hand zum Bunde. Untersuchung zur Konstitution und Politik der Gewerkschaft Nahrung-Genuß-Gaststätten als Einheitsgewerkschaft (1945-1949), Marburg 1982.
Franz Klühs	Die älteste deutsche Gewerkschaft. Die Organisation der Tabak- und Zigarrenarbeiter bis zum Erlasse des Sozialistengesetzes, Karlsruhe 1905.

Josef Kollmair	Kleine Gewerkschafts-Chronik und Biographien aus den früheren Berufsverbänden der Bäcker, Konditoren, Brauer, Müller, Böttcher, Fleischer, Tabakarbeiter und Gaststätten, Stuttgart 1948.
Jan-Frederik Korf	Von der Konsumgenossenschaftsbewegung zum Gemeinschaftswerk der Deutschen Arbeitsfront. Zwischen Gleichschaltung, Widerstand und Anpassung an die Diktatur, Norderstedt 2008.
Hugo Poetzsch	Geschichte des Zentralverbandes der Hotel-, Restaurant- und Caféangestellten, Berlin 1928.
Michael Prinz	Brot und Dividende. Konsumvereine in Deutschland und England vor 1914, Göttingen 1996.
Günter Scharf	Geschichte der Arbeitszeitverkürzung. Der Kampf der deutschen Gewerkschaften um die Verkürzung der täglichen und wöchentlichen Arbeitszeit. Köln 1987.
August Schmitz	Wenn man 80 wird. Aus den Lebensnotizen des Gewerkschaftsveteranen August Schmitz. Bearbeitet von Urda Nornengast. 1953.
Michael Schneider	Die Christlichen Gewerkschaften 1894–1933, Bonn 1982.
Michael Schneider	Kleine Geschichte der Gewerkschaften. Ihre Entwicklung in Deutschland von den Anfängen bis heute. 2., überarb. und aktualisierte Auflage, Bonn 2000.
Michael Schneider	In der Kriegsgesellschaft. Arbeiter und Arbeiterbewegung 1939 bis 1945, Bonn 2014.
Michael Schneider	Unterm Hakenkreuz. Arbeiter und Arbeiterbewegung 1933 bis 1939, Bonn 1999.
Richard Sorge	Konsumgenossenschaften: Wegbereiter der Flächentarifverträge. Die Reichstarife des Zentralverbandes deutscher Konsumvereine, Norderstedt 2011.
Martin Wagner	Neue Wege zum Kleinwohnungsbau: Ein Programm der Selbsthilfe, Berlin 1924.
Friedrich Wehner (Hg.)	»Unser Verband steht fest!«. 100 Jahre Gewerkschaft Nahrung-Genuß-Gaststätten in München. NGG 1887-1987. Unter Mitarbeit von Andreas Vogt, München 1987.
Manfred Wilke und Hans-Peter Müller	Zwischen Solidarität und Eigennutz. Die Gewerkschaften des DGB im deutschen Vereinigungsprozeß, Melle 1991.
Christoph Wunnicke	Wandel, Stagnation, Aufbruch. Ost-Berlin im Jahr 1988, Berlin 2008.
Wolfgang Zimmermann	Die industrielle Arbeitswelt der DDR unter dem Primat der sozialistischen Ideologie exemplarisch untersucht am Schrifttum über Nacht- und Schichtarbeit, Bochum 2000.

Archive	Archiv der sozialen Demokratie der Friedrich-Ebert-Stiftung, Bonn (AdsD)
	Bayerisches Wirtschaftsarchiv, München
	Bundesarchiv, Berlin (BArch)
	Gewerkschaft Nahrung-Genuss-Gaststätten (NGG)
	Landesarchiv Berlin, Berlin (LAB)
	Sächsisches Hauptstaatsarchiv, Dresden (HStAD)

Anmerkungen

1 Landesarchiv Berlin. Sterberegister der Berliner Standesämter 1874–1920, Standesamt Berlin X a, Nr. 657.
2 Sächsisches Hauptstaatsarchiv Dresden. Ministerium des Innern, Bestand 10736, Nr. 307s: Bildung eines Vereins von Sicherheitsbeamten zur Aufrechterhaltung der öffentlichen Ruhe und Ordnung, 1852.
3 Sächsisches Hauptstaatsarchiv Dresden. Ministerium des Innern, Bestand 10736, Nr. 00082: Verbindungen der Zigarettenarbeiter im Deutschen Bund, 1852-1866.
4 Ferdinand Lassalle: Offenes Antwortschreiben an das Central-Comité zur Berufung eines Allgemeinen Deutschen Arbeitercongresses zu Leipzig, Zürich 1863, S. 16.
5 Ferdinand Lassalle: Offenes Antwortschreiben an das Central-Comité zur Berufung eines Allgemeinen Deutschen Arbeitercongresses zu Leipzig, Zürich 1863, S. 21.
6 Der Botschafter. Organ der deutschen Cigarrenarbeiter, 30. Januar 1869, Nr. 5, Berliner Versammlungsbericht.
7 Burchard Bösche: Adolph von Elm. Der ungekrönte König von Hamburg. Gewerkschafter – Genossenschafter – Sozialdemokrat. Norderstedt 2015, S. 41.
8 Landesarchiv Berlin. Polizeipräsidium Berlin, A Pr. Br. Rep. 030 Nr. 9889: Ausweisung von Friedrich Wilhelm Fritzsche, 1878.
9 August Bebel: Aus meinem Leben, Dritter Teil, Hamburg 2013, S. 90ff.
10 Oskar Allmann: Geschichte der deutschen Bäcker- und Konditorenbewegung, 2. Band, Hamburg 1910, S. 278.
11 Landesarchiv Berlin (LAB). Polizeipräsidium Berlin, A Pr. Br. Rep. 030, Nr. 15054: Konditorengehilfen-Verein, Gewerkverein, 1851-1903.
12 LAB, A Pr. Br. Rep. 030, Nr. 15054.
13 LAB, A Pr. Br. Rep. 030, Nr. 15054, Bericht aus dem Vorwärts vom 2. August 1892.
14 Die Firma war 1817 von Theodor Hildebrand (1791–1872) in Berlin gegründet worden. Sein Sohn Richard führte die Fabrik weiter. Sie gilt als die erste Schokoladenfabrik Berlins und ging in den 1960er-Jahren in Stollwerck auf.
15 LAB, A Pr. Br. Rep. 030, Nr. 15054. Bericht aus dem Vorwärts vom 2. August 1892
16 Ab 1933 spionierte Richard Sorge, offiziell tätig als Korrespondent der Frankfurter Zeitung, in Tokio für die Sowjetunion. Er übermittelte von dort kriegswichtige Informationen nach Moskau, wurde aber im Oktober 1941 enttarnt und 1944 von den Japanern hingerichtet.
17 Richard Sorge: Konsumgenossenschaften: Wegbereiter der Flächentarifverträge. Die Reichstarife des Zentralverbandes deutscher Konsumvereine, Norderstedt 2011, S. 29ff.
18 Helene Schmitz (1874–1945) war von 1925 bis 1932 SPD-Landtagsabgeordnete in Preußen.
19 August Schmitz: Wenn man 80 wird. Aus den Lebensnotizen des Gewerkschaftsveteranen August Schmitz, 1953.
20 Martin Etzel: Geschichte des Vereins der Brauereiarbeiter in Nürnberg. Seine Entstehung, seine Wandlungen und seine Wirksamkeit seit 1740 bis in die Gegenwart, Nürnberg 1910, S. 83.
21 Landesarchiv Berlin, A Pr. Br. Rep. 030, Nr. 15054.
22 Bundesarchiv Berlin. Reichsministerium des Innern, R 1501/127778: Volksfürsorge, 1914-1915.
23 Adolph von Elm: Die Reform der Volksversicherung durch die Volksfürsorge. Organ des Verbandes der Bureauangestellten Deutschlands, in: Der Bureauangestellte 19 (1913), Heft 1, S. 183ff.
24 Bundesarchiv Berlin (BArch). Reichsministerium des Innern, R 1501/127778.
25 August Schmitz: Wenn man 80 wird. Aus den Lebensnotizen des Gewerkschaftsveteranen August Schmitz, 1953, S. 16.
26 Sächsisches Hauptstaatsarchiv Dresden. Ministerium des Innern, Bestand 10736, Nr. 11069: Innere Unruhen, Demonstrationen, Streiks, 1908-1916.
27 Aufruf in »Deutsche Bäcker- und Konditorzeitung«, hrsg. vom Zentralverband der Bäcker und Konditoren, Lebküchler, Hamburg, Februar 1918, S. 1.
28 August Schmitz: Wenn man 80 wird. Aus den Lebensnotizen des Gewerkschaftsveteranen August Schmitz, 1953.
29 Bundesarchiv Berlin, SAPMO. Nachlass Paul Merker, NY 4102/9: Korrespondenz zu Manuskripten.
30 Bundesarchiv Berlin (BArchB). Nachlass Paul Merker, NY 4201/9.
31 Landesarchiv Berlin (LAB). Amtsgericht Berlin-Charlottenburg, Handelsregister, A Rep. 342-02, Nr. 56260: C. Habel's Brauerei GmbH, Vermögensverwaltung des Verbandes der Nahrungsmittel- und Getränkearbeiter GmbH, 1906-1945.
32 Bundesarchiv Berlin (BArchB). Nachlass Paul Merker, NY 4201/9.
33 Bundesarchiv Berlin (BArchB). Nachlass Paul Merker, NY 4201/9.
34 Bundesarchiv Berlin (BArchB). Nachlass Anna Belger, NY 4475/3: Speisekarten.
35 BArchB, NY 4102/9.
36 Josef Stalin: Zur internationalen Lage; Werke, Band 6; S. 251–269, hier S. 253.
37 Jahresbericht der Ortsgruppe München 1932, München 1932.
38 Deutscher Tabakarbeiter-Verband: Tabak-Arbeiter, Nr. 33, Bremen, 31. Dezember 1932.
39 Deutscher Tabakarbeiter-Verband: Tabak-Arbeiter, Nr. 3, 21. Januar 1933.
40 Verband der Nahrungsmittel- und Getränkearbeiter – Ortsgruppe München. Jahresbericht der Ortsgruppe München 1932, S. 27
41 Andreas Vogt/Friedrich Wehner: »Unser Verband steht fest!«. 100 Jahre Gewerkschaft Nahrung-Genuß-Gaststätten in München, München 1987, S. 54.
42 Willy Buschak, Von Menschen, die wie Menschen leben wollten, Köln 1985, S. 242f.
43 Bundesarchiv Berlin (BArchB). Deutscher Tabakarbeiter-Verband, RY 37/3, Gleichschaltung DTAV.
44 BArchB, RY 37/3.
45 BArchB, RY 37/3.
46 Bundesarchiv Berlin, SAPMO. Nachlass Anna Belger, NY 4475/1: Persönliches.
47 Bundesarchiv Berlin. Nationalsozialistische Justiz, R 3018/2381, Verfahren gegen Fritz Saar, Bd. 2, 1941.
48 Hans Heiß war nach 1945 Landesangestelltensekretär der NGG Bayern.
49 Bundesarchiv Berlin (BArchB). Nationalsozialistische Justiz, R 3018/2381.
50 BArchB, R 3018/2381.
51 BArchB, R 3018/2381.
52 http://www.zerschlagung-gewerkschaften1933.de/biografien/mina-amann/
53 Günter Scharf: Geschichte der Arbeitszeitverkürzung. Der Kampf der deutschen Gewerkschaften um die Verkürzung der täglichen und wöchentlichen Arbeitszeit, Köln 1987, S. 586–602.
54 Reichsgesetzblatt, 1934 T. I, S. 85f.
55 Günter Scharf: Arbeitszeitverkürzung, S. 586-602.
56 Klaus Wisotzky: Der Ruhrbergbau am Vorabend des Zweiten Weltkriegs. Vorgeschichte, Entstehung und Auswirkung der »Verordnung zur Erhöhung der Förderleistung und des Leistungslohnes im Bergbau« vom 2. März 1939, hier S. 434.
57 Günter Scharf: Arbeitszeitverkürzung, S. 597.
58 Michael Schneider: In der Kriegsgesellschaft. Arbeiter und Arbeiterbewegung 1939 bis 1945, Bonn 2014.
59 Jan-Frederik Korf: Von der Konsumgenossenschaftsbewegung zum Gemeinschaftswerk der Deutschen Arbeitsfront. Zwischen Gleichschaltung, Widerstand und Anpassung an die Diktatur, Norderstedt 2008, S. 228ff.
60 Werner Milert/Rudolf Tschirbs: Zerschlagung der Mitbestimmung 1933. Das Ende der ersten deutschen Betriebsdemokratie, Düsseldorf 2013, S. 102.
61 Jan-Frederik Korf: Konsumgenossenschaftsbewegung, S. 228.
62 Korf, S. 247.
63 Korf, S. 254.
64 Milert/Tschirbs: Zerschlagung der Mitbestimmung 1933, S. 105.
65 Barbara Marshall: The Origins of Post-War German Politics, Hoboken 2014, S. 70ff.
66 Landesarchiv Berlin (LAB), C Rep. 910, Nr. 8805, FDGB Bezirksvorstand Groß-Berlin, Beginn der Tätigkeit des Verbandes Arbeiter im Nahrungs-, Genußmittel- und Gaststättenbereich.
67 Spiegel-Verlag, Hamburg: Deine Lippen rauchen Kippen. 4. Dezember 1948, in: Spiegel, 1948, Heft49.
68 Gewerkschaft Nahrung Genuß Gaststätten: Protokoll über die Verhandlungen des Vereinigungs-Gewerkschaftstages der Industriegewerkschaft Nahrung Genuß Gaststätten für das Gebiet der amerikanisch, britisch und französisch besetzten Zonen Deutschlands in München.
69 Gewerkschaft Nahrung Genuß Gaststätten: Protokoll über die Verhandlungen des Vereinigungs-Gewerkschaftstages der Industriegewerkschaft Nahrung Genuß Gaststätten für das Gebiet der amerikanisch, britisch und französisch besetzten Zonen Deutschlands in München.
70 Gewerkschaft Nahrung Genuß Gaststätten: Protokoll über die Verhandlungen des Vereinigungs-Gewerkschaftstages der Industriegewerkschaft Nahrung Genuß Gaststätten für das Gebiet der amerikanisch, britisch und französisch besetzten Zonen Deutschlands in München.
71 Gewerkschaft Nahrung Genuß Gaststätten: Zentralorgan, S. 1, Nr. 1, Jahrgang 1, 2. Januar 1950.
72 Allgemeine Kölnische Rundschau, 27./28. Dezember 1949.
73 Weitere Tarifankündigung, in: Frankfurter Allgemeine Zeitung, 19. August 1950, S. 9.
74 Archiv der sozialen Demokratie der Friedrich Ebert Stiftung (AdsD). Gewerkschaft NGG, Nr. 18a: NGG-Hauptvorstand, Protokolle, 1949-1953.
75 AdsD, Gewerkschaft NGG, Nr. 18a.
76 Bayerisches Wirtschaftsarchiv. IHK Augsburg, K9.1/14114: Mitgliedsakte zur Gesellschaftsbrauerei Augsburg GmbH, 1929.
77 »Einigkeit«, 15. Mai 1952, Nr. 10, S. 1.
78 Bundesarchiv Berlin, SAPMO, Freier Deutscher Gewerkschaftsbund, DY 34, Nr. 23646.
79 SAPMO, Gewerkschaft Handel, Nahrung und Genuss, DY 42/2900.
80 Archiv der sozialen Demokratie der Friedrich Ebert Stiftung (AdsD). Gewerkschaft NGG, Nr. 593A.
81 Archiv der sozialen Demokratie der Friedrich Ebert Stiftung (AdsD). Gewerkschaft NGG, Nr. 65.
82 Archiv der sozialen Demokratie der Friedrich Ebert Stiftung (AdsD). Gewerkschaft NGG, Nr. 65.
83 Archiv der sozialen Demokratie der Friedrich Ebert Stiftung (AdsD). Gewerkschaft NGG, Nr. 19: NGG-Hauptvorstand. Protokolle, 1954-1959.
84 Gewerkschaft Nahrung Genuß Gaststätten: Zentralorgan, 1. Februar 1950, S. 7, Nr. 3.
85 Spiegel Verlag Hamburg, Der Spiegel, Heft 10, 1959.
86 Archiv NGG, Hauptverwaltung: Protokoll über die Sitzung des Hauptvorstandes am 30. August 1958 in Frankfurt a.M.
87 Jan-Frederik Korf: Konsumgenossenschaftsbewegung, S. 279.
88 Bundesarchiv Berlin, SAPMO, Gewerkschaft Handel, Nahrung und Genuss, DY 42/611.
89 Bundesarchiv Berlin, SAPMO, Freier Deutscher Gewerkschaftsbund – Bundesvorstand, DY 34/16842.
90 Pressekonferenz von Konrad Adenauer am 5. April 1957, zitiert nach: Axel Schildt: Das Böse Schlechthin, in: Spiegel Special, Geschichte 3/2008, S. 51.

91 Archiv der sozialen Demokratie der Friedrich Ebert Stiftung (AdsD). Gewerkschaft NGG, Nr. 20a.
92 AdsD, Nr. 20a.
93 Protokoll des 4. Ordentlichen Gewerkschaftstages der NGG in Essen 1962, S. 153.
94 Archiv der sozialen Demokratie der Friedrich Ebert Stiftung (AdsD), Gewerkschaft NGG Unverzeichnet, Nr. 283/23.
95 AdsD, Nr. 283/23.
96 AdsD, Nr. 283/23.
97 Landesarchiv Berlin (LAB), C Rep. 910, Nr. 5001.
98 Jan Bösche: Die Konsumgenossenschaften in der Wende von 1989/90. Von der Plan- zur Marktwirtschaft am Beispiel der Genossenschaft Sachsen-Nord/Eilenburg, Norderstedt 2007, S. 26.
99 Archiv der sozialen Demokratie der Friedrich Ebert Stiftung (AdsD). Gewerkschaft NGG, Nr. 26, NGG Hauptvorstand Protokolle, 1969-1970.
100 AdsD, Nr. 26.
101 Archiv der sozialen Demokratie der Friedrich Ebert Stiftung (AdsD). Gewerkschaft NGG, Nr. 108.
102 Archiv der sozialen Demokratie der Friedrich Ebert Stiftung (AdsD). Gewerkschaft NGG, Nr. 413.
103 AdsD, Nr. 413.
104 Gerd Pohl/Walter Nickel/Horst Brehm: Gewerkschaft Nahrung-Genuss-Gaststätten, Düsseldorf 1980, S. 232.
105 Archiv der sozialen Demokratie der Friedrich Ebert Stiftung (AdsD). Gewerkschaft NGG, Nr. 656.
106 Pohl/Nickel/Brehm: Gewerkschaft Nahrung-Genuss-Gaststätten, S. 30.
107 Zitiert nach Pohl/Nickel/Brehm, S. 35.
108 Archiv der sozialen Demokratie der Friedrich Ebert Stiftung (AdsD). Gewerkschaft NGG, Nr. 521A.
109 »Einigkeit«, S. 6ff., März 1979, Nr. 3.
110 Archiv der sozialen Demokratie der Friedrich Ebert Stiftung (AdsD). Gewerkschaft NGG, Nr. 564.
111 AdsD, Nr. 564.
112 AdsD, Nr. 564.
113 AdsD, Nr. 564.
114 Friedhelm Farthmann: Arbeitsmarkt und Sozialpolitik und die Rolle der Gewerkschaften, in: Gewerkschaftliche Monatshefte, 1982, Heft 4, S. 230–236.
115 Erika Martens: Die zerstrittenen Kollegen. Auseinandersetzungen im DGB 35-Stunden-Woche oder Tarifrente, in: »Die Zeit«, 9.12.1983, Nr. 50.
116 Archiv der sozialen Demokratie der Friedrich Ebert Stiftung (AdsD), Gewerkschaft NGG, Nr. 512.
117 AdsD, Nr. 512.
118 AdsD, Nr. 512.
119 Archiv der sozialen Demokratie der Friedrich Ebert Stiftung (AdsD), Gewerkschaft NGG, Nr. 547.
120 Archiv der sozialen Demokratie der Friedrich Ebert Stiftung (AdsD), Gewerkschaft NGG, Nr. 548.
121 Deutscher Bundestag: Beschlußempfehlung und Bericht des 3. Untersuchungsausschusses Neue Heimat nach Artikel 44 des Grundgesetzes, 1987, S. 413.
122 Archiv der sozialen Demokratie der Friedrich Ebert Stiftung (AdsD), Gewerkschaft NGG, Nr. 656.
123 Bundesarchiv Berlin, SAPMO. Gewerkschaft Handel, Nahrung und Genuss, DY 42/2649.
124 »Einigkeit«, Oktober 1986, S. 11.
125 Gewerkschaft Nahrung-Genuss-Gaststätten: Medienspiegel zum 10. Ordentlichen Gewerkschaftstag der NGG 1986, Sendemanuskript »Kontakte« NDR/WDR, 20. September 1978, S. 11.
126 Gewerkschaft Nahrung-Genuss-Gaststätten: Medienspiegel zum 10. Ordentlichem Gewerkschaftstag der NGG 1986, Bericht der Frankfurter Allgemeinen Zeitung: Der stille, nagende Aerger einer kleinen Gewerkschaft, 28. September 1978, S. 110.
127 Bei der Co op erster Tarifvertrag zur Frauenförderung. IG-Metall-Frauen streiten für bessere Zeiten. Keine Quoten verlangt, in: Frankfurter Allgemeine Zeitung, S. 13, 15. September 1988.
128 Sondersitzung des Co op-Aufsichtsrats. Rücktritt von Otto dementiert / Reform angekündigt, in: Frankfurter Allgemeine Zeitung 1988, 26. Oktober 1988, S. 15.
129 Archiv der sozialen Demokratie der Friedrich Ebert Stiftung (AdsD), Gewerkschaft NGG Unverzeichnet, Nr. 289/16.
130 NGG, Hauptverwaltung, Ergebnisprotokoll über die außerordentliche Sitzung des Hauptvorstandes am 17. Mai 1989 in Frankfurt.
131 »Einigkeit«, Juni 1986, S. 3.
132 Bundesarchiv Berlin, SAPMO. Gewerkschaft Handel, Nahrung und Genuss, DY 42/3174.
133 Vorstellung eines 32-bit-Chips aus DDR-Produktion, in: Neues Deutschland »Neues Deutschland«, 15. August 1989, S. 1.
134 Bundesarchiv Berlin, SAPMO. Gewerkschaft Handel, Nahrung und Genuss, DY 42/2709.
135 BArchB, DY 42/2709.
136 BArchB, DY 42/2709.
137 Bundesarchiv Berlin, SAPMO. Gewerkschaft Handel, Nahrung und Genuss, DY 42/2689.
138 BArchB, DY 42/2689.
139 BStU, MfS, ZAIG 5256, 25. Juli 1988, Hinweis zum gehäuften Auftreten von akuten Magen- und Darmerkrankungen durch Salmonellen im Bezirk Neubrandenburg [Bericht K 1/191].
140 Bundesarchiv Berlin, SAPMO. Gewerkschaft Handel, Nahrung und Genuss, DY 42/3164.
141 Wolfgang Zimmermann: Die industrielle Arbeitswelt der DDR unter dem Primat der sozialistischen Ideologie: exemplarisch untersucht am Schrifttum über Nacht- und Schichtarbeit. Bochum, Univ., Diss., Fakultät für Sozialwissenschaft, 2000, S. 33.
142 Christoph Wunnicke: Wandel, Stagnation, Aufbruch. Ost-Berlin im Jahr 1988, Berlin 2008, S. 40.
143 Bösche: Die Konsumgenossenschaften in der Wende von 1989/90, S. 26.
144 Wunnicke: Wandel, Stagnation, Aufbruch. Ost-Berlin im Jahr 1988, Berlin 2008, S. 123.
145 Bundesarchiv Berlin, SAPMO. Gewerkschaft Handel, Nahrung und Genuss, DY 42/3172.
146 Archiv der sozialen Demokratie der Friedrich Ebert Stiftung (AdsD). Gewerkschaft NGG Unverzeichnet, Nr. 287/13.
147 Deutscher Bundestag (Hrsg.): Bericht der Unabhängigen Kommission zur Überprüfung des Vermögens der Parteien und Massenorganisationen der DDR über das Vermögen der Sozialistischen Einheitspartei Deutschlands (SED) jetzt: Partei des Demokratischen Sozialismus
148 Archiv der sozialen Demokratie der Friedrich Ebert Stiftung (AdsD). Gewerkschaft NGG Unverzeichnet, Nr. 289/2.
149 Manfred Wilke/Hans-Peter Müller: Zwischen Solidarität und Eigennutz. Die Gewerkschaften des DGB im deutschen Vereinigungsprozeß, Melle 1991, S. 168–169.
150 BArchB, DY 42/3164.
151 AdsD, Nr. 289/2.
152 »Einigkeit«, Mai 1990, S. 7.
153 Archiv der sozialen Demokratie der Friedrich Ebert Stiftung (AdsD). Gewerkschaft NGG Unverzeichnet, 289/3.
154 »Einigkeit«, Mai 1990, S. 2.
155 Archiv der sozialen Demokratie der Friedrich Ebert Stiftung (AdsD), Gewerkschaft NGG Unverzeichnet, Nr. 287/13.
156 AdsD, Nr. 287/13.
157 AdsD, Nr. 287/13.
158 AdsD, Nr. 287/13.
159 Gewerkschaft Nahrung – Genuss – Gaststätten: Medienspiegel 11. Ordentlicher Gewerkschaftstag der NGG 1990, S. 137.
160 NGG, Hauptverwaltung, Beiratssitzung vom 20. November 1990, Hamburg.
161 NGG, Hauptverwaltung, Beiratssitzung vom 20. November 1990, Hamburg.
162 »Einigkeit«, S. 6, Dezember 1990.
163 NGG Geschäftsbericht 1990–1993, S. 235.
164 Archiv der sozialen Demokratie der Friedrich Ebert Stiftung (AdsD), Gewerkschaft NGG Unverzeichnet, Nr. 283/23.
165 Pitt: Gemeinwirtschaft. Der Roman vom Soll und Ist, Hamburg 2014, S. 453.
166 NGG Landesbezirk Baden-Württemberg: Dokumentation über die Tarifauseinandersetzung in den Brauereien 1991, Stuttgart 1992.
167 NGG Landesbezirk Baden-Württemberg: Dokumentation über die Tarifauseinandersetzung in den Brauereien 1991, Stuttgart 1992.
168 »Arbeitsniederlegungen gegen Karenztage. Proteste vor allem bei Metallern/ NGG ruft zum »Marsch auf Bonn« auf, in: Frankfurter Allgemeine Zeitung, 4. Juli 1992, S. 9.
169 »Einigkeit«, Nr. 11, November 1996, S. 15.
170 »Einigkeit«, Nr. 10, Oktober 1996, S. 17.
171 »Einigkeit«, Nr. 10, Oktober 1996, S. 17.
172 NGG-Geschäftsbericht 1994–1997, S. 314.
173 »Einigkeit«, Nr. 11, November 1997, S. 3.
174 »Einigkeit«, Nr. 6, Juni 1997, S. 6.
175 »Einigkeit«, Nr. 3, März 1997, S. 8.
176 »Einigkeit«, Nr. 4, April 1997, S. 6.
177 »Einigkeit«, Nr. 4, April 1997, S. 6.
178 Christian Litz: Wie der Staat das Bier rettete, in: Impulse, Hamburg, 13. Juli 2009.
179 »Einigkeit«, S. 11, Nr. 9, September 1997.
180 Christian Litz: Wie der Staat das Bier rettete, in: Impulse, Hamburg, 13. Juli 2009.
181 »Einigkeit«, Nr. 11, November 1997, S. 30.
182 Tony Royle: Working for McDonald's in Europe. The unequal Struggle, New York, N.Y. 2000, S. 175.
183 Selbst gebacken, Gewerkschaft und Firmenleitung der Fast-food-Kette liefern sich einen bizarren Streit: Wer ist der echte Betriebsrat?, in: Spiegel, 18/1998, 27. April 1998.
184 Gewerkschaft Nahrung – Genuss – Gaststätten: McDonald's kritisch betrachtet, 1999.
185 »Einigkeit«, S. 22, Nr. 6, Dezember 1998.
186 »Einigkeit«, Nr. 2, April 1998, S. 3.
187 Kai Burmeister: Der gesetzliche Mindestlohn in den USA, in: WSI Mitteilungen (2004), S. 603–609, 11, hier S. 604
188 Milliardenkosten. Die BSE-Rechnung wird teuer, in: Spiegel Online, 28. November 2000.
189 »Einigkeit«, Nr. 3, Juni 2001, S. 15.
190 Sandra Dassler: Zapfenstreich für die Oderland-Brauerei, in: Der Tagesspiegel, 10. Juli 2003.
191 »Einigkeit«, Nr. 1, 2005, S. 6.
192 Buschak, S. 305.

Index

Impressum

Herausgegeber
Gewerkschaft Nahrung-Genuss-Gaststätten
Hauptverwaltung
Haubachstraße 76
22765 Hamburg
www.ngg.net

Verfasser
Facts & Files
Historisches Forschungsinstitut Berlin
Drauschke - Schreiber Partnerschaftsgesellschaft
Archiv-, Geschichts- und Literaturwissenschaftler
Pestalozzistraße 38
13187 Berlin
www.factsandfiles.com

Gestaltung
Fürcho GmbH
Koburger Straße 12
10825 Berlin
www.fuercho-gmbh.de

Druck
Beltz Bad Langensalza GmbH

Verlag
VSA: Verlag Hamburg GmbH
St. Georgs Kirchhof 6
20099 Hamburg
www.vsa-verlag.de

Abbildungen Umschlag
© NGG; ullstein bild – Archiv Gerstenberg, # 00752466; Landesarchiv Berlin, F Rep. 290, Nr. II10980; SAPMO, Bundesarchiv, Bild Y1-974-90; akg-images, AKG71732; Archiv der sozialen Demokratie der Friedrich-Ebert-Stiftung; akg-images, AKG426482; SAPMO, Bundesarchiv, Plak Y2-176/Zentralvorstand IG Nahrung und Genuß; Staatsarchiv Hamburg, 720-1 Plankammer Nr. CP_51769_37A/Bildagentur Conti-Press; Landesarchiv Berlin, F Rep. 290 (06), Nr. 0142165/Fotograf Ludwig Ehlers; akg-images, AKG1888661/ddrbildarchiv.de/Fotograf Gebser

1. Auflage 2015
ISBN 978-3-89965-668-8